MASKULIN — FEMININ will dort ansetzen, wo die zur Epidemie gewordene unverbindliche öffentliche Diskussion über die »Emanzipation der Frau« abgebrochen wird.

Die Verunsicherung der sexuellen Identität des Mannes ist heute mindestens ebenso groß wie die der Frau. Männer erfahren ihre Privilegien gegenüber den Frauen bewußt oder unbewußt als Last. Eine Neubestimmung der männlichen Geschlechtsrolle, auch und gerade in der Intimsphäre, ist unumgänglich geworden. Oder geht es schon gar nicht mehr um eine Neubestimmung, sondern nur noch um die Aufhebung des »Männlichen« überhaupt? Die Anzeichen für eine Auflösung der alternativen Sexualität mehren sich.

Was die Frauen zur Revolte und zur Selbstorganisation provoziert, ist nicht zunehmende ökonomische, intellektuelle und sexuelle Unterdrückung. Es ist vielmehr gerade die Sinnlosigkeit und die tendenzielle Unwirksamkeit dieser Unterdrückung. Weil es dem Mann nicht mehr gelingt, der Frau ihre Identität zuzuweisen, erfährt die Frau, daß sie unfrei ist.

Wo und wie kann aber nun die Frau ihre neue Identität bestimmen? Es ist unmöglich, »2000 Jahre Patriarchat« hinwegzuwälzen und darunter die unbeschädigte Frau an sich auszugraben.

Ist die Emanzipation der Frau inzwischen ein Wunschtraum der Männer, ein bequemer dazu? »Sie seien ja schon zu faul zu allem geworden, zur Liebe jedenfalls, findet Anna, und eines Tages werde es dahinkommen, daß sie zu faul werden zu herrschen. Und uns ihre himmelschreiende Bequemlichkeit als Gleichberechtigung aufdrängen . . . Schönsten Dank, aber ohne mich . . .« (Christa Wolf in: *Selbstversuch.*)
Steht uns das Martyrium der Gleichheit bevor?

Anita Albus
Frank Böckelmann
Bazon Brock
Peter Gorsen
Hazel E. Hazel
Rita Mühlbauer

MASKULIN — FEMININ

Rogner & Bernhard

Reihe Passagen ·   *Editor Axel Matthes*

Zweite, vermehrte Auflage 1975
© 1972 Rogner & Bernhard GmbH & Co Verlags KG, München
Gesetzt aus der Concorde
Umschlagentwurf: Claus J. Seitz
Gesamtherstellung: Poeschel & Schulz — Schomburgk, Eschwege
Printed in Germany
ISBN 3 920802 87 X

Inhalt

Frank Böckelmann

ASPEKTE DER MÄNNLICHKEIT

Frank Böckelmann, geboren 1941. Philosophie-Studium (bei Arnold Metzger), 1963 bis 1970 Mitarbeit in verschiedenen politischen Verbänden und Projektgruppen. Lebt als Autor in München. Veröffentlichungen: Die Schriften zu J. G. Fichtes Atheismus-Streit, München 1969, Befreiung des Alltags, München 1970, Die schlechte Aufhebung der autoritären Persönlichkeit, Frankfurt 1971, Über Marx und Adorno, Frankfurt 1972, Knast-Report (mit Reinhard Wetter), Frankfurt 1972, Die Problematik existentieller Freiheit bei Karl Jaspers, München 1972 (Diss.), Theorie der Massenkommunikation, Frankfurt 1975.

Männer sind Menschen, Weiber sind Quasi-Menschen. So verkünden es die Philosophen des christlichen und expandierenden Abendlands, denen, ganz selbstverständlich, keine einzige Philosoph*in* gegenübersteht. Doch aufgepaßt! Wie der gefeierten *Versöhnung* von allgemeinem Prinzip und empirischem Leben zu mißtrauen ist, so darf auch die *Unterdrückung,* die *Diskriminierung* des Weiblichen, wo sie philosophisch begründet oder erklärt wird, nicht als das Ausplaudern eines Tatbestands beim Wort genommen werden. Schon deshalb nicht, weil jedem Eingeständnis bzw. jeder Verabsolutierung »männlicher« (ex-zentrischer, raffender, eindringender, ins Offene hinein sich konstituierender) Herrschaft unweigerlich die Verklärung und Anbetung des weiblichen Wesens (beileibe nicht nur als Abspeisung!) folgt.

All dies, gegen Ende der bürgerlichen Philosophie, umsichtig und mit großer Präzision zusammengefaßt von *Georg Simmel*[1]: Was männlich ist und was weiblich, wird nicht von geschlechtsneutralen Normen festgelegt, sondern von männlichen. Männlich ist ein Synonym für objektiv. Künstlerische Forderungen, Patriotismus, allgemeine Sittlichkeit, soziale Ideen, Gerechtigkeit des praktischen Urteils, Objektivität des theoretischen Erkennens, die Kraft und die Vertiefung des Lebens: ihrer historischen Gestaltung nach männliche Kategorien. Der Mann geht immer hoch über sich hinaus, macht sich zum Mittel, ent-selbstet sich, »schafft« was. Eins sein ist ihm nicht gegeben; er zerreißt sich in Oben und Unten, Subjekt und Objekt, Richter und Gerichteten, Mittel und Zweck. Weil das Männliche schon alles, weil es geschlechtlich und übergeschlechtlich ist, gerät man in Schwierigkeiten, wenn man sein Typisches definieren will. Bei der Frau gelingt es: Alle ihre Äußerungen werden als spezifisch weiblich empfunden. Bei Individuen ist es umgekehrt. Der einzelne

---

1 Georg Simmel, Philosophische Kultur. Gesammelte Essays. Leipzig 1911. Darin: Das Relative und das Absolute im Geschlechter-Problem. Weibliche Kultur.

Mann läßt sich leichter fassen als die einzelne Frau. Das macht: der Mann ist das durch Arbeitsteiligkeit bestimmte Wesen. Die Frau gibt auch dann ihre »Wesensgeschlossenheit«, ihre »Beziehung zu dem Grund und dem Ganzen der Dinge«, ihre unmittelbare Einheitlichkeit nicht auf, wenn sie sich in einer Beziehung rückhaltlos hingibt. Ist die Frau außer sich, kriecht sie zugleich tiefer in sich hinein. »Gerade ihre Immanenz ist ihre Transzendenz[1].« Die Frau ist gebannt von dem Bewußtsein, eine Frau, ein Nicht-Männliches zu sein. Dagegen scheint der Mann fast durchweg »rein Sachliches zu denken«. Er hat Relationen zu unrealisierbaren Ideen, er hat Relationen zu Werken, und er hat außerdem auch eine Relation zur Frau im allgemeinen (das heißt zu *vielen* Frauen). In der Frau, mit der er sich gerade zusammentut, sucht er sowohl die Ergänzung seiner einseitigen Qualitäten als auch die Ergänzung der Einseitigkeit *überhaupt:* das »womöglich zu gar keinem besonders betonten Inhalt zugespitzte, in dem undifferenzierten Naturgrunde wurzelnde Wesen[2]«. Das Thema des ewig süßen Mißverstehns ist angeschlagen. Virile Sexualität ist nur *eine* Lebensäußerung des Männlichen. Ist das sexuelle Begehren erfüllt, hat der Mann ein Motiv weniger, die Beziehung aufrechtzuerhalten; die Frau hat eines mehr. Sie hängt am spezifischen Mann, weil sie über ihn — und über niemand sonst — ihre *unspezifische* Vollkommenheit erfährt und hat. Sie hat ihr substantiell Einheitliches *vor* jeder Individuierung. Der Mann liefert sich den Dingen aus und verbraucht sie, um weiterzukommen. Er bleibt dem unschließbaren Widerspruch von Ideellem und lebendiger Wirklichkeit verhaftet. Er ist abwechselnd vom rein Sinnlichen und von der absoluten Form zu der Unentbehrlichkeit des Transzendenten hingerissen. Der Mann sagt, was ist. Die Frau ist.

Früh- und spätbürgerliche Philosophie (*Kant, Simmel*) ist nicht verblendet, sondern durchaus hellsichtig. Sie bestimmt exakt die Bewegungsform der rigide-aus-

---

1 Georg Simmel, a. a. O., S. 89
2 A. a. O., S. 71

schweifenden Naturbeherrschung und die konträren Rollen, die die Herrschaft zuläßt. Verdächtig an dieser Philosophie ist weniger die Verwechslung von Geist und Repression (also die Leugnung der Herrschaft) als vielmehr ihre Prämisse, daß ein Reich des in sich selbst Ruhenden (Ansichsein bei *Kant,* Leben und Weibliches bei *Simmel*) sich der Verwertung des Natürlichen von vornherein entzieht — daß die sich austobende Herrschaft immer nur in ihrer eigenen (relativen, objektiven) Sphäre siegt. Der verschwiegene Hintersinn dieser Selbsteinschränkung ist, daß kraft der Ausklammerung einer a priori unbeschadet bleibenden Dimension die Herrschaft selbst unbeschadet bleibt: daß sie selbst eine unabänderliche Naturtatsache sein möge. Als autonom, als Substrat wird dargestellt, was der Herrschaft (»männlicher« Expansion) schon in den Griff geriet — um das zu verdrängen, was das Substrat der objektiv-männlichen Vernunft ist: Naturverfallenheit selbst. Bewußtloser, undifferenzierter, auswegsloser in sich selbst ruhend als die *undurchschaute* historische Naturbasis des »männlich«-aggressiven Prinzips ist kein Mutterkuchen. Die Leidenschaft für das zur Unergründlichkeit und Irrationalität verdammte Weib ist *blinde* Selbstliebe und Selbstbefriedigung. Die Frau, die nach mühsamer Dressur *realiter* so unbewußt, unberechenbar und passiv ist, wie ein männliches Sehnen es befiehlt, ist eine hochdifferenzierte Ausgeburt patriarchaler Kultur, nichts Ursprüngliches und Autonomes.

Heute, da auch noch jene Naturbasis des als männlich interpretierten Produzierens von Objektivität aufgelöst (fungibel gemacht) worden ist,

— sichert die *Beschwörung der Geschlechtsdifferenz* das Nachleben der bürgerlichen Kleinfamilie (und damit relativ unflexibler Warenabsatzstrategien).

— Sie erlaubt die Rückführung aller sexuellen Differenzierungen auf das simple Grundmuster der Polarität und

— beschleunigt als freigesetzte (d. h. nicht mehr kulturell und ökonomisch abgenötigte) Sexualtheorie *innerhalb* der Maskulin/Feminin-Polarität die

Ambivalenz bzw. die Auflösung aller Bestimmungen des Maskulinen und Femininen. Am Unterschied wird festgehalten; das Unterschiedene wird variabel. Das für die Formen des Zusammenlebens sowohl selektierende als auch motivierende Medium der *Liebe* wird heute durch eine Beschwörung fixer Geschlechtsdifferenzen einerseits bestätigt und andererseits zunehmend unbestimmt.

Eine Metaphysik des Männlichen und Weiblichen (wie die von *Julius Evola*[1]) ist heute ein kulinarisch-unverbindlicher Anreiz zur Inszenierung von Pseudoritualen mit Hilfe trainierter Geschlechterspannungen. Da wird der »Schwindel« suggeriert, den die Faszinationskraft der weiblichen Nacktheit auslöst. Hypnotisiert wird der Mann von dem unauslotbaren Paradoxon, daß das orgiastische Weib sich als im letzten unerreichbar erweist, und die Prostituierte als die Unergründliche und Unerschöpfliche. Man schwärmt von der dunklen Ahnung des Versagens, die in dem Mann aufkommt, der erreicht hat, was er wollte. Denn die Frau sei eben dann nicht zu besitzen, wenn sie sich gewähre. Magische Unantastbarkeit, Kälte, Unerfüllbarkeit der weiblichen Ursubstanz . . . »Gerade das erregt im Mann eine elementare Begierde, die mit Schwindel verbunden ist; gerade das treibt die Begierde zum Paroxysmus, beschleunigt den Rhythmus, bis der priapische Mann bei der subtilen und saugenden Ekstase der bewegungslosen Frau zusammenbricht[2].« Vermeint der Mann zu triumphieren (auf dem Turnierplatz des ewigen Geschlechterkampfes), erfährt er, daß er gerade der magischen Passivität der Frau unterlegen ist. »Es ist die Passivität des Magneten, der in seiner scheinbaren Bewegungslosigkeit das Eisen, das in seine Nähe kommt, in seine Wirbel hineinstürzen läßt[3].«

Auch ein kritischer Psychoanalytiker wie *Erik H. Erikson* erliegt der Versuchung, unsere Gesellschaft gerade

1 Julius Evola, Metaphysik des Sexus, Stuttgart 1962.
2 Evola, S. 274
3 A. a. O. S. 277

12

mit Hilfe einer Substantialisierung des Männlichen zu relativieren. »Sehen wir nicht auf der Weltbühne eine hochbegabte, aber etwas knabenhafte Menschheit erregt mit der Geschichte und der Technologie spielen, wobei sie einer männlichen Grundform folgen, die so bestürzend einfach . . . ist, wie die Spielkonstruktionen der Präadoleszenten? Sehen wir nicht die Themen des Spielmikrokosmos den sich erweiternden menschlichen Raum beherrschen: Höhe, Eindringen und Geschwindigkeit; Zusammenstoß, Explosion — und kosmische Superpolizei[1]?« Die Projektion auf eine humanere Zukunft reflektiert dann keine Aufhebung der fixen Geschlechtspole, sondern hofft auf eine Demokratisierung des Männlichen und Weiblichen. Das bislang Diskreditierte und Benachteiligte wird bei Planungen und Entscheidungen stärker berücksichtigt. Es wird mehr gehegt, gepflegt, gesorgt, gehütet, genährt, gestillt, kultiviert, umfaßt, bewahrt und geduldet.

Die Gleichung männlich = menschlich ist falsch geworden. Nicht dadurch, daß der Mann auf seine als Privilegien interpretierten Zwangshandlungen verzichtet hätte. Nicht dadurch, daß er sich selbst durchschaut hätte. Und nur zum geringsten dadurch, daß ihn die Frauen gezwungen haben, eine kongeniale Weiblichkeit bzw. die tiefverwurzelte Männlichkeit der mütterlichen Patriarchinnen anzuerkennen. Sondern vielmehr dadurch, daß sich die als männlich normierten Eigenschaften und Vermögen soweit spezialisiert und ausdifferenziert haben, daß ihr allumfassender Zusammenhang zerrissen ist. Männlichkeit ist Show. Nicht nur der Exhibitionismus von Muskeln. Auch väterlicher Schutz und väterliche Anmaßung. Auch die Gesichtsmaske unerschütterlichen Gleichmuts bei karrieresüchtigen *tough guys*. Auch Potenz und Impotenz (denn sie haben ihren unmittelbaren sozialen Sinn verloren). Auch Ritterlichkeit und Brutalität. Auch das Erschaffen der gegenständlichen Welt aus dem Geiste. Auch Vatermord und Brüderrivalität. Männlichkeit hat sich so sehr erweitert, ertüchtigt, zugespitzt und aufgespalten, daß schließlich die Gleichung männlich

---

1 Erik H. Erikson, Jugend und Krise, Stuttgart 1970, S. 287

= menschlich und die Gleichung *männlich* = *männlich* + *weiblich* nur noch Unbekannte enthalten. Damit *beginnt* die Problematik des Geschlechts.

Dialektik des Phallus

In androkratischen Gesellschaften verwies der Penis auf die sich im Akt der Begattung nur mitteilende Macht des universell-Männlichen. Er verwies auf das Phallische, das Symbol magisch-übernatürlicher Zeugungskraft: der Allmacht, der Vollkommenheit und der Unversehrtheit. Heute verweisen die öffentlichen phallischen Metaphern der Werbung und der Gebrauchsgegenstände auf den individuellen und austauschbaren Penis. Aus Symbolen wurden Anspielungen. Der Phallus ist Teil eines spezialisierten Körpers. Er »steht« für die Unterwerfung der Lust unter die produktive Leistung.

Erich Neumann meint, daß »im Nur-Phallischen der beziehungslose Lustcharakter der Sexualität«, die aggressive Promiskuität des phallisch-ambulatorischen Mannes »überwiegt«[1]. Sexualmythologen betonen demgegenüber, das antike Phallussymbol sei »etwas ganz anderes als die rein priapischen Formen der Manneskraft« *(Evola)*. Im alten Ägypten versinnbildliche es die Auferstehung nach dem Tode. Im alten Griechenland bringe der ithyphallische Gott, der Gott mit dem aufgerichteten Phallus, das Ungespaltene und Aufrechte im Gegensatz zum Gefallenen bzw. Niedergeworfenen zum Ausdruck. In Indien sei *lingam* eines der Symbole von Schiwa, das, als Abzeichen getragen, auf ein durch die »asketische Loslösung von der bedingten Welt« erwachendes Mann-Sein deute. In römischen Tempeln werde das Bild des Phallus als Gegenwart einer reinigenden und neutralisierenden Macht betrachtet.

Gewisse karikierende Penis-Kulte sexueller Subkulturen in den USA und in Westeuropa preisen in Mythen der Annäherung an die ersehnte Dauererektion und an strotzende Supergrößen die permanente *Bereitschaft,*

---

1 Erich Neumann, Zur Psychologie des Weiblichen, München o. J. (Kindler), S. 18

machtvolle Zurückhaltung, das Können an sich. Lust ist Abschlaffen: Abdankung, Niederlage und Unterwerfung.

Die Prämierung der Hingabehemmung läßt sich u. a. auf eine rigide Sauberkeitserziehung zurückführen, die der anderen Funktion des Penis, dem Urinieren, die Unbekümmertheit nimmt. Während die Regression auf lustvolles Urinieren zur ejaculatio praecox disponiert, begünstigt urethrale Gehemmtheit eine spezifische Ehrgeizhaltung, die sich in »besonderen Formen ›steiler‹, strammer Haltung« zeigt. »Der Betreffende ... trägt Züge von ›Geradheit‹, deren Bild nun wiederum das Merkmal des ›Emporsteilens‹ besitzt[1].« Im Anschluß daran stellt *Illis Plenge* fest, »daß unsere Gesellschaft vom Jungen das Emporsteilen fordert und das hingebende Strömenlassen unterdrückt ... Manche Männer erleben beim sexuellen Akt die Ejakulation als ein Sich-Verströmenlassen in die Frau und befürchten, das könne ein Gefühl sein, dessen ein Mann sich schämen müsse[2].« Eine von männlichen Jugendlichen gegen Ende der fünfziger Jahre bevorzugte Bezeichnung für attraktive Mädchen, »steiler Zahn«, ist Ausdruck einer Objektwahl auf narzißtischer (autistischer) Grundlage.

Das Interesse, das den Penis selbst meint, und nicht die Lust, die er verschafft, nimmt ihm aber schließlich auch den genitalen und aktiv-aggressiven Charakter. Peniskult wird zum Partialtrieb. Konsequente Fetischisierung des Phallus löst diesen aus dem Verbund männlicher Attribute heraus und gibt ihn auf Umwegen einem nicht-mehr-spezialisierten Körper zurück.

Männlichkeit, Ichstärke und Angst. — Bataille: Die Verschwendung des Selbst

Das fanatische Ich-Prinzip, das Erkämpfen eines nur dem Menschen zugehörigen und identisch-selbstgewissen Pols gegenüber dem Unfaßlichen, ist der desperate

---

1 Harald Schultz-Hencke, Lehrbuch der analytischen Psychotherapie, Stuttgart 1965, S. 68
2 Illis Plenge, Die Emanzipation des Mannes, Stgt. 1969, S. 51 f.

Versuch, die Urangst vor dem chaotischen Draußen, dem Furchtbaren, der blind zuschlagenden Natur zu bannen. In den frühen patriarchalen (phallozentrischen) Hochkulturen, in den großen Religionen und während der Expansion der technologischen Zivilisation wurde die Integration des Fließenden und Vielfältigen in reine Formen als Sicherung und Selbstverständnis der herrschenden *männlichen* Identität durchgesetzt. Doch das starke Ich, in willkürlicher, panischer Selbstbehauptung die Entsprechung dessen, dem es zu entkommen sucht, erzeugt selbst soviel Angst, wie es beschwichtigt hat. *Georges Batailles* Aufruf, dieses Ich wegzuwerfen, reagiert auf die Paranoia der Selbstkonstitution, auf die Vergeblichkeit der krampfhaften Anstrengung, der Angst Angst zu machen.

Seit Jahrtausenden verherrlichen die Institutionen des männlichen Staates ideale virile Tugenden wie Selbstbeherrschung, Gelassenheit (und Schweigsamkeit), Festigkeit, Distanziertheit, Klarheit, Präzision, strenge und unpersönliche Wahrheitsliebe. *Nous* und *logos* kulminieren im neuzeitlichen Subjektivismus, in der inneren Kohärenz für-sich-seiender Individualität. *Otto Weininger* spricht in »Geschlecht und Charakter« den Frauen das transzendentale Ich ab. Dessen Organisationsleistung, von *neutralisierten* libidinösen und aggressiven Energien gespeist, ist die verinnerlichte »reine« Gestalt des Autokraten — des historischen Alleinherrschers und des persönlichen Vaters. Die bürgerliche Verkündung des autonomen Ichs und *Wilhelm Reichs* Eloge auf den genitalen Charakter verschweigen, daß dessen ontogenetische Bedingungen, Introjektion und Identifikation, auf masochistische Weise verkraftet werden müssen, daß sie den Triebkomplex einer äußeren Präpotenz unterwerfen. Männlich sein heißt sich täglich selbst vergewaltigen. Zudem bedeutet die soziale Verklärung und Dominanz der »starken« Ichidentität nicht die reale Festigung dieser Identität in allen oder auch nur den meisten Individuen. Vielmehr halten sowohl die Anwärter auf Identität als auch die wenigen Besitzer den Anspruch aufrechter Männlichkeit, die sich ständig am Riemen reißen soll, auf je verschiedene Weise nicht aus.

Nach *Bataille* ist die angsterregende Illusion einer persönlichen, alle Welt auf sich zurückführenden Identität unerträglich. Eine tiefe Leidenschaft, die nicht erst nachgewiesen werden muß, fordert die Menschen heraus: der Drang, die isolierte, zufällige und diskontinuierliche Individualität mitsamt dem Verlangen nach der Fortdauer ihrer Vergänglichkeit zu zerstören. Es gilt, außer uns zu geraten, uns gehen zu lassen, das diskursive (männliche) Ich zu entthronen. Der Tod des Diskontinuierlichen ist die Ausschweifung. Weil wir vom »Gedanken einer ursprünglichen Kontinuität« besessen sind, müssen wir die Grenze überschreiten, an der die Angst vor dem Tod, vor dem Opfer des Selbst, nicht mehr erträglich ist. Im erotischen Negieren von Selbstbehauptung, Schönheit und Verbot verschwenden wir unsere Diskontinuität.

Der arbeitsteilige Geschlechtsunterschied macht die Frauen zum Objekt des Mannes und den Mann, der sein spezialisiertes Verlangen kalkulieren muß, zu seinem eigenen Objekt. Er verhindert, daß der sexuelle Unterschied sich als die Chance zu seinem ekstatischen Verschwinden zu erkennen gibt. Die Nacktheit eines Objekts bleibt, auch als Zeichen für die Negation von Verdinglichung, immer die Nacktheit eines begrenzten Wesens — ein »besonderes, der individuellen Wertschätzung angebotenes Opfer«[1]. Gelegenheiten zu schrankenloser Lust, die man sich »nimmt«, kann der »Mißbrauch« patriarchaler Allgewalt (der Ordnung, die Diskontinuität ist) nur vorgaukeln.

Die auflösende Bewegung der Ausschweifung teilt dem Mann eine aktive Rolle nur soweit zu, als dieser die Sinnschranken des Gegensatzes von Aktiv und Passiv überhaupt durchbricht. Für den »männlichen Partner hat die Auflösung der passiven Seite nur einen Sinn: sie bereitet ein Verschmelzen vor, in dem sich zwei Wesen mischen, die zum Schluß gemeinsam denselben Grad der Auflösung erreichen. Jede erotische Betätigung ist grundsätzlich eine Zerstörung der Struktur jenes abgeschlossenen Wesens ... Die entschei-

---

1 Georges Bataille, Der heilige Eros, Neuwied/Berlin 1963, S. 168

dende Handlung ist die Entkleidung. Die Nacktheit widersetzt sich dem abgeschlossenen Zustand, das heißt dem Zustand in der diskontinuierlichen Existenz. Sie ist ein Zustand der Kommunikation, der die Suche nach einer möglichen Kontinuität des Wesens jenseits des Auf-sich-Zurückgewendetseins offenbart. Die Körper öffnen sich der Kontinuität durch jene geheimen Kanäle, die uns die Empfindung der Obszönität vermitteln. Die Obszönität bezeichnet die Verwirrung, die den mit dem Selbst-Besitz, mit dem Besitz der dauerhaften und durchgesetzten Individualität übereinstimmenden Zustand der Körper stört[1].« Die sexuelle Beziehung ist für Bataille ein obszönes, Angst zunächst verstärkendes und dann vernichtendes Fest, das die Maskulinität und die Femininität dazu provoziert, sich endgültig zu überschreiten.

Jedoch beachtet Bataille nicht, daß die von vergesellschafteten (funktionalen) Systemen konstituierten Subjekte der kapitalistischen *Verschwendungs*welt gar keine selbstorganisierten Individuen mehr sind — und dies nicht etwa dank ausschweifenden Sich-Verschenkens. Der einzelne, der »seinen« Erfahrungen zusieht — nicht unbeteiligt, nicht über ihnen stehend und ohne asozial zu werden —, ist zur Konzentration (im Sinne der Apperzeption und der Repräsentation) unfähig und doch über bloße Verwirrung hinaus. Er erträgt Ambivalenzen und den schnellen Wechsel von Funktionen — nicht aus dem Rückhalt eines im Lernprozeß integrierten Selbst, sondern indem er in einer intersubjektiven (weder innerlichen noch äußerlichen) Konstellation heterogener Sprechweisen, Codes und Problemlösungen »wohnt«. Individualität wird als kultureller Rückstand verramscht und unverbindlich genossen. (So im Italo-Western, dem Abklatsch männlicher Mythen des Abenteuers, des Helden und der selbstgewählten Einsamkeit.)

---

1 Bataille, S. 20

Werden die Männer-Muskeln mangels Motorik verkümmern? Nur noch einige zehntausend Metallarbeiter genießen das Vorrecht, ihre Muskelkraft als Rohmaterial der Maschine einverleiben zu können. Aber vergessen wir nicht: das Geschlecht des gewölbten Brustkorbs empfand schon im Altertum und erst recht in der Kapitalgesellschaft körperliche Arbeit durchweg als Schmach.

Man muß sich heute für seine Muskeln *entscheiden* (oder gegen sie). Man muß sie kaufen. Man muß sie lieben wollen. Der Spätmarxianer *Gerhard Vinnai* erklärt die Liebe zur eigenen Kraft(entfaltung) zum Zwang der Produktionsverhältnisse. Die vorherrschende Arbeitsform lasse den Produzenten keine Chance zur »Selbst«-Darstellung und erlaube es nicht, die entfremdeten Objekte libidinös zu besetzen; daher richte sich die Objektlibido auf das eigene Tun[1].

Doch so einfach ist das nicht mehr. Die Produktions-Aggregate, das Konsumangebot, die Seinsstrukturen der Werbung und der allumfassende anonyme Service — alle »Objekte«, die unser männliches Selbst konstituieren, *sind* libidinös besetzt, sind libidinös, ob wir das wollen oder nicht. Die Frage ist, ob sie *uns* libidinös besetzen.

Sie tun es. Da sie sich uns so intim anschmiegen, daß sie uns sogar noch um unsere »Selbst«-Entfremdung betrügen, muß sich die Libido nicht mehr aufsplittern und versuchen, zu Gegenstand und Gegenüber durchzubrechen. Insofern wir die Reproduktions-, Kommunikations- und Versorgungssysteme je schon lieben, ist auch unser Körper und das, was wir in Situationen jeweils als Stärke verstehen, zur ungeteilten Liebe freigegeben.

Körperkraft kann sein: die Bemühung, keinen Muskel zu bewegen; die Fähigkeit zum lauten Singen; die Geduld zur Verlängerung der Lust; die Anstrengung, nicht krank zu werden; die Askese, die zur Meister-

---

1 Ästhetik und Kommunikation, Frankfurt/M., Heft 3, April 1971, S. 21

schaft beim Hundertmeterlauf führt; die Nervenkraft, einer sportlichen Übung zu entgehen; die Raffinesse beim Essen und Genießen. *Als solche* hat Körperkraft keine Bedeutung mehr. (Ihre Bedeutung war ihr Verhältnis zum Überleben.) *Als solche* gibt es sie nicht. Sie muß jeweils neu bestimmt und geschaffen werden. Körperkräfte sind mögliche funktionale Bestimmungen von Männern, Frauen usw. Sie stehen den wechselnden Interpretationen von Selbstachtung zur Verfügung. *Unterschiede* von bestimmten Körperkräften, etwa zwischen einem Mann und einer Frau, werden in Sinnzusammenhängen hergestellt und negiert. Unter- und Überlegenheitsspiele, zumal solche mit wechselnden Rollen (Schwäche verwandelt sich in Stärke, und der Stärkere in den Schwächeren), sind vorzüglich dazu geeignet, Erfahrungen von Hierarchien bzw. hierarchische Erfahrungen zu verarbeiten und die Auflösung von Hierarchien zu kompensieren.

Auf die Frage »Was bewundere ich an ihm?« antworten Frauen beispielsweise: »Er hat Schwung und Kraft. — Bei ihm fühle ich mich geborgen. — Er hat Ausdauer. — Er hat sein Pferd in der Gewalt.« An welche Situationen mögen diese Frauen denken?

Drei Beispiele:

— Frau und Mann lassen sich in den letzten unwegsamen Dschungelgebieten der Erde aussetzen, um in einem von Neckermann arrangierten Acht-Tage-Trip Hitze, Kälte und Anstrengung bis zur Erschöpfung kennenzulernen. Allein riskierte es die Frau nicht.

— Frau und Mann ziehen um. Um Geld zu sparen, schleppt der Mann die Möbel allein ins vierte Stockwerk.

— Einbrecher dringen in die Wohnung des Ehepaares X ein und überraschen die beiden im Schlafzimmer. Mit vorgehaltener Pistole erzwingen sie die Aushändigung der Wertsachen. Frau X hat schreckliche Angst, aber sie weiß: Mir kann ja nichts passieren. Mein Mann ist da.

Das Privateigentum an abhängigen Frauen, lohnab-
hängiger Arbeitskraft und fixem Kapital verlieh dem
Besitzer die Gewißheit, seine eigenen physischen und
geistigen Funktionen zu wertvollen Produktivkräften
austrainiert zu haben. Sich selbst und andere zu besitzen und Selbstbeherrschung überzeugend darzustellen
diente der *Unterscheidung* von den Konkurrenten: der
bürgerlichen Identität. Der subjektive Sinn von privile-
giertem Besitz war Selbstbestätigung und Exklusivität.
Heute sind die Menschen ununterbrochen gezwungen,
neuen Besitz zu erwerben. Doch dieser Besitz bestätigt
und exponiert nicht. Er entschränkt, entindividuiert,
nimmt den Konsumenten den Besitz an ihrem Selbst
und verhindert es, eine eigene Identität zu erwerben.
Eigentum schafft Eigentum ab. Verwirrend für die, die
ihr Ich-Ideal nun endlich rauschhaft verwirklichen
wollen. Sexuelle Besitzverhältnisse erlauben nicht
mehr die Integration eines expansiven patriarchalen
Selbst. Dennoch wird dessen prahlerische Überkom-
pensation immer noch als ursprüngliche männliche
Einstellung bestimmt: »Das männliche Bestreben gilt
der Selbstbehauptung, der Beherrschung und der
Machtausweitung. Für den Mann sind weibliche Er-
oberungen Episoden seiner Forschungsreise, Ruhepau-
sen in seinem Ringen um die Eroberung der Welt. Das
männliche Element tritt häufig als aggressiver, uner-
sättlicher Trieb auf, der von einem sich ins Unendliche
ausbreitenden Ich ausgeht[1].«
Hauptproblem für psychisch enteignete Männer mit
gleichwohl fortdauerndem sexuellen Besitzstreben ist
das unbegrenzte Sexualisierungs- und Befriedigungs-
angebot. Es appelliert an die verschiedenen Partialtriebe und ist mit tradierten Selektionsregeln nicht zu
fassen — auch nicht durch den Wettbewerb männlicher Attribute.
Eine provisorische Problemlösung ist der rituelle Ver-
brauch weiblicher Geschlechtsorgane nach dem Krite-

---

1 Oscar Forel, Einklang der Geschlechter, München o. J. (Kindler), S. 163

rium der Quantität. Der Report einer Illustrierten läßt althergebrachte männliche Besitzphantasien Gestalt annehmen: »Sieben junge Mädchen liegen in dem übergroßen Himmelbett, das fast das ganze Schlafzimmer ausfüllt. Eines ist hübscher als das andere. Nur zwei sind völlig nackt und atmen erschöpft. Denn diese beiden haben ihre Leidenschaft mit Wim Wagenaar bereits schwesterlich geteilt... ›Ich habe, wenn ich es grob schätze, mindestens zweitausend Mädchen bisher im Bett gehabt‹, sagt er zu mir mit unüberhörbarem Hähnchen-Stolz, als ich ihn abends besuche. Er sieht sich als Hahn im Korb und hat dafür eine überraschende Erklärung. ›Ich kann mit einer Frau immer nur einmal in der Nacht Liebe machen... Ich bin Egoist. Ich bin ein Patriarch. Meinen Harem benutze nur ich. In der Liebe könnte ich niemals einen anderen Mann an meiner Seite dulden. Deshalb muß ich mit meinen Frauen völlig allein sein‹, klärte er mich schulterzuckend auf... Nie ist Anita mit Wim allein. Dürfte sie einen anderen Mann haben? ›Um Gottes willen‹, protestiert sie. ›Niemals! Wim ist wahnsinnig eifersüchtig. Ich bin sein Besitz. Wenn ich einen anderen hätte, würde er mich halbtot schlagen und hinauswerfen.‹«[1] Wim Wagenaar erreicht die angestrebte Quantität, indem er seine Beziehungen und damit sich selbst aufs Äußerste spezialisiert.

Eine andere Möglichkeit, des Überangebots an Sexualobjekten *Herr* zu werden, ist die bilaterale Beschwörung lebenslanger Treue. Love-Storys liegen im Vorstellungsbereich vieler junger Männer, die den vergeblichen Kampf gegen die Überschwemmung ihrer Ich-Barrieren kämpfen. Der kulturell noch anerkannte Mechanismus der Treue reduziert das Universum möglicher sexueller Kommunikation auf die einfache Verbotsstruktur wechselseitigen symbolischen Privateigentums und legitimiert diese Reduktion zugleich.

Gelöst wird das Problem auch dadurch nicht; es wird nur kurzfristig erträglich gemacht. Eine wirkliche Lösung liegt jenseits der Spezialisierung und Inbesitz-

---

1 Neue Revue, 12. 12. 1971, Die Liebesspiele der Hemmungslosen.

nahme des »eigenen« (Körper-)Selbst, im weiteren Auseinandertreten des ökonomisch und des erotisch bestimmten Erlebens und Handelns und in einer nicht substantiell, sondern *situationär* interpretierten Individuierung.

Potenzzwang und Orgasmuszwang

Genitale Befriedigung dient nicht mehr der Produktionsmaximierung: Sie ist nicht mehr auf Augenblicke der Notdurft und der Zeugung beschränkt. Sie ist nicht mehr die Alternative der Arbeitsleistung. Sie ist selbst Ergebnis von Arbeitsaufwand; die permanente Überprüfung der somatischen Produktivkraft.

Junge Männer, die vom familiären Druck zur Selbstbehauptung getrieben werden, verstehen diese vorab als die Bewältigung der heiklen genitalen Aufgabe. Die Erleichterung darüber, daß sie die vorgezeichnete Potenzlaufbahn auf die korrekte Weise absolvieren können, suggeriert sexuelle Emanzipation. Aber im gleichen Maß, wie dann die Angst sich abschwächt, scheint die Anerkennung durch die Bezugsgruppe sich abzuschwächen oder ganz auszubleiben. Die Leistung wird nun selbst nach ihrem Inhalt befragt. Die Antwort kann nur das einstige Versprechen potenzieren. Es beginnt die Suche nach dem *wirklichen* bzw. möglichst abwechslungsreichen Orgasmus. Die in der Zeit der Bewährung vertagten Frustrationen stellen sich ein: Die routinierte Lusterwartung trügt auf undurchsichtige Weise und wird süchtig.

Undurchsichtig bleiben die Frustrationen deshalb, weil die Maximierung von Häufigkeit und Intensität der Orgasmen einziges Ziel, weil Lust Selbstzweck zu sein scheint. Ein Aufschub der Triebbefriedigung wird nicht mehr anerkannt. Die hochspezialisierte Anstrengung, »die eigenen Genitalien mit denen einer Person des anderen Geschlechts in Kontakt zu bringen« *(Freud)*, und die schmalspurige Maskulinität, die dafür und dabei demonstriert wird, sollen diesem Ziel dienen. Die vergesellschaftete totale Hemmungslosigkeit soll auf präzise vorgeschriebenen Bahnen erreicht und abgeleistet werden. Lust unterwirft sich »ihrem« Ziel und betrügt sich selbst. Genitale Leistungssexualität ist identisch mit diesem Ziel. Sie perpetuiert gerade als freigelassene eine Rationalität von Mittel und Zweck, die vom Sozialsystem schon überholt wurde. Frauen, die solche Leistungsmanie noch nicht verinnerlicht haben (auch der Orgasmus des weiblichen »Partners« ist Kriterium spezialisierter männlicher Potenz) und mit der Einwilligung in den Koitus die Erwartung sozialer Prämien verbinden, erscheint der maschinelle Geschlechtsverkehr als »Machtausübung« und der Penis als »Strafinstrument« *(Kate Millett)*. Gleichgesinnte »Partner« dagegen erfahren die völlige Beziehungslosigkeit ihrer sexuellen und ihrer anderen Leistungen.

Peter Gorsen hat in der »genitalen Enthemmung der Leistungssexualität« die »Tyrannei über die Partialtriebe« erkannt. Gegenüber einer »Gesellschaft, die unter dem vitalen Zwang von Überproduktion und Überinvestition die genitale Potenz heute fetischisiert[1]«, haftet die Ahnung von unreglementierter Lust an der »Zerstörung des Primats der Genitalität«. »Die Regressionen des außergenitalen Eros sind in einem anderen kritischen, sexuell unangepaßten Sinn obszön als der gesunde phallische Exhibitionismus der Penisathleten im Ernst heute noch sein kann[2].«

Freilich gibt es auch nicht anerkannte genitale Beziehungen und Befriedigungen (zumal wenn in ihnen Partialtriebe repräsentiert sind) und anerkannte Befriedigungen von Partialtrieben. Der gesamte Bereich der Werbung und sexuellen Anreizung spricht die Partialtriebe an. In der Anzeigenserie »Mag die deutsche Frau den Mann mit Sex?« wird männlicher »Sex« durch Attribute des Charmes, der Modebewußtheit (»Gut angezogene Männer haben mehr Sex«), der Kauflust und der autoerotischen Koketterie bestimmt. Auch die (sanktionierten) Darstellungen der Partialtriebe beschwören spezialisierte leistungsorientierte Sinnlichkeit.

---

1 Peter Gorsen, Das Prinzip Obszön, Reinbek 1969, S. 138
2 A. a. O., S. 145

24

Entscheidend ist, daß die Befriedigung der Partialtriebe losgelöst von der Befriedigung des genitalen Triebs erfolgt. Dies bedeutet, daß Vorlust und Endlust sich gegeneinander verselbständigen. Das Isolierte, Spezialisierte aber ist unterm Aspekt fetischisierter (d. h. auch: nicht mehr mit Warenproduktion identischer) Potenz und fetischisierter Lust *dasselbe.*

Vorlust ist prägenitale Befriedigung, also nicht genitale Endlust. »Man könnte sie auch als eine kurze Wiederholung der individuellen Sexualentwicklung vor jedem Geschlechtsakt beschreiben[1].« Das in der Konsumsphäre organisierte Ausagieren und Absättigen oraler, analer und phallischer Einverleibungs-, Hygiene-, Ekel- und Zeigegetriebe erschwert aber die genitale Eroberungsarbeit und Anpassungsleistung. Normierte genitale Entspannung wiederum schließt die lustvolle Übung der Partialtriebe aus. (Zu diesen gehören nicht nur die Teiltriebe, die an die orale, anale und phallische und an die anderen erogenen Zonen — potentiell jede Hautstelle und jedes Sinnesorgan — gebunden sind, sondern auch »primäre« Zärtlichkeit, Sadismus, Riechlust, Tastlust und die Formen des Autoerotismus.)

Die Fetischisierung abstrakter Leistungspotenz ermöglicht aber gerade *nicht* die Fetischisierung von Trieben und Körperzonen — sondern nur deren Spezialisierung. Die Fetischisierung der Teillüste (auch der genitalen) unterläuft die genitale Leistungssexualität. Sie macht die ausschließliche Präferenz der genitalen Zone rückgängig.Die Bereitschaft zum Koitus, von dem die Selbstachtung nicht mehr abhängt und der von der unmittelbaren Wahrnehmung der genitalen Zonen selbst herbeigeführt wird, entkommt der Orgasmuspflicht. Die Stellen des Körpers und ihre Regungen und Sensationen emanzipieren sich von ihrer produktiven, arbeitsteiligen, Lust vorab relativierenden Funktion.

Solche befreiende Fetischisierung ist nicht nur ein Modell. Ihr wenden sich heute jene zu, die ihre spezialisierte Männlichkeit aufgeben wollen. (Man denke an

---

1 Michael Balint, Die Urformen der Liebe und die Technik der Psychoanalyse, Frankfurt/M. 1969, S. 127

das ziellose Streicheln, das kein Koitusersatz ist; die Vorliebe für enge Kleidung, die Gesäß und Genital hervortreten läßt; die Kultivierung des Haarwuchses; die eingeübten sanften Stimmen von Männern.) Auch sie muß freilich scheitern, wenn sie Körperteilen substantiellen Sinn verleiht, sie mythisch verklärt — und so die Wandlungsfähigkeit genitaler und außergenitaler Zonen bei irregulären Gelegenheiten nicht erfahren läßt.

Scheitern muß auch eine Wiedervereinigung der sexuellen Zonen und Triebe zur »Gesamtheit« des »Organismus« als »Substrat der Sexualität« und die »Wiederherstellung der Urstruktur der Sexualität« (nach der Intention *Herbert Marcuses*). Nachdem die Einheit des spezialisierten Körpers unterm Potenzprinzip alle Substrate aufgelöst hat, können Sexualität und Lust nicht wieder ontologisiert werden.

Der Weg zu einer Konstellation der Partialtriebe (darunter der genitale) führt über deren weitere Ausdifferenzierung — in herantretenden und geschaffenen Spannungs- und Befriedigungslagen (und wechselnden Verhältnissen von Aktivität und Passivität), die sich nicht durch ihre zeitliche Abfolge, sondern durch ihre Einstellung zu ergriffenen Möglichkeiten unterscheiden. Bei Männern liegen heute noch fast alle virtuellen erogenen Zonen brach; die Partialtriebe, einmal nicht von Absatzstrategien in Betrieb genommen, erweisen sich als stumpf. Ohne ihre Entdeckung und unabsehbare Entfaltung kann die Blockade des Potenzzwangs nicht durchbrochen werden. Die *Sexualitäten* der Partialtriebe bleiben nicht mehr in Isolierung und Spezialisierung befangen, wenn sie von Formen des Zusammenlebens und »öffentlicher« Kommunikation jeweils neu bestimmt werden und so in je wieder andere Konstellation treten können. Diese Konstellation ist die gruppeninterne Erfahrung von *Lust*. Ihre Antizipation in sozialer Phantasie kann die Umstrukturierung von Familienverbandsformen motivieren und legitimieren.

Gehorsam bis ins Unterbewußtsein, wagten es die in allen Partien gut vermessenen Frauen bisher nicht, eine Geographie des männlichen Körpers zu entwerfen. Sie selbst waren die fleischlichen »anderen Hälften«, die Spezial-Körper der Hand auflegenden Liebhaber. Gesichtszüge, Brust, Leib und Gliedmaßen stellten sich ihnen als Zeichen für kulturell bestätigte oder abgewertete Qualifikationen vor. Die Eigenschaften des unbekleideten männlichen Körpers konnten nur mit Mühe von der Aktivität und von dem gesellschaftlichen Dienstgrad des grundsätzlich *bedeutenden* Mannes abgelöst gedacht werden: Größe, Gepflegtheit, markantes Dreinschauen, Gedrungenheit, Elastizität, Potenz, Lächeln. Die Abbildung eines Penis im Ruhestand wirkte peinlich und machte ratlos; als sei dies ein Irrtum. »Schön sind nur die Frauen.« Es mochte so erscheinen, als bestünde der männliche Körper nur aus Kopf und Penis; die anderen Körperteile bedeuteten nicht einmal selbst, sondern nur insgesamt etwas. Männliches Körper-Selbst und männliches Ich-Ideal konvergierten. Der dargebotene nackte männliche Körper war anstößig bis zur Funktionslosigkeit; so mußte er immer etwas leisten: sich anstrengen, boxen oder ringen, zumindest dressierte Muskeln zeigen.

Schönheit von Männern (nicht *männliche!*) und ihre wechselnden Kriterien werden erst erfunden. Der geschmückte Körper, der aufgeteilte Körper, die Pflege, die Reinigung, die Bekleidung und die Bewunderung, die dem Körper selbst gilt, ermöglicht Frauen, die der Beschreibung ihrer schönen Stellen — als Interpretation von Leidenschaft — nichts Entsprechendes entgegenhalten konnten, endlich die Fixierung ihrer Libido an bestimmte somatische Attribute von Männern.

Amerikanische Firmen, die Schönheitsartikel für Männer produzieren, melden in den letzten Jahren eine Absatzsteigerung von fünfzig bis achtzig Prozent. Haarstilisten geben Männern Konsultationen mit Gesichtsmassage, Packungen und Färben der Augenbrauen. Die Werbefeldzüge der Kosmetik- und Duftwasserproduzenten erleichtern gehemmten Männern den Ent-

schluß, des öfteren einmal anders zu riechen, indem sie berückenden Parfüms herbe historische Deutungen geben (»Die geheimnisvolle Geschichte, wie die Römer die Welt eroberten . . .«). Bald wird man auch als Mann zugeben dürfen, eine Perücke zu tragen; der alle Prognosen übertreffende Absatz macht es wahrscheinlich. Schon fast die Hälfte der Patienten von kosmetischen Chirurgen sind Männer. Sie wünschen den *face-lift*, um das Herabsinken der Gesichtshaut zu revidieren, die Entfernung der Hautschwülste unter den Augen, Korrekturen von Nasen und Ohren und Haartransplantationen. Praktische und symbolische Schmuckgegenstände wie Uhrarmbänder und Amuletts werden um Reifen, Kettchen, Ringe und Gehänge bereichert.

Kurz: Dicht umringte Männer betrachten sich aufmerksam im Spiegel und verändern sich unter den Blicken der anderen. (Die rituelle weibliche Scheu, sich beim Schminken beobachten zu lassen, gehorchte der von der männlichen Gesellschaft angeordneten Fiktion eines Widerspruchs von Natürlichkeit und Künstlichkeit.)

Männer, die während der Beschäftigung mit ihrem Körper diesen *selbst* meinen und lieben, die auf die Lust »regredieren«, die er selbst verspüren und geben kann, verzichten auf ihre arrogante genitale Dauer-Repräsentanz. Sie ordnen ihre *sexuelle* und ihre *leistungs- und machtbezogene* Selbstwahrnehmung verschiedenen Sinnbezügen zu. Sie können sich nun gegenüber anderen (»Frauen« und »Männern« im traditionellen Sinn), mit denen sie Beziehungen eingehen, als variationsfähige Geschlechtswesen verhalten — nicht mehr als spezialisierte Männer-Menschen. Einer zur »Liebe« bestimmten Situation können Männer in dem Maß entsprechen, wie sie ihre objektive Männlichkeit abtun.

Bewegung und Kleidung

Die Prozesse der »Flucht vor dem genitalen Anspruch«, der »Nivellierung der Geschlechterspannung« bzw. der »Effeminierung« beziehen sich auch im Bereich

nichtsprachlicher sexueller Kommunikation noch auf die einfachen Sinnstrukturen der *Alternative* (männlich/weiblich), des *Tauschs* (wechselseitige Zuneigung) und der *Intimitätsmaximierung* (von Öffentlich = prägenitaler Kontakt zu Privat = genitaler Kontakt). Aufrechte *Haltung* und aufrechter gleichmäßiger zielbewußter *Gang* ohne schwankende Seitenbewegung werden in der bürgerlichen Familie jedenfalls den Söhnen, aber nicht durchweg den Töchtern vorexerziert. *R. Loewenstein* verweist auf die »unbewußte Gleichsetzung des Aufrechtstehens, des Gehenlernens, der Koordination und der Bemeisterung der Körperbewegungen mit der aktiven männlichen Genitalfunktion[1].« Im infantilen phallischen Stadium gewinnt die Gangart des Knaben ihren »eindringenden Modus« — im Sinne von kraftvoller Fortbewegung oder auch körperlichem Angriff. Im »ambulatorischen« genitalen Stadium wird das geschlechtsspezifische Inventar durch die differentielle Auslegung des »Machens« ergänzt. »Beim Knaben bleibt der Akzent auf dem ›Tun‹ durch direkten Angriff — Kopf voraus; beim Mädchen kann es sich in eine Art von ›Einfangen‹ verwandeln, entweder durch aggressives An-sich-Reißen oder indem es sich anziehend und liebenswert macht[2].« Mit dieser »strammen«, »standhaften«, »fordernden« und »stolzen« Imago des Männlichen, mit dieser genitalen Fassade ist ein geschmeidiger, gar hüfteschwingender, ein wie auch immer bewußt erotischer Gang nicht in Einklang zu bringen. Ebensowenig vertragen sich der unerschrockene Blick und die vorschriftsmäßigen Rauch-, Tanz-, Höflichkeits-, Flirt- und Kußtechniken der Einzelkämpfer, die es »wissen wollen«, mit dem Augenaufschlag, den nicht eindeutigen Gesten und der schutzlosen Mimik postgenitaler Charaktere.

Vom dauernden männlichen Exhibitionismus entlastende Funktion hat die Tendenz zum »Unisex« der *Mode.* Die hohe Geschlechterspannung wird kaum mehr als reizvoll, sondern meist als Streß erfahren;

---

1 R. Loewenstein, Die phallische Passivität beim Manne, Internationale Zeitschrift für Psychoanalyse, 1934
2 E. H. Erikson, Jugend und Krise, a. a. O., S. 120

zumal sie Befriedigung eher erschwert. Die Aufhebung von strenger Monotonie einerseits und »funktionsloser« Verspieltheit andererseits ist mehr als die öffentliche Angleichung des anderen Geschlechts ans eigene und die Angleichung des eigenen Geschlechts ans andere. Sie ist keine »Homosexualisierung« (*Reimut Reiche*). Die »jugendlichen Pseudo-Transvestiten« *(Gorsen)* wollen sich vielmehr des ästhetischen Geschlechtsausweises überhaupt entledigen. Um weniger angreifbar zu sein, kommen die verunsicherten jungen Männer hinter ihrer genitalen Fassade hervor und fliehen aus kunstvoll wattierten Schulterstaffagen, biederen Hosenbünden und düsteren Jacketts in farbenfrohe Kostüme, fashionable Strickmonturen und gegürtete Kasacks und Tunikas oder provokative Anti-Kleidung. (Als erster hatte Jacques Esterel 1966 den Soft-Look der Herren für die Haute Couture ausgebeutet.) Sie fliehen vor keiner Realitätsprüfung, die unumgänglich wäre. Vom »Unisex« der homogenen Kleidung zu sprechen, ist irreführend; diese Bezeichnung täuscht vor, ein neues übergreifendes Einheitsgeschlecht entstünde. Die Kleidung, die nicht mehr an Männchen und Weibchen erinnert, betont kein Geschlecht, welches auch immer, sondern vor allem die Gruppenzugehörigkeit.

Unterstellt man den sexuellen Dualismus als unveränderliches Grundmuster, erscheint das Abweichen von der bürgerlichen Männerkleidung als Effeminierung, also als Perversion. Den Vorwurf, feminin zu sein, fürchten diejenigen Männer nicht, die durch den Verzicht auf die Körpermaske souveräner Stärke bestimmte Privilegien derer, die nicht auftrumpfen müssen, für sich in Anspruch nehmen wollen. Sie wollen sich »mit Hilfe der modischen, ›sanften‹ Kleidung in den Genuß des gesellschaftlichen Schutzes ... versetzen, der Frauen so offensichtlich gewährt wird[1]«. Denn sie erfahren, daß gesellschaftliche Einstellungen und Erwartungen sich oft lediglich am signalisierenden Habitus orientieren.

---

1 Bazon Brock, Flucht aus dem Flanell, ZEIT-Magazin, 18. 12. 1970

Die neue Männermode löst den Zusammenhang von Kleidung und sozialer Spezialarbeit auf. Der bürgerlichen Kleidung teilen sich die Erfordernisse der industriellen Rationalisierung mit: Sie behindert nicht die schnelle Fort- und Handbewegung, und sie ist auf die Gegenstände zugeschnitten, die in einer Arbeitswelt mitgeführt werden müssen. Nur in Uniform und in studentischer Couleur ist es dem Mann erlaubt, seine einfallslose »Schale« abzuwerfen und farbenprächtig umherzugehen. Männliche Prunksucht ist nur durch weitere Spezialisierung (zu Dienstgraden) zu rechtfertigen. Dagegen können die »effeminierten« oder »nivellierten« Kostüme weder als Arbeitskleidung noch als Haus- und Freizeitkleidung, weder als Uniform noch als individualistische Eskapade identifiziert werden. Sie halten sich nicht mehr an die Kommunikationsrituale der genitalen Spezialsexualität; nicht zuletzt negieren sie die Arbeitsteilung von Körper und »Schale«, freilich ohne eine neue Einheit der Person glauben zu machen.

Die Pseudoeffeminierung durch die Mode trägt zur Erfindung möglicher variabler »Männlichkeiten« bei. Geschlechtsneutrale Kleidung, die das Zurschaustellen vertrauter öffentlicher und privater Rollen negiert, zeigt verschiedene, sich ablösende Zustände eines Mannes, die verschiedenen »Männlichkeiten« entsprechen. Durch die Einbürgerung von Überraschungen, die nur unter immer größer werdenden Schwierigkeiten auf Gewohnheiten zurückgeführt werden können, verändert solche Kleidung die Sinnstruktur nichtsprachlicher sexueller Kommunikation.

Im gleichen Maß, wie die *Haut* sich entsprechend den verschiedenen taktilen Sensationen aufteilt, und im gleichen Maß, wie »öffentliche« *Berührungen* in nichtaggressiver Absicht üblich werden, wird Kleidung zur »Ausweitung der Haut« (*McLuhan*). Sie ist nicht mehr ausschließlich Schau, nicht mehr die Präsentation eines sich Verbergenden, sondern ein sich nach eigenen Maßstäben entwickelndes Moment des Körpers. Sie gewinnt »plastische« Bedeutung und lädt zur Berührung ein. Solche Berührung ist dann nicht mehr prägenital im einschränkenden Sinn. Zudem klärt sie die

31

neue Funktion von »Uniformierung«. Diese trennt weder Individuen (Männer *als* Männer und Frauen *als* Frauen) voneinander noch macht sie Individuen gleich. Vielmehr gewährt sie, gewissermaßen als *Gruppenhaut,* den Zugang zu einer bestimmten, an die beteiligten Individuen nicht gebundenen Konstellation von Spannungs- und Befriedigungschancen.

Der Ernährer der Familie

Bereits in der noch äußerlich intakten Kleinfamilie haben die zur einseitigen Erwerbstätigkeit außer Haus gehenden Väter als Erzieher, Kontrolleure und kulturelle Vorbilder der Kinder resigniert. Der spezialisierte Vater ist der unsichtbare Vater. Aber er wird — anders als Hausfrau und Kinder — von der Gesellschaft für autonom gehalten und garantiert die Versorgung derer, die noch vom Lohnabhängigen abhängig sind. Als Inhaber seiner Familie konkurriert er um Karriere. Um sich gegen andere Kandidaten des sozialen Aufstiegs durchsetzen zu können, erwirbt er auf einem eng begrenzten Gebiet Kenntnisse und Geschicklichkeiten. Aus dem Aspekt seiner Lebenschance reflektiert er auch seine Stellung gegenüber der abgesonderten Frau und den unproduktiven Kindern. Der Vater der um ihr Prestige bangenden Kleinfamilie ist Spezialist für Männlichkeit und Spezialist für Ernährung, so wie er Spezialist im Produktionsprozeß ist. Gemäß der Achtung, die er verschafft, wird er von seiner Familie geachtet. In Familien der Unterschichten dominiert nicht der erfolglose Vater, sondern die für die Kinder verantwortliche Mutter.

Die Potenz des Gatten und Vaters, die sich als ökonomische Wettbewerbsfähigkeit einschätzt, nimmt in dem Maß ab, wie sein familiär ausgelebtes Ich-Ideal und seine soziale Rolle divergieren. Die Selbstachtung des konkurrierenden Mannes geht verloren, und damit seine Identität. Solche Depotenzierung schreitet heute unaufhaltsam fort. Weil die Diskriminierung des weiblichen Arbeitskraftpotentials, des genutzten und des ungenutzten, auf dem Arbeitsmarkt abgebaut werden muß, kann der Mann seinen Frauen und Freundinnen immer weniger bieten, was diese sich nicht selbst leisten können. Weil der Vater nicht mehr die sozialen Machtverhältnisse repräsentiert, sind seine Kinder »vaterlos« *(Mitscherlich)* und von patriarchalem Imponiergehabe nicht mehr zu überzeugen. Gerade die traditionell männlichen Arbeitskräfte werden ersetzbar. Im übrigen hat heute die aneignende, die Konsum-Kraft — gewissermaßen die traditionell weibliche Kapazität — einen weitaus höheren Rang in der Prestige-Skala als die produktive.

Damit ist die von spezialisierter Konkurrenz-Männlichkeit geprägte bürgerliche Familie funktionslos. Dies wird von Vorschule, Ganztagsschule und früher ökonomischer Unabhängigkeit der Kinder nur bestätigt, nicht bewirkt. Die Abwertung der verbindlichen *Ehe,* deren Regeln vom Privatrecht, also vom bürgerlichen Eigentumsrecht festgelegt wurden, ist durch keine Beschwörung partnerschaftlicher Interessen aufzuhalten. Denn die produktive und konsumptive Bedeutung des Eigentums am Ehepartner (und der Kinderaufzucht) geht verloren. Eine Ehe ohne Besitzverhältnis ist eine contradictio in adjecto. *Kant* bestimmt nicht etwa das Kinderzeugen als Hauptzweck der Ehe — dies wäre *vor*bürgerlich —, sondern die »Geschlechtsgemeinschaft« zweier heterosexueller Personen »zum lebenswierigen wechselseitigen Besitz« der »Geschlechtsorgane« und des geschlechtlichen »Vermögens« des anderen. Der »unveräußerliche« Erwerb des Ehegatten begründet, bestimmt und erfüllt das legitime Bedürfnis nach sexuellem Genuß. »Wenn Mann und Weib einander ihren Geschlechtseigenschaften nach wechselseitig genießen wollen, so *müssen* sie sich notwendig verehelichen, und dieses ist nach Rechtsgesetzen der reinen Vernunft notwendig. — Denn der natürliche Gebrauch, den ein Geschlecht von den Geschlechtsorganen des anderen macht, ist ein *Genuß,* zu dem sich ein Teil dem anderen hingibt. In diesem Akt macht sich ein Mensch selbst zur Sache, welches dem Recht der Menschheit an seiner eigenen Person widerstreitet. Nur unter der einzigen Bedingung ist dieses möglich, daß, indem die eine Person von der anderen *gleich als Sache* erworben wird, diese gegenseitig wiederum jene erwerbe; denn so gewinnt sie wiederum sich selbst und stellt ihre Persönlichkeit wieder her. Es ist aber der Erwerb eines Gliedmaßes am Menschen zugleich Erwerbung der ganzen Person — weil diese eine absolute Einheit ist —; folglich ist die Hingebung und Annehmung eines Geschlechts zum Genuß des andern nicht allein unter der Bedingung der Ehe zulässig, sondern auch *allein* unter derselben möglich. Daß aber dieses *persönliche Recht* es doch zugleich *auf dingliche Art* sei, gründet sich darauf, weil, wenn eines der Eheleute sich verlaufen, oder sich in eines Anderen Besitz gegeben hat, das andere es jederzeit und unweigerlich gleich als eine Sache in seine Gewalt zurückzubringen berechtigt ist.«[1] Doch der Wert dieser »Sache« (dem juristischen Begriff entsprach die gesellschaftlich reale Verdinglichung der Frau) ist gesunken.

In »einer ehe- und familienlosen Gesellschaft von selbstversorgenden männlichen und weiblichen Individuen« mit »kürzeren oder längeren Liebesbeziehungen« *(Sebastian Haffner)* oder, wie *Mitscherlich* formuliert, in einer »sich geschwisterlich strukturierenden Gesellschaft« kann sich die Emanzipation des Mannes von seiner restriktiven besitzergreifenden Männlichkeit in einer Vielzahl möglicher Kommuneverbandsformen vollziehen. Wie weit die Expropriation des Eigentums am eigenen — und am weiblichen — arbeitsteiligen, also konkurrierenden Körper fortschreitet, hängt nicht zuletzt von der Anstrengung ab, den besonderen Wettbewerbstypus zusammenlebender Männer, die *Rivalität*, aufzulösen.

Die überkommene Abrichtung der Geschlechter erleichtert es zwar den Männern, gemeinsame Interessen zu erkennen und zu vertreten: sich zu solidarisieren. Doch nur mit größter Mühe können spezialisierte Männer den offen zur Schau gestellten Narzißmus eines anderen Mannes ertragen. Unverhohlene Freude

---

1 Kant, Die Metaphysik der Sitten — Der Rechtslehre erster Teil (Das Privatrecht), Zweites Hauptstück (Von der Art, etwas Äußeres zu erwerben), Dritter Abschnitt (Von dem auf dingliche Art persönlichen Recht).

am eigenen Körper, über Zärtlichkeit, die einem gilt oder die man auf sich bezieht, oder über wertvolle Gegenstände mit Prestigegewinn, die man erworben hat, lösen beim anderen angstvolle Wut aus; das Gefühl, man habe ihm etwas weggenommen. So kommt es etwa zu der Befürchtung, der Anblick der Erektion eines anderen Mannes lasse einen selbst impotent werden. Nach *Mitscherlich* produziert die »Massengesellschaft« der in ihrem Gestaltungsvermögen entmachteten Lohnabhängigen »ein Riesenheer von rivalisierenden, neidischen Geschwistern. Ihr Hauptkonflikt ist nicht durch die ödipale Rivalität, die mit dem Vater um die Privilegien des Genusses von Macht und Freiheit ringt, bezeichnet, sondern durch Geschwisterneid auf den Nachbarn, den Konkurrenten, der mehr bekommen hat[1].« Mitscherlich vermutet, daß der Zusammenbruch des Vaterbilds »die Beziehung der Söhne untereinander ... intensiviert und um den Teil der libidinösen wie aggressiven Bindungen an den Vater verstärkt«. Mit anderen Worten: die »aggressive Neidhaltung der nunmehr ungehemmt rivalisierenden Brüder« festige sich »durch die angstvolle Abwehr libidinöser Bindungen aneinander«[2].

Was geschieht aber in der von Mitscherlich selbst angekündigten brüderlichen Gesellschaft, die das Vaterbild nicht stürzen sieht, weil es gar nicht erst errichtet werden konnte? Das Problem zwischenmännlicher Rivalität besteht auch in ihr, da weder der Sturz noch die *Verflüchtigung* des Vaterbilds allein das Schicksal der verschiedenen, aus ihrem Zusammenhang gerissenen Syndrome der Männlichkeit besiegelt. — Für die sexuelle Konkurrenz gilt freilich, daß sie mit dem genitalen Anspruch und dem Bestand der bürgerlichen »Kernfamilie« (Vater, Mutter, Sohn, Tochter) steht und fällt. Was aus der mit dieser Familienform verbundenen »ödipalen Phase« wird, entscheidet sowohl über die Hierarchie bzw. die Struktur der Triebe als auch über die Dringlichkeit spezieller Potenzbeweise

---

1 Alexander Mitscherlich, Auf dem Weg zur vaterlosen Gesellschaft, München 1963, S. 332
2 A. a. O., S. 370 f.

und über die Potentiale und Hemmungen libidinöser Beziehungen zwischen Männern. Die angstvolle Abwehr homoerotischer Bindungen zu durchbrechen ist weniger beängstigend als die vernichtende Konsequenz aufrechter männlicher Eifersucht.

Der Staat als Männerbund

Solange in west-östlichen staatlichen Entscheidungsgremien feindlich-verschworene Brüder Schulter an Schulter sitzen, durch einige brave Partnerinnen nicht unterbrochen, sondern ergänzt, solange überzeugt *Hans Blühers* Versicherung, politische Männerbünde verdankten sich verdünnter und uneingestandener Homoerotik[1]. Der Hinweis auf das gesetzgeberische Privileg der männlichen Geschlechtsrolle erschüttert die These nicht; vielmehr macht er die Entstehung rein *männlicher* Institutionen und die politische Chance der Inversion verständlich. Welche Rolle spielt der mann-männliche Eros in der Fraktion der CDU/CSU und in der Fraktion der SPD? Welcher Faktor ist er im Kabinett? Frauenclubs würden dieselbe Politik machen (und wer erkennt bei Meir, Gandhi, Bandaranaike einen Unterschied?) und eine Menge Wählerstimmen fangen. Werden also die mauschelnden, Gefolgschaft leistenden, schulterklopfenden und verräterischen Partei- und Regierungsbrüder nur von ihren gemeinsamen Interessen zusammengeschweißt? Oder besser: *Wie* werden sie von Interessen zusammengeschweißt?

Den letzten Grund der »Staathaftigkeit des Menschengeschlechts« — nicht des einzelnen Staates — sieht *Hans Blüher* weder im »Ökonomismus« bürgerlicher (privater, familiärer) Zweckverbände noch im »Geist« bzw. in der Vernunft, sondern im Eros der »männlichen Gesellschaft«. Dieser steht keine weibliche gegenüber. Frei von verstehbarer Nützlichkeit, durchbricht der zum Männerbund drängende Eros

---

1 Hans Blüher, Die Rolle der Erotik in der männlichen Gesellschaft, Jena 1924, Bd. I u. Bd. II

spontan die »Alleinherrschaft des Familientums samt der mann-weiblichen Sexualstrebung überhaupt«. Nur das männliche Gesellungsprinzip hat organisatorische Begabung; von der utilitaristisch-familiären Gegenmacht, der Domäne der Frau, niedergezwungen, befreit es schließlich den Menschen, also den Mann, zum Staat: zum »irrationalen Schicksal mit unbekanntem Ende und Ziel«. Sexuelle Charakteristika verteilt Blüher ähnlich wie *Simmel,* doch spricht er auch den männlichen Unergründlichkeit zu.

Die Zweckverbände der bürgerlichen Gesellschaft erniedrigen die Frau weniger als den Mann. Ihnen entkommt die männliche »Neigung zur Mystifikation« (des Staates) und zur Tapferkeit in militärischen Kameraderien, der romantische Wille zu einer neuen Jugend, die Sucht nach sakralem Leben in den Ritterorden, die Verbrüderung der Freimaurer und selbst noch die Überschwänglichkeit der Rauch- und Trinkgemeinschaften. Nur ersehnt werden kann der oberste Männerbund. Er ist ein Geheimbund: Die Wandlung der Welt aus schöpferischer Verzücktheit und unter der Anleitung des »heldischen Mannes« erwächst im Geheimnis des reinen männlichen Bundes.

Blüher definiert: »Die männliche Gesellschaft ist eine Gesellschaft von Männern unter Vorherrschaft des Typus inversus und seiner Abwandlungen[1].« Moderne Staatsgebilde erreichen allenfalls die Stufe der *männlichen Gesellschaft zweiten Grades.* In ihr fehlt der Mittelpunkt, der von Lieblingen und — in größerem Abstand — von Vertrauten umgebene, aktiv homoerotische Männerheld. An seine Stelle tritt das *Bild* des Helden, die kultisch-kulturelle Beziehung zum Heroischen. Die Mitglieder dieser Gesellschaft zweiten Grades leben in heterosexuellen Verhältnissen, bedürfen aber in gewissen Zeitabständen exklusiver männlicher Zusammenkünfte. Der niedrige Zweck führt sie zusammen — und doch nicht nur dieser. Auch eine schwache »Lusterregung«, deren Wesen sich ihnen nicht offenbart. »Denn es wiederholen sich in diesem Sichgesellen des Mannes zum Manne nichts weiter als

---

1 A. a. O., S. 102 (Bd. II)

jene ersten primitiven Gesellungsbestrebungen des Knaben zum Knaben, wie wir sie in den Onaniebünden und in den späteren romantischen Jünglingsgemeinschaften kennen ... Das motorische Ende dieser ursprünglich sexuellen Gesellung hat sich erhalten und weiterkultiviert ... Der materielle Gehalt der ursprünglichen Gesellung aber, d. h. das sexuelle Interesse am Manne, ist verdrängt, jedoch nicht vernichtet. Nur der bewußtseinsfähige Rest bleibt als lusterregend übrig, und dies ist eben jene Neigung der Männer zur ›Gemütlichkeit‹ ...«[1]

Angesichts kapitalistisch-sozialistischer Staaten unserer Zeit hätte Blüher wahrscheinlich geurteilt, sie befänden sich »im Stande der tiefsten Korruption«, da die »Machtbefugnisse aus den Händen des Männerbundes in die der Zweckverbände geglitten« seien. Doch wie sehr sich auch die Staatsorgane z. B. der BRD von Bünden in sich geschlossener Männlichkeit, die Blüher zum übergeschichtlichen Überschwang mystifiziert, unterscheiden, so sehr gibt die bloße numerische, freilich überwältigende Disproportionalität der Geschlechter in diesen Organen zu denken. Mit Konzernchefinnen und weiblichen Vorgesetzten finden sich Männer ab, wenn auch mühevoll genug. Doch der Vorstellung, von Frauen regiert zu werden, haftet immer noch ein utopisches Moment an.

Die Fortexistenz von Männerbünden, die rein physisch als solche bestimmbar sind, wird durch die Auflösung tradierter Vertrautheits-, Gefolgschafts- und Autoritätsbindungen (z. B. homoerotischer Diplomaten-In-groups) und der Imago des Staates als Übervater ermöglicht — durch die Auflösung *des* Männerbundes selbst. Das Ende der Dialektik von Gesellschaft und Staat — von Blüher als Polarität ebenbürtiger institutionalisierter erotischer Kräfte verstanden — läßt die soziale Totalität »männlichen« Leistungszwangs und die behauptete »männliche« Allgemeinheit der (staatlich inkorporierten) objektiven Vernunft in eine Vielzahl möglicher Haltungen, Verfahren und Interpretationen aufsplittern, die allesamt ihre unbedingte Ver-

---

1 A. a. O., S. 107 f. (Bd. II)

bindlichkeit verloren haben. Entscheidungsprozesse und Entscheider (die Pose des Entscheidens) treten auseinander. Die staatlichen Spitzen, die dazu gezwungen sind, durch Intervention jegliche naturwüchsige wirtschaftliche Konkurrenz auszuschalten, geben sich zugleich als Rivalen, die um den festesten genitalen Charakter — bzw. die undurchdringlichste genitale Fassade — wetteifern. Der Staat bleibt invertiert, ohne die vormals verdrängte homoerotische Komponente im öffentlichen Sektor zu befreien und aufzuarbeiten. Die staatliche projektive Diskriminierung Homosexueller ist kaum schwächer geworden, obwohl der Gesetzgeber als männerbündlerische Sozialgruppierung seine Triebbasis verloren hat. Staatsbeamte, die nicht mehr handeln, sondern funktionales Handeln auf sich beziehen, verstehen sich weiterhin als Spezialisten eines übergeordneten Interesses — und sie können es, ohne mit der »Realität« zu kollidieren. Der Staat simuliert heute die Einheit des männlichen Universums; so simuliert er auch die Verdrängung des mann-männlichen Eros.

Ein Proporz von Männern und Frauen in allen wichtigen Staatsämtern veränderte nicht das »Wesen« des Staates und garantierte auch nicht das Ende aller Kriege, aber erleichterte es den politischen Freunden und Liebhabern, den Verlust gesetzlich garantierter Männlichkeit anzuerkennen.

Befreiung der Frau, die Hoffnung der Männer

Die Männer haben sich mit der Menschheitspose überanstrengt. Sie spielen ihre Rolle unschlüssig weiter, denn sie haben nicht die Kraft, die Erwartungen anderer genitaler Imitatoren und spezialisierter Weibchen, Erwartungen, die sie selbst mit hervorrufen, allesamt zu enttäuschen. Frauen, die nicht mehr erst unter dem Blick des *anderen*, des Mannes, Gestalt annehmen wollen, und die es daher aufgeben, der immer fernen Schimäre der Weiblichkeit nachzujagen, können den abdankenden Weltproduzenten von ihrem Piedestal herunterhelfen.

Die Prognose einer »weiblich« gelenkten Gesellschaft zeugt von Hilflosigkeit und unklarem Schuldbewußtsein. Hinter der Erwartung, daß Frauen künftig in steigendem Maße die Leitung von Wirtschaft und Staat übernehmen und im 21. Jahrhundert »voll und ganz das Raumschiff Erde managen« werden *(Buckminster Fuller)*, steht die Ratlosigkeit der Männer, die sich selbst nicht mehr definieren können. Gewiß aber ist diese Erwartung plausibel. Sie ist das Sinnbild des Ausbruchs aus dem männlichen Universum.

Viele zweideutig agierende Männer haben die Integration zum Leistungscharakter noch geschafft und wissen gleichwohl, daß sie Ruinen sind, daß ihre Funktionen (Tonfall, Auftreten, Fassung, Elan, Empfindungen) nicht mehr auf einen herrenmännlichen Nenner gebracht werden können. In Frauen, die es auf sich nehmen, »Subjekt«, starkes Ich zu sein, erkennen sie alte Ambitionen und Ängste wieder. Sie haben das verräterische Gefühl, die ansprechbare, mitbestimmende, bewußte Menschheit habe sich plötzlich verdoppelt. Doch zugleich scheint sich ihnen durch den Kampf der Frauen die Aussicht zu eröffnen, ihre privilegierte Angst endlich zu verlieren. Der Andrang der Frauen zur Berufstätigkeit außer Haus — sowie die Bemühung um die Anerkennung der Hauswirtschaft als gesellschaftlichen Produktionszweig — gibt den Männern die Hoffnung, den abstrakt und willkürlich gewordenen Leistungs- und Bewährungszwang brechen zu können: den Konkurrenzkampf zwischen männlicher Facharbeiterschaft und weiblicher Reservearmee mittels Umstrukturierung der Produktionsverhältnisse offensiv zu überwinden, anstatt ihn mittels Verzögerung der technologischen Entwicklung und Ausbeutung künstlicher Reservearmeen (Gastarbeiter, Handlangerheere) zu neutralisieren. Von der Befreiung der Frau zu sprechen ist eine Farce, wenn es sich nur um die Vergesellschaftung von Existenzangst handelt. Die alte männliche Hybris, immer stark sein zu müssen und immer stark zu sein, hat u. a. auch die Funktion ökonomischer Konkurrenz mit der Frau. Dagegen ist die konkrete Utopie, daß auch »Schwächen« belohnt werden, im ökonomischen, politischen und sexuellen

Strukturzusammenhang mit der Bereitschaft zu einer weitgehenden »Macht«-Ablösung durch die Frauen verbunden.

In Verlautbarungen politisch organisierter Frauenbefreiungsgruppen und in individuellen Selbstbestimmungskonzepten vieler Frauen exponiert sich der Wille, jene Last autonomer Individualität zu tragen, die für die Männer untragbar geworden ist und schizoide Bedeutung bekommen hat. Sofern solche Wiederauferstehung des starken bürgerlichen Ichs als temporärer Notbehelf angestrebt wird, um dem Magnetfeld allgegenwärtiger Weiblichkeitssymbolik erst einmal zu entkommen, kündigt sie den überdrüssigen Männern den Verlust von Vorrechten zusammen mit Entlastung und Entkrampfung an. Sofern aber die Einübung eines konkurrenzfähigen identischen Selbst als Akt ausgleichender Gerechtigkeit kundgetan wird, so als wolle man »2000 Jahre Patriarchat« heimzahlen, verdichtet sich noch einmal die Kastrationsdrohung, die sich dann auch wieder gegen die Frauen auswirkt. Soviel mag richtig sein an dem durchsichtigen Bangemachen der Illustrierten, die immer wieder berichten, die Pille, die Lockerung des Heiratszwangs und die größere ökonomische Unabhängigkeit führten zu einer Zunahme von Potenzstörungen. Die Angstfreiheit der Frauen macht nur den Männern Angst, die ihre Unbeschwertheit durch Einschüchterung erlangen müssen, weil Lust für sie Befriedigung über niederkonkurrierte Frauen ist.

Allzu naive Befürchtungen überlebender Patriarchen dementiert *Gloria Steinem,* Sprecherin des seriösen amerikanischen Emanzipationsangebots: »Wir Frauen wollen keineswegs den Platz des Mannes einnehmen. Konservative Patriarchen, Autoren von Zukunftsromanen und Kabarettisten mögen diese Theorie um ihres Schockeffektes willen verbreiten, doch die Psychologen halten das für ein Hirngespinst, das auf der Selbstüberschätzung der Männer basiert und von schlechtem Gewissen diktiert wird. Die Männer unterstellen, die Frauen wollten sie imitieren — genau wie das die Weißen stets von den Schwarzen annahmen, dabei haben Frauen wie Neger dieses Stadium schon hinter sich. Das schlechte Gewissen zwingt die Männer zu der beklommenen Frage: Was wäre, wenn die Frauen uns genauso behandeln würden, wie wir sie die ganze Zeit behandelt haben?«[1] Nichtsdestoweniger schwingt sich Steinems Phantasie nur zu einem Modell umfassender »Gleichberechtigung« auf.

Wie reagieren Männer auf Abrechnungen mit der Geschichte des Patriarchats und auf *feministische* Kampfansagen bzw. Subkulturen?

— Sie verstehen sie als Aufforderung zum gesellschaftlichen Haßspiel *(Norman Mailer* versus *Kate Millett)*. Doch gerade die dramatischen Brunstschreie verraten, daß es sich hierbei um eine wohlberechnete Travestie des einstmals noch fundierten Geschlechterkampfes handelt.

— Sie interpretieren feministische Bewegungen als Effekthascherei. Doch diese Interpretation besagt nichts mehr. Zudem schwingt in ihr jener Masochismus mit, der die Unterhöhlung der männlich verfaßten Gesellschaft begleitet.

— Mit einer unklaren Glückserwartung. Die Selbstbesinnung der Frauen verspricht Beziehungen, in denen die Verkrampfung zu ständiger Fitneß nicht vonnöten ist und deren Anbahnung nicht mehr von den Sinnstrukturen der Alternative, des Tauschs und der Intimitätsmaximierung geregelt wird.

Wie reagieren Männer auf die Analysen und Aktionen dogmatischer »linker« Frauengruppen? Genitale Fassaden reagieren mit Erleichterung: Noch einmal davongekommen! Verunsicherte männliche Mitarbeiter, die nicht auf die zweite oder dritte Kulturrevolution nach der Errichtung der Diktatur des Proletariats warten können, machen sich auf eine verschärfte Trennung von Privat und Öffentlich und auf neue Verbotstafeln für ihren Unterbau und ihren Überbau gefaßt.

Die Politisierung der Frauen entlastet die Männer auf allen Gebieten, und die Hoffnung abgehalfterter Supermänner, die den eigenen Habitus und Anspruch ablehnen, geht dahin, nicht abgelöst, sondern verändert

---

1 Brigitte, Nr. 13/71, Soll die Welt nur auf den Kopf gestellt werden?

zu werden. Je mehr Frauen kompensatorische Maskulinität verwerfen, desto leichter wird es den Männern fallen, Abschied von ihr zu nehmen. Inferioritätsgefühle als Folge von Dominanzansprüchen der Frauen verkehren sich in Erleichterung. Männer werden vom pflichtgemäßen Risiko entbunden, für Streß- und Erschöpfungskrankheiten anfällig zu sein, Emotionen und Sensibilität zu verleugnen und Jahrzehnte des Lebens zu verlieren.

In dem Versuch, auch noch die Auflösung der alternativen Sexualität durch gewisse Grundmuster der Sittengeschichte der Menschheit zu erklären, deuten Feuilletonisten und Sozialpsychologen die männliche Angst vor der mündigen Frau als erneuerte archaische Angst vor der *Großen Mutter*. Die Emanzipation der Frauen aus männlicher Bevormundung erscheint dann als Versuch, das männliche Geschlecht völlig zu entmachten und die nur suspendierte Herrschaft des Matriarchats aufs neue zu errichten. Nach solcher Deutung dient die Festigung des weiblichen Selbst nicht dem Entrinnen aus Bewußtlosigkeit, sondern der Überschwemmung des Männlichen durch das Unbewußte. Wenn Männer sich in ihren hierarchischen Positionen bedroht fühlen, gilt ihre Angst im Grunde der *vagina dentata*, dem kastrierenden weiblichen Geschlecht. »Träume, Mythen und Kulte bestätigen die Tatsache, daß die Vagina . . . Nebenbedeutungen eines verschlingenden Mundes und eines eliminierenden Sphinkters hat, zusätzlich zu der Vorstellung, daß sie eine blutende Wunde ist[1].« (Noch *Sartre* bestimmt die Vagina als einen »gefräßigen Mund, der den Penis verschlingt«.)

Doch die archetypisch symbolisierte furchtbare Große Mutter (bzw. die gütige, schützende) kann sich nicht in Frauen inkorporieren, denen die Assoziationskette *Schoß-Nacht-Gebären-Umfangen-Unbewußtes* keine Lebenshilfe bietet. Die »entmachteten« Männer werden nicht von der Urgewalt ihrer Triebe überwältigt, sondern allenfalls von der Vergesellschaftung dieser Triebe. Was den realen Gegensatz der Geschlechter

---

1 Erik H. Erikson, Jugend und Krise, a. a. O., S. 280

zum Urstreit zwischen andrängendem Unbewußten und blockierendem Ich rationalisierte, war das männliche Primat, die Naturbeherrschung selbst. Den von ökonomisch stilisierter Potenz emanzipierten Männern erscheint die Emanzipation der Frauen freilich stets auch als Enthemmung, als Versprechen einer lustvolleren Zukunft. Frauen sind nicht länger Gegenpole. Es gibt kein »anderes Geschlecht« mehr. Die *möglichen* Differenzen zwischen Männern und Frauen sind nicht mehr in einer vorweg festgelegten Rollendifferenz je schon angelegt und aufgehoben. Entfesseln lassen sich die Kräfte der Frauen nur, wenn sie auch das Matriarchat bekämpfen. Diesen Kampf führen auch die Männer, indem sie die Bedingungen ihrer Ängste zersetzen.

Der Vagina-Neid (Weiblichkeitskomplex)

Nicht nur muß die idealtypische »Männlichkeit« von den Männern unterschieden werden, da »die Mehrzahl der Männer weit hinter dem männlichen Ideal zurückbleibt« *(Freud)*. Die Männer erfahren sich nicht nur als unfertige Männer, sondern auch als unfertige Frauen. Sie sind bisexuell auch insofern, als sie zwei verschiedene *Mängel* in sich vereinigen, die nur in den ersten Lebenstagen zu *einem* Mangel, nämlich an totaler Befriedigung, verschmolzen sind.

Schon die alten Freudianer stellten für ihre sexuell streng polarisierende Gesellschaft fest, daß das männliche Wesen in den ersten Phasen seiner Entwicklung im großen und ganzen als *Mädchen* bestimmt werden kann und daß es auch nach »Überwindung der Kastrationsangst« bisweilen oder ständig wünscht, *auch* eine Frau zu sein. Zunächst ist es hingebungsvolle Passivität, durch die das Kind Befriedigung erlangt; später bemerkt der Knabe, daß die Weiblichkeit bevorzugt ist, indem sie nicht ständig auf die Probe gestellt wird. Dies und das Scheitern des Versuchs, des primären und des reaktivierten, weiblich zu bleiben oder zu werden, begründet den Neid auf die Frau und das Bedürfnis, sich an der — im männlichen Sinne — *besitzenden* Frau zu rächen. Hinter der verbreiteten

Aversion gegen breite Becken, kräftige Gesäße und schlaffe Brüste steht nach *Felix Boehm*[1] der verdrängte Wunsch, diese Merkmale selbst zu besitzen. Es ist letztlich nicht das »Andere«, das beneidet wird, sondern das feminine »Mehr«, das unerreichbare Können und Haben. Minderwertig fühlt sich der widerwillig seine Männlichkeit auf sich nehmende Mann, weil er weder zur Schwangerschaft noch zum Gebären taugt. »Gebären wirkt durchaus aktiv; — das Hinausstoßen eines Kindes wirkt in höherem Maße als Bekundung einer Potenz als der Vorgang einer Erektion ... Der Neid auf die Gebärfähigkeit der Frau, kurz *Gebärneid* genannt, liefert einen wesentlichen Zuschuß zu der Produktivität der Männer«[2]. Dies bedenkend, kann man die schöpferische Kulturleistung der Mann-Menschheit als Reaktion auf die Unfähigkeit zur primären Geburt interpretieren. Männliche Analysanden artikulieren auch ihren Neid auf die weibliche Fähigkeit, zu stillen und anders und intensiver zu urinieren. Vor allem aber mißgönnen viele Männer mehr oder weniger bewußt den Frauen den privilegierten Besitz der Brüste und *zweier* Öffnungen im Unterleib. Zum Ärger über das feminine »Mehr« kommen später heftige genitale Schuldgefühle — man nimmt es sich übel, ein scheinbar willfähriges Organ zu begehren, das seine Rolle richtig spielt, wenn es von phallischer Überlegenheit zeugt. Der *Vaginaneid* des Knaben bedroht den beschwerlichen Prozeß, in dessen Verlauf die Ohnmacht gegenüber der allmächtigen Mutter dem Bewußtsein genitaler Überlegenheit weicht. Doch nie schwindet gänzlich der Argwohn, die Frau habe doch den mächtigeren Phallus. »Die hängende Brust der Frau hat im Unbewußten der Männer die Bedeutung eines größeren weiblichen Penis[3].« Die Frau hat dann sogar einen mehr.

Doch selbst der Weiblichkeitskomplex des Mannes bestätigt die soziale Herrschaft des Mannes. Noch die

1 Felix Boehm, Über den Weiblichkeitskomplex des Mannes, Almanach der Psychoanalyse 1931, Internationaler Psychoanalytischer Verlag, Wien 1931
2 Felix Boehm, a. a. O., S. 215 f.
3 A. a. O., S. 213

Überlegenheit der Frau wird nach leistungssexuellen Maßstäben gemessen. Was die genitale Organisation des Knaben untergräbt, der Neid auf den femininen Surplus, setzt den Phallus als konstante Größe voraus.

Der neidische Wunsch, eine Frau zu sein, läßt sich nun freudianisch zunächst als passiv-homosexuelle Einstellung zum Vater verstehen. Der vollständige Ödipuskomplex ist nach *Freud* ein zweifacher, »d. h. der Knabe hat nicht nur eine ambivalente Einstellung zum Vater und eine zärtliche Objektwahl für die Mutter, sondern er benimmt sich auch gleichzeitig wie ein Mädchen, er zeigt die feminine Einstellung zum Vater und die ihr entsprechende eifersüchtig-feindselige gegen die Mutter[1].« Auch noch nachdem die Haßregungen gegen den Vater das zärtliche und schutzsuchende Verhalten abgelöst haben, lebt die homosexuelle Vaterbeziehung bei überwiegend heterosexuellen Männern fort — so in der Eifersucht auf Frauen, die nahe Freunde abspenstig machen. Freude an der eigenen Femininität — z. B. an schmalen kleinen Händen oder auch am Nachempfinden weiblicher Koitus-Reaktionen — können Ausdruck dieser frühen passiven Einstellung sein. Ein Patient Felix Boehms sagt: »Ich habe plötzlich die Empfindung, wenn ich meine Beine hochschlagen würde, könnte ein weibliches Genital zum Vorschein kommen[2].«

Manifestes feminines Verhalten, das um den Vater wirbt, hat aber meist einen Hintersinn: Der Sohn gibt seine aktiven Ödipus- und Kastrationswünsche auf und will sich vom Vater als Frau behandeln lassen, *um den Vater von der Mutter abzulenken*. Er will die Mutter schützen und den Weg zu ihr freimachen. Das Forcieren der eigenen Femininität in der Absicht, die Mutter freizukaufen, kann somatische Symptome hervorrufen. Männer mit starkem Weiblichkeitswunsch berichten von starker Mammae-Entwicklung und einem juckenden Gefühl an den Brustwarzen in ihren Pubertätsjahren.

---

1 Freud, Das Ich und das Es, Gesammelte Schriften, Bd. VI, S. 377
2 Felix Boehm, a. a. O., S. 212

Tritt der Vater so weit in den Hintergrund, daß er gar nicht erst ausgeschaltet werden muß, repräsentiert die Feminisierung des Körpers unmittelbar die Weigerung, die libidinöse Mutterfixierung aufzugeben. Der Sohn will auf seine Passivität nicht verzichten; er will sich weiter der Mutter hingeben. Er will vom Akt des Gestilltwerdens nicht lassen, bei dem er sich völlig passiv verhält, indem »er empfängt und die penisähnliche Brustwarze ihm in ein Empfangsorgan, in den Mund hineingepreßt wird[1]«. Um wieder ungeschieden von der Mutter zu sein, nehmen manche Jungen an sich selbst rituelle Handlungen vor, die den männlichen Körper in einen weiblichen zurückverwandeln sollen. Sie klemmen ihre Genitalien zwischen den Beinen ein, versuchen, ihre Hoden zwischen den Oberschenkeln zu verstecken oder sie in den Unterleib hineinzudrücken und sie pressen ihre Oberarme zusammen, um auf diese Weise einen Busen vorzutäuschen. Oder sie versuchen, »den Penis bis zum Nabel hochzuziehen oder mit dem Penis in den eigenen Mund zu kommen, d. h. sich selbst zu koitieren[2]«. Häufig übernimmt in der Phantasie der After die Rolle der Vagina. Der verborgene Sinn dieser Manipulationen und Vorstellungen (mit masochistischem Einschlag) ist der Wunsch, wieder das sexuelle Objekt der Mutter zu werden. Auch andere Symptome, etwa plötzliches Sprechen mit hoher Stimme, können als Reaktivierung einer »archaischen« Weiblichkeit mit größerer Befriedigungschance gedeutet werden. Vaginaneid ist immer Neid auf einen Zustand, der den Liebesverlust rückgängig zu machen verspricht.

Der Gedanke liegt nahe, die männliche Begierde nach der Frau partiell als Projektion des männlichen Weiblichkeitswunsches *auf die Frau* zu erklären.

Regression zur ersehnten Mutter-Kind-Dyade ruft nicht selten die Zwangsvorstellung hervor, mit der Mutter wieder völlig eins zu sein. Boehm berichtet von einem Analysanden: »In seinen Phantasien ist kein Unterschied zwischen seiner Mutter und ihm, seine

---

1 A. a. O., S. 211
2 A. a. O., S. 206

Mutter besitzt auch einen Penis, bzw. beide besitzen einen Penis. Durch die Einverleibung seiner Mutter (mit ihrem Penis), und zwar auf oralem Wege, ist seine Mutter sein Penis, der größte Penis der Welt geworden. Wenn er onaniert, ›fingert‹ er an dem Penis seiner Mutter[1].« Die Hoffnung, durch Einswerden mit der Mutter diese endgültig zu halten, führt zu einer starken narzißtischen Besetzung des eigenen Körpers. Der Vaginaneid hat fast immer auch narzißtische Bedeutung, z. B. wenn Jungen ein weibliches Genital auf ihren Körper malen.

Den meisten freudianischen Analytikern fällt hierbei gar nicht erst auf, daß die Regression zur Muttersymbiose wie der Weiblichkeitskomplex insgesamt von der unmittelbaren oder hintergründigen Gegenwart des phallischen Vaters (also der männlich-genitalen Sozialstruktur der Sexualität) bestimmt bleibt. Nicht nur erscheint die Mutter selbst als Über-Penis. Die primäre oder reaktivierte Passivität des kleinen Jungen oder des Mannes gilt vorab als weiblich — und Weiblichkeit ist Passivität. Zwar werden die Rollen erst von der analytischen *Sprache* direkt verteilt; aber diese ist wiederum nicht von der Gesellschaft zu trennen. Auch die »leere« Vagina erscheint insofern als Potenzierung des Penis und des Phallus schlechthin, als sie diesen »raubt«, »hat« und verschlingt. Eine andere analytische Sprache kann sich erst dann durchsetzen, wenn sich die sexuelle Struktur der Gesellschaft zu verwandeln beginnt.

Heute wird der einst allgegenwärtige Vater unsichtbar. Besser gesagt: der Mann büßt seine genitale, aktiv-aggressive Signifikanz ein. Je weniger es noch gelingt, »das« Weibliche zu bestimmen, d. h. nach den Kriterien und Metaphern der Leistungsfetischisierung zu strukturieren, desto weniger richtet sich der Neid auf ein »Mehr« (als welches entweder der Penis oder die Vagina bzw. die weibliche Brust gilt). Mit der fraglosen Prävalenz des Phallischen löst sich die soziale Symbolik von Homosexualität und Heterosexualität auf: der Sinn ihrer Polarisierung. Der kleine Junge

---

1 A. a. O., S. 221

muß nicht mehr im aussichtslosen Kampf mit dem Großen Besitzer, dem Vater, »feminin« werden. Zugleich wird das »Feminine« nicht mehr diskriminiert und verfällt nicht mehr schuldbewußter Verdrängung. Das Kind bleibt nicht deshalb »passiv-feminin«, um die Mutter zu halten — und es muß die Mutter nicht mit der Verzweiflung des Alles-oder-Nichts zu halten versuchen. Die Mutter wird nicht mehr als weiblicher Vater, als phallische Mutter geträumt. Kinder können unterschiedliche genitale Phasen durchleben, ohne von Kastrationsangst dazu getrieben zu werden. Genitalität ist ohne den eifersüchtigen bedrohlichen Vater keine unmittelbare Dienstverpflichtung, kein Verhängnis. »In verstärktem Maße versuchen immer mehr Männer, ihr Leben nach dem Vorbild fraulicher Existenz zu ritualisieren.«[1] Doch das »unbewußte Verlangen der Männer, sich den Frauen anzugleichen«, führt nicht zur Renaissance des freudianischen Weiblichkeitskomplexes. Es will die tradierten Geschlechtsbestimmungen nicht auswechseln, sondern den patriarchal determinierten Gegensatz von männlich und weiblich auflösen.

Die Mutter-Imago, von den nicht-mehr-männlichen Männern nie völlig aufgegeben, ist zugleich die Imago, die nicht verteidigt und zwanghaft synthetisiert und gesucht wird. Befriedigung muß nicht mehr durch den Besitz eines »Mehr-als-die-anderen« exklusiv erworben werden.

Abschied von Ödipus

Die bürgerlich-orthodoxe Psychoanalyse zieht sich heute in den Schmollwinkel zurück wie der bürgerlich-orthodoxe Marxismus. Gerät eine ihrer heiligen Kühe in Gefahr, sich zu verflüchtigen, beschreibt sie minuziös die furchtbaren Strafen, die über die Gesellschaft hereingebrochen sein müssen, damit solches geschehen konnte.

Ein Hätschelkind der Spätfreudianer ist der aggressive Phallus. Was soll man von einem erwachsenen Penis

---

1 Bazon Brock, Flucht aus dem Flanell, a. a. O.

halten, der sich »nicht anders verhält als andere erogene Zonen, wie z. B. die Brustwarze der Frau, oder noch deutlicher, die Klitoris, erektile Organe, deren erogene Funktion das lediglich passive Ziel des Gestreicheltwerdens anstrebt« *(Löwenstein)?* So etwas läßt auf die unweigerlich zur Impotenz führende Verdrängung starker sadistischer Impulse schließen. Und auf die Folgen eines nicht aufgelösten *Kastrationskomplexes.* Auch dieser ist ein unverzichtbares Essential der deprimierten Analyse.

Erinnern wir uns: Zur selben Zeit, da der Knabe entdeckt, daß er ein Imponier-Mittel der allmächtigen Mutter voraus hat, wird ihm beim Anblick des penislosen weiblichen Genitals klar, daß auch *er* kastriert werden könnte. Meist gibt man sich schon mit dieser Erklärung zufrieden (und mit dem Hinweis auf inzestuöse Wünsche, die Schuldangst auslösen), obwohl dies keine Erklärung ist. Angst haftet nicht am Genital an sich; man muß sie lernen. Zugrundeliegende Modelle der Kastrations*furcht* sind frühere Verlusterfahrungen: die abrupte Trennung von der Mutterbrust, die Zurückweisung körperlicher Annäherungsversuche, die Unterbindung onanistischer Praktiken jeder Art. »Wenn das Kind während seiner frühen prägenitalen Entwicklung gelernt hat, daß jede Lust ihr Ende findet, dann faßt die Erwartung eines unglücklichen Ausgangs tiefe Wurzeln in ihm, und so lernt es, auch auf genitale Lust mit Kastrationserwartung, als deren Konsequenz, zu reagieren«[1].

So wenig die gegen den kleinen Jungen gerichteten inquisitorischen Sanktionen nötig sind, so wenig ist es die völlige Abhängigkeit von der Mutter. Nur die versagende und verbietende Mutter ist allmächtig. Inzestuöse Wünsche werden von denselben Instanzen intensiviert, die diese Wünsche verurteilen und bestrafen: von der isolierten Kleinfamilie, in der die Wünsche keine Alternative haben und abprallen; von der Mutter, die autoerotische und gegen sie selbst gerichtete Regungen des Kindes abtötet, vom eifersüchtigen und

---

1 Franz Alexander, Zur Genese des Kastrationskomplexes, Internationale Zeitschrift für Psychoanalyse, 1930

ebenfalls verbietenden Vater, dessen Bild dann mit der Kastrationsfurcht gleichgesetzt wird. Alle interfamiliären Spielarten der Rivalität, alle Wettkämpfe um bevorzugte Positionen bei Mutter oder Vater begünstigen »die Angst um Leben und Glied«.

Wenn sich die Furcht verringert, vom Vater etwas abgeschnitten zu bekommen, besser gesagt: wenn nicht mehr jede Möglichkeit der Befriedigung Angst einflößt, dann kann es allerdings geschehen, daß sich Jungen an phallischer Passivität fixieren und aus diesem Grund nicht zu dieser Passivität *regredieren* können. Lockerung des Inzesttabus, Öffnung der Kleinfamilie, elterliches Wohlwollen gegenüber sexuellen Versuchen der Kinder und Entväterlichung der Mutter entbinden den Jungen von der aggressiven Identifikation mit dem Vater, vom Erschrecken an der Vagina und vom Hervorkehren des eigenen Geschlechts gegenüber dem andersgeschlechtlichen Elternteil.

Damit gerät die allerheiligste Institution in Gefahr: die ödipale Krise. Wo bleibt das vorwärtstreibende und kulturtragende Ringen mit dem Vater, wenn der Junge die Geschlechtsrollenidentifikation und die »auf dem Generationsunterschied beruhende reflexionsfähige Verinnerlichung der elterlichen Autorität« unterläuft, wenn er die genitale Stufe nicht mehr ganz erklimmt, wenn er durch Mißachtung der Altersschranken quasi-inzestuöse Bindungen pflegt, wenn er gleichgeschlechtliche Impulse nicht mehr verdrängen lernt und Triebaufschub nicht mehr duldet? Es ist die infantile Weltkatastrophe ... Die psychoanalytische Scholastik kennt nur *eine* Identität, und zu der führt für den Knaben nur die zweifache Identifizierung mit dem Vater. Gibt es Störungen auf dem alleinseligmachenden Königsweg, dann müssen es »psychotische« sein. Die Scholastik verdrängt, daß mit der beklagten Auflösung ich-stärkender Katalysatoren und Krisen auch viele von ihr selbst therapierte Verleugnungs-Mechanismen (Bedingungen von Psychosen) sich auflösen: willkürliche und unvorhersehbare Erziehungsstrafen, Projektionen, zwanghaftes Täuschen, Fluchttechniken und das Aufbauen von Scheinwelten. Andererseits kann die »Diffusion« der Geschlechtsalternative Vater/Mutter durchaus größeren Reichtum an differenzierten Sexualitäten bedeuten. Die Auflösung »progressiver« Momente der Elternautorität und der Generationsschranken wird durch unwillkürliche Normenbildung in autonomen Kindergruppen und Familienverbänden bei weitem aufgehoben. Eine Legende ist es auch, daß in ihrer sexuellen Entwicklung »unkontrollierte« Kinder sich an Autoerotismen fixieren. Daß jeder Autoerotismus eine Objektbeziehung einschließt bzw. eine solche meint, hat *Balint* gezeigt. Am leichtesten wird er »überwunden«, wenn er Befriedigung bringt; am schwersten, wenn man von Versagungen beeindruckt auf ihn zurückkommt. Im übrigen geht es gerade darum, die Alternative Zwang/Laissex-faire (typisch für die Kleinfamilie) zu durchbrechen.

Gegen die Konsequenzen der Vaterlosigkeit und der Erschütterung des Ödipats fährt *Mitscherlich* schweres Geschütz auf. Er sieht »ungemilderte Schutzlosigkeit«, »Ausgesetztheit in der Fremdwelt« und »Bedrohlichkeit von Mensch und Ding« heraufkommen, weil diejenigen, denen statt genuiner Ablösung von den Eltern nur noch die Übertragung präödipaler, ambivalenter Identifikationen gelingt, bei »wahnhafter Weltverarbeitung« enden müssen. Mitscherlich kann sich darauf berufen, daß in der Abkapselung der Kleinfamilie, unter der Voraussetzung autoritärer Mechanismen überhaupt, das Verschwinden einer konstanten Bezugsperson die Schwäche des Kindes noch vergrößert, ohne die Abhängigkeit des Kindes zu verringern. Die *Vaterwelt* wird ohne Vater-Präsenz wahnhaft; eine andere Dimension ist die *Zersetzung* der Vaterwelt. Die Minderung der Kastrationsangst und damit die Aufhebung der Disposition zum unersetzbaren Vater (im doppelten Sinn) bereitet den Boden für die »nachbürgerliche Sexualität«, deren Anzeichen Mitscherlich heute selbst wahrnimmt[1].

---

1 Zum psychoanalytischen Ödipats-Tabu vgl. Otto Gmelin/Helene Saussure, Bankrott der Männerherrschaft, Frankfurt/M., S. 150: »Die Psychoanalytiker vertreten eine *Notwendigkeit* des *ödipalen Schicksals* ... Damit wäre eine »vaterlose Gesellschaft« illusionär, weil nicht die Abschaffung des Vaters, sondern ledig-

Eine Fortdauer der infantilen Libido-Fixierung, die nicht mehr für das Scheitern an der Elternautorität, sondern für das Ausbleiben des Autoritätskonflikts nach gewohntem Muster spricht, kann man mit *Reimut Reiche* als »endlose Pubertät« deuten. Ebensogut aber kann man angesichts des psychischen Funktionsverlusts der Generationsschranke die Zersetzung der pubertären Konflikte erkennen. Dadurch wird dem erwachsenen Prä-Ödipus aber auch der Weg zu einem traditionell femininen (narzißtisch-autonomen) Dasein versperrt. Die frühe narzißtische Organisation des Körper-Selbst gibt nicht mehr die libidinöse Grundlage für ein starkes Über-Ich. Zu sagen, es fehle die Kraft, Verdrängungen aufzulösen, ist mißverständlich. Denn vorab fehlt die Kraft zu Verdrängungen. Die »glückliche narzißtische Besetzung« des Liebesobjekts, der bürgerliche Glückstreffer, die Harmonie von Selbstliebe und Übertragung wird von der prägenitalen, also nicht mehr zentralistischen Sexualstruktur nicht angestrebt.

Nicht-ödipale Männer sind unfähig, sich zur *Einheit* der somatischen oder männlichen oder an Idealen orientierten Person formen zu lassen. Ihre narzißtischen Energien erscheinen in diesem Sinn richtungslos. Als »hochvariable Fetischisten« *(Reiche)* verleihen sie ihren Liebesbeziehungen keine vertraute, keine identifizierende Verbindlichkeit. Weder von Kastrationsangst noch von individuellem oder transferierendem Narzißmus angetrieben, stehen prä-ödipale Männer nicht im Bann des Psychodramas von Es, Ich und Über-Ich. Ihr Problem ist es nicht, innere auseinanderstrebende Kräfte zusammenzuzwingen, sondern die jeweilige Konstellation unbewußter und bewußter In-

---

lich die seiner patriarchal-herrschaftlichen Entfremdung zur Debatte stünde. Im Gegensatz dazu sind wir der Meinung, daß nach dem Fall der Inzestschranke (noch heute von allen Gesetzgebern der Welt bei Strafe aufrechterhalten — also Verbot, daß Eltern sich ihren Kindern als Sexual*partner* offenbaren und umgekehrt) die frühkindliche Sozialisation nicht mehr von Vater oder Mutter ausgetragen wird, sondern als Summierung der gesellschaftlichen Informationssysteme verstanden werden muß. Das wäre auch das Ende des Ersatzvaters.«

halte und fluktuierender Orientierungsregeln als Gefüge von Begegnungs- und Befriedigungsweisen zu erfahren, unter denen ausgewählt werden muß.

Homosexualität

Die Homosexuellen im Freizett-Getto entsprechen einer gleichgeschlechtlich, nämlich männlich normierten Gesellschaft, die alles verdrängt, was die genitale Gesundheit als Ideologie offenbart. Abgedrängt ins Randgruppen-Dasein, müssen die Homosexuellen täglich beweisen, daß sie gleich sind, weil sie anders sind. Die normale Gleichheit leistungsorientierter Sexualpraxis gibt sich die *Form* alternativer Sexualität. Man betont die Verschiedenheit des Triebschicksals und verdeckt dadurch, daß es dieselben frühen Lebenskrisen sind, die so oder so nur unzulänglich bewältigt werden. Darüber hinaus ist den zu genitaler (heterosexueller) Repräsentanz Einberufenen und den vor dieser Repräsentanz Flüchtenden gemeinsam, daß sie auf verschiedene — und doch ähnliche — Weise zu stereotyper Übermännlichkeit streben. Die Homosexuellen werden zur Andersheit schlechthin verdammt, da sie zu wenig anders sind. Der Begriff der *Bisexualität* klassifiziert noch grober als der des Maskulinen und des Femininen: Er suggeriert die substantielle Bedeutung äußerer biologischer Merkmale.
Eine starke Mutterbindung, mit Furcht und Abscheu vor der Mutter vereint, gilt allgemein als Grundlage homosexueller Objektwahl. Ambivalente Abhängigkeit von der Mutter bleibt aber auch für die meisten Heterosexuellen ein mehr oder weniger gewichtiges Lebensproblem. Daß verbotsbetonte Erziehung den Wunsch erneuert, von der Mutter wieder einverleibt zu werden; daß dieser Wunsch weniger Lust als vielmehr Angst erzeugt; daß inzestuöses Begehren scheinbar automatisch Schuldgefühle auslöst; daß die Vielgeliebte zugleich die Bestgehaßte ist — dieser vertraute Komplex ist der Mutterboden sowohl der Inversion als auch der doppelten Identifikation mit dem väterlichen Angreifer. Nur der Weg der schmerzlichen Verdrän-

gung dieses Komplexes ist verschieden. Man kann nach vorn fliehen oder, wie der Homosexuelle, die destruktive Energetik der präödipalen Mutterfixierung selbst zu nutzen versuchen, um sie in den Griff zu bekommen. »Auf bewußter Ebene versucht (der Homosexuelle) seinen primären Kernkonflikt durch bestimmte Handlungen zu kompensieren, die den isolierten Affektzustand der Mutter-Kind-Einheit abwehren und abkapseln sollen. Daher nähert er sich — besonders sexuell — keiner anderen Frau, da dies die Angst der Mutter-Kind-Einheit aktivieren würde, und er versucht nicht, die Mutter zu ›verlassen‹, da er annimmt, daß dies nur Verschlingungs- und Einverleibungstendenzen bei ihr mobilisieren würde ... Der Homosexuelle ist auf den Wunsch nach Mutter-Kind-Einheit und die Angst vor ihr fixiert[1].«

Wenn sich der Homosexuelle — nach einer anderen These — durch seine Partnerwahl unbewußt den bewunderten dominierenden Vater verschaffen will, so sucht er doch zugleich der Drohung zu begegnen, die vom Vater ausgeht — wie der Heterosexuelle, der sich dem Vater gleichmacht. Auch anale Fixierungen sind nicht für Invertierte reserviert. Zudem gibt es unter diesen viele, denen anale Wünsche und Befriedigungsweisen fremd bleiben. Die klassische Psychoanalyse weiß vom »phallischen« Homosexuellen zu berichten, daß er im Banne eines »umgekehrten Ödipuskomplexes« nur nach genitaler Befriedigung strebt. Dieser »passive« Typus phantasiert sich in die Rolle des kleinen Jungen, dessen kleiner Penis vom großen Penis des begehrten und gefürchteten Mannes berührt wird. Indes kann Homosexualität auch nicht durchweg mit einem Rekurs auf prägenitale Mutter- oder Vater-Symbiose gleichgesetzt werden. Sieht man davon ab, daß es der Homosexuelle nie erlernt, selbst zum Vater zu werden und weibliche Objekte zu lieben, so überwindet er jedenfalls das infantile Stadium. »Die Homosexualität ist immerhin sehr häufig eine exquisit phallisch-genitale Sexualpraxis, die durchaus ich-syn-

1 Charles W. Socarides, Der offen Homosexuelle, Frankfurt/M. 1971, S. 105

ton sein kann[1]«. Das »Verharren beim eigengeschlecht-
lichen Leibe« *(Schelsky)* ist nicht immer autistisch und
infantil-narzißtisch. Auch Homosexuelle sind fähig, individuellen und transferierenden Narzißmus zu kom-
binieren.

Vor dem Hintergrund des Geschlechtsmonopols heterosexueller Spezialisten scheitert der homosexuelle
Versuch, den vorgeschriebenen Initiationsriten zu entgehen und aus dem starren Rollenschema auszu-
brechen. Die Flucht vor der Männlichkeit, vor den Erwartungen, die sich an das Mannsein knüpfen, endet
in der Überanpassung an den männlichen Körper, der
dann oft noch zur Potenzmaximierung angespornt
wird. Die Jungen, die von den ersten Rivalitätsübun-
gen desertierten — nicht zuletzt mit dem richtigen Ge-
spür, etwas Unersetzliches zu verlieren —, wollen nun
erst recht männlich sein. Sie entkommen nicht der
Angst. Oft scheint es, als bewähre sich an ihnen der
Bann, unter dem das *Feminine* steht, das von vornherein männlich determiniert ist. Die ganz anders sein
müssen, dürfen es nicht werden. Sollten am Ende die
Homosexuellen die einzigen sein, die der spezialisierten Männlichkeit nicht entkommen?

Gerade die Formen der Männerliebe, die sich als
gleichwertige und autonome Versuche der Konfliktbe-
wältigung bestimmen lassen, sind unter der Alleinherrschaft sturer alternativer Sexualität von deren Einseitigkeit geprägt. Bloße »Bisexualität« (als Variante
der polarisierten Sexualität) durchbricht diese Abhängigkeit nicht, vermag die Armut der heterosexuellen
und der homosexuellen Riten nicht anzureichern. Denn
Homosexualität bleibt unter diesen Bedingungen Sexualität zweiter Wahl und daher von den Zwängen des
allein Legitimierten gezeichnet. Nach Maß konstruierte
Männlichkeit muß sich fortwährend selbst bestätigen
und distanziert sich aus Beweisgründen von Berührungen biologisch gleicher Geschlechtsteile. Diskriminiert werden bestimmte physische Regungen und
Handlungen; deshalb wird einer nicht dadurch rehabi-

---

1 Reimut Reiche, Sexualität und Klassenkampf, a. a. O., S. 120

56

litiert, daß er auch anders empfindet und handelt. Für die Homosexuellen wie für alle Randgruppen, auf die sich Vorurteile und andere Projektionen richten, trifft zu, daß sie von den legitimierten verfolgenden Kräften erst produziert werden — mitsamt ihrem Verhalten und ihrer sozialen Rolle. Als Außenseiter müssen sie *gleich* sein. Es sind gerade die *analen* Reaktionsbildungen, die antihomosexuelle Ekelschranken und den entsprechenden Verfolgungswahn mit Energie versorgen.

So ist es völlig unsinnig anzunehmen, daß die Geschlechtsneutralität der Arbeitsbedingungen, die Unverbindlichkeit der immer »subjektiver« werdenden männlichen Standards und der soziale Funktionsverlust des Männlichen die Homosexualität — also deren vorherrschende Form — begünstigen, wie *Schelsky* glaubt. Wenn eine unerschütterliche genitale Einstellung immer schwieriger wird und die Maximen des Männlichen und Weiblichen ins Wanken geraten, werden die Vorurteile gegenüber der Homosexualität abgebaut. Dann verschwindet auch die eindimensionale, gewisse Symbole der Männlichkeit (Leder, Muskeln usw.) fetischisierende Form der Homosexualität. Ohne die Tabuierung gleichgeschlechtlicher Liebe, ohne den Kanon sexueller Pflichtübungen können sich auch die »homosexuellen« Beziehungen auf eine neue Weise »individualisieren«. Die vieldiskutierte »Homosexualisierung« der öffentlichen Medien und der genitalen Beziehungen zwischen Männern und Frauen befreit zugleich die homosexuelle Subkultur von zwanghaften Verhaltensstrukturen, auch wenn sie diese Subkultur noch solange bestätigt, wie sie die Potemkinschen Dörfer der Genitalität abstützt.

Das Ende der Verdrängung gleichgeschlechtlicher Wünsche bahnt auch das Ende der schmalspurigen, rigiden gleichgeschlechtlichen Einstellung und des »bisexuellen« (widersprüchlichen) Verhaltens im engeren Sinne an. »Die Furcht, Jugendliche könnten homosexuell fixiert oder geprägt werden, wenn sie ihre Beziehungen zum eigenen Geschlecht kultivieren dürfen, ist nach dem Stand der heutigen Forschung *(F. A. Beach, A. Ellis, A. Abarbanel, R. A. Harper)* unbegründet[1].« Verschiedene Komponenten der sich wandelnden familiären Sozialisation fördern jenes Ende der Verdrängung: Die Libido der Partialtriebe wird nicht mehr zurückgestaut; das Bild des übermächtigen (gefürchteten und begehrten) Vaters löst sich auf; zur genitalen Heterosexualität wird nicht mehr mittels Kastrationsdrohung aufgefordert — sie flößt keine Furcht mehr ein; das Phallische erscheint nicht mehr als höchstes Prestigesymbol. Die damit verbundene Entspannung beweist die Korrelation von restriktiver alternativer Sexualität und restriktiver homosexueller Praxis.

Erst Beziehungen zwischen Männern, die nicht, wie es die Projektion will, *anders schlechthin* sein müssen, können anders, können verschieden sein. Nicht mehr ins Abseits verbannt, kommen sie nicht umhin, sich nach Kriterien engerer Bezugsgruppen, der jeweiligen Arbeitspraxis und variabler Erfahrungen von Lust zu differenzieren. Pauschale Bestimmungen dieser sexuellen Beziehungen zwischen Männern jenseits von Homo- und Heterosexualität können nur negative sein. Zum Beispiel: Der im gängigen Vorurteil mit Homosexualität fälschlicherweise gleichgesetzte anale Koitus verliert seine Bedeutung als Entsprechung des genitalen bzw. als Konsequenz infantiler Pseudo-Effeminierung. Oder: Der Ekel vor weiblichen Genitalien, der für eine bestimmte Gruppe von Homosexuellen konstitutiv war, verschwindet völlig. Männlichkeit wird nicht mit bestimmten körperlichen Eigenschaften und Fähigkeiten gleichgesetzt. Anders gesagt: Männer verstehen ihre sexuellen Beziehungen untereinander nicht mit Hilfe von Interpretationen von »Maskulin« oder »Feminin«.

Drittes Geschlecht

Die kultische Gestalt und das artistische Bild des Hermaphroditen sind allen Kulturkreisen, Mythologien und Kunstepochen geläufig. Archetypisch scheint die

---

1 Helmut Kentler, Sexualerziehung, Reinbek 1970, S. 184

Verführung zu sein, aus dem, was sich gegenüber-steht, abstößt und anzieht, *eins* zu machen. Es ist ge-wissermaßen das Desiderat, das von der sexuellen Polarisierung selbst nahegelegt wird.

In den unerschöpflichen Galaxien, zu denen die Auto-ren des *Science Fiction* reisen, tummeln sich andro-gyne Versionen. Man gewöhnt sich schnell an die se-xuellen Überraschungen, die nicht seltsamer sind als die Spielarten der Beziehungen von *Mann* und *Frau*. Ein Bevollmächtigter des Galaktischen Reiches, Mit-telpunkt noch die Erde, plaudert mit seiner Mann-schaft: »Ich kenne intelligente Hermaphroditen und Dummköpfe mit mehr als zwei Geschlechtern. Es gibt sogar ein paar Rassen, die regelmäßig ihr Geschlecht wechseln. Sie alle betrachten unser Fortpflanzungssy-stem als obszön[1].« Dieser späte Nachfahre der Aufklä-rer hält sich an die goldene Regel, daß alles Verschie-dene gleich ist — erst recht jedes indifferente Ge-schlecht.

Schockhaft mag allein die Erkenntnis sein, daß ver-zehrende Phantasien, die manche Privatpersonen ein Leben lang versteckten (als Intimität noch in der In-timität), hier als Varianten der Reihe nach durcher-zählt werden, ohne daß dies befreiende Schocks aus-löst. In einer Zukunft Amerikas, in der »Welt des Mr. Jones«[2], sind in speziellen Etablissements Mutanten als sexuelle Verwandlungskünstler zu sehen. Da tanzen und koitieren ein Mann und eine Frau auf der Bühne, kurz darauf verwandeln sich — mit vielen reizvollen Übergängen — der Mann in eine Frau und die Frau in einen Mann, und dann tanzen und koitieren sie wieder. Daraus, daß uns die Idee nicht mehr allzusehr aufregt, können wir folgendes lernen: Wir wünschen wohl dann und wann das von unserem Begehren Gemeinte, Entgegengesetzte selbst zu sein, um zu spüren, was wir geben. Doch gesetzt den Fall, die sozialen Signifikanten unseres Geschlechts verlieren ihre Verbindlichkeit und Eindeutigkeit, und dies ist der Fall, dann verringert

---

1 Poul Anderson, Rebellion auf Alpha Crucis, Heyne Science Fiction 3253
2 Philip K. Dick, Die Welt des Mr. Jones, Goldmanns Weltraum Taschenbücher 0126

sich die Spannung zur sexuellen Alternative, und indem wir diese Alternative in Armen halten, wünschen wir weniger heftig oder gar nicht mehr, zu ihr zu werden, da wir nicht mehr auf Abgrenzung Wert legen. Sowohl der Austausch des Geschlechts als auch die *Einheit* der beiden Geschlechter (der Herm-Aphrodit), sowohl Hetero- und Homosexualität als auch Bisexualität lassen die prinzipielle Zweiheit der Geschlechter und deren Wesen unbeschadet. Stillschweigend setzen sie die Naturbestimmtheit der Geschlechtsalternative voraus. Zeigt uns das Bild des dritten Geschlechts wirklich ein drittes Geschlecht? Die Antwort fällt widersprüchlich aus.

Für viele christliche Scholastiker und Mystiker ist der menschliche Androgyn Ursprung und Erlösungsziel der irdischen Sünden- und Heilsgeschichte. *Scotus Erigena* lehrt, daß »die Teilung der Substanzen in Gott selbst ihren Anfang nehme und ständig weiter herabschreite bis zu dem Punkt, welcher die Aufteilung in Mann und Frau bedeute. Deshalb müsse auch die Wiedervereinigung der Substanzen im Menschen beginnen und die gleichen Stufen durchlaufen bis zu Gott, in dem keine Teilung mehr sei, da in ihm alles sei[1]«. *Jakob Böhme* und die sich auf ihn berufenden Exegeten beklagen die Differenzierung der Geschlechter als die Folge des ersten Sündenfalles des androgynen Urmenschen. Androgyn ist das göttlich Einende, auch in Gottes Sohn. Nach *Maximus dem Bekenner* (zitiert von Scotus) »hat Christus in seiner eigenen Natur die getrennten Geschlechter geeint und ist bei der Auferstehung weder Mann noch Frau gewesen, obwohl er als Mann geboren worden und gestorben ist«[2]. Hier verwirklicht das Androgyne das *eine* Geschlecht, nicht das dritte. Es ist nur insofern mehr und anders als das Männliche und Weibliche, als es das Getrennte und sich Ergänzende wieder vereinigt. Noch in der katholischen Sozialphilosophie *Franz von Baaders* ist das Mannweib sexuelles Vorbild: »Der Ehe Zweck, als Sakrament, ist wechselseitige Wiederherstellung des inneren Him-

---

1 Nach Julius Evola, Metaphysik des Sexus, a. a. O., S. 233
2 Nach Julius Evola, a. a. O., S. 234

mels- oder Engelsbildes im Manne und im Weibe, und man könnte in dieser Hinsicht sagen, daß der Mann, wie er sein sollte, eigentlich derjenige wäre, der innerlich (geistig) kein Manntier mehr wäre, so wie das Weib, wie es sein sollte, kein Weibtier, weil nur hiemit beide die Idea der Menschheit in sich wieder *ergänzt* hätten[1].« Der androgyne Mythos ist die utopische Sehnsucht im Stande auswegsloser Konfrontation des Männlichen und Weiblichen.

Das Zwiespältige des androgynen Prinzips, daß es beide Geschlechter nur negiert, indem es sie bestätigt, mindert heute seine latente Kraft. Aufständisch gegen das bürgerliche Sexualklischee, bleibt der Traum, Penis *und* Vagina zu besitzen, dem Klischee auch wieder treu: Er verleiht den Geschlechtsteilen selbst tiefere Bedeutung, ohne Ansehen der sozialen Variabilität von Kontakt, Lust und Situation. Die niedrigste Form des Androgynen ist doppelte Unzulänglichkeit, das Zwitterwesen; seine höchste wäre die Versöhnung von Mann und Frau. Weil aber das Modell der Versöhnung angesichts der Eindimensionalität und Aufsplitterung des männlichen Sexualsystems veraltet, gerät die hermaphroditische »Liebe zum Widerspruch gegen sich selbst« *(Gorsen)* zum Puzzlespiel der Genitalien. Bei ästhetischen und kommunikativen Sexualtravestien können Phallus und Vagina, Anus, Brüste und sämtliche Körperöffnungen jeweils männliche oder weibliche oder beide Funktionen verkörpern bzw. bedeuten. Die verschiedenen hermaphroditisch gestalteten Wandlungscharaktere verdoppeln nicht nur die Geschlechtsorgane, sondern verfremden auch »neutrale« Körperzonen zu genitalen und projizieren auf jedes eigene und symbolisch angeeignete Organ das entsprechende gegengeschlechtliche. Das Vaginale simuliert das Phallische, das Phallische das Vaginale[2].

Der ästhetische Hermaphroditismus wuchert mit den Pfunden weiblicher und männlicher Bedeutungspole, obwohl deren Eindeutigkeit und damit auch Zweideu-

---

1 Franz von Baader, Sämtliche Werke, Band II, S. 382
2 Vgl. Peter Gorsen, Das Prinzip Obszön, a. a. O. und Peter Gorsen, Das Bild Pygmalions, Reinbek 1969

tigkeit verloren geht. Gewissermaßen sind die erogenen Zonen schon hermaphroditisch, bevor sie dazu gemacht werden können. Der überspezialisierte Körper
verliert seine antagonistische Bestimmung und kann
nicht mehr zu einer dialektischen androgynen *Einheit*
polarisierter oder ambivalenter Merkmale umgestaltet
werden. Die travestierten Phalli und Öffnungen, dazu
gebracht, *das* Männliche und *das* Weibliche zu meinen
(auch dann, wenn sie es negieren), werden zu Leer-
symbolen. Weil die Triebe der konträren Männlichkeit
und der konträren Weiblichkeit nicht mehr zum
Ruhme einer höheren Bedeutung harmonieren, kommen sie auch hermaphroditisch nicht zusammen. Der
wieder auflebende androgyne Mythos verzögert die
Neutralisierung des fixierten Geschlechtsunterschieds,
indem er ihn transzendiert. Der Androgyn ist der vollkommenere Mann und die vollkommenere Frau: Er
nimmt alle Variationsmöglichkeiten wahr, aber im
Rahmen der traditionellen Auffassungen von Mann
und Frau. Er ist eins mit dem Widerspruch, den er leugnet.
Getrieben wird der hermaphroditische Eros freilich
auch von der Verzweiflung an kulturell fixierten und
damit lähmenden Geschlechtern überhaupt. Sofern er
mit der alternativ strukturierten Symbolsprache versucht, ein neues autonomes Geschlecht zu sein, das von
seinen Komponenten nicht mehr beim Wort genommen
werden kann, ist er Symbol nachbürgerlicher Sexualität. Das nicht mehr zweigeschlechtliche, sondern drei-,
vier- und mehrgeschlechtliche Wesen kündigt alle Beziehungen zu Liebespartnern auf, da es im Genuß seiner miteinander verkehrenden polymorphen Sexual-
pole eine unbekannte Welt aufbaut. Obwohl seine
Stellung zur Welt eingerasteten Geschlechts-Verkehrs
notwendig selbstgenügsam und narzißtisch ist, befreit
sein Bild zugleich von der realen Selbstgenügsamkeit
zwanghafter genitaler Leistungs-Lust. Zwar kommt die
Utopie des dritten Geschlechts von der Gesellschaft
dressierter Genitalien nicht los. So fungiert sie als bloßes Gegenbild oder gar als Symbol der Gesundung,
als Idee natürlicher Doppelgeschlechtlichkeit und Legitimation bisexueller Triebwünsche, auch als »Signal-

bild Invertierter«[1]. Aber die »befriedete Ruhe« der hermaphroditischen Gestalt, ihre Spannungs- und Schwerelosigkeit öffnet der ermüdeten Phantasie den Zugang zu einem anderen Leben, das nicht mehr durch Mixturen eingebürgerter Geschlechtsrollen vermittelt ist. Dafür sind knabenhafte Mädchen und mädchenhafte Knaben kaum mehr Metaphern. Die archaisch-bürgerliche Symbolfigur des Hermaphroditen regrediert heute unvermeidlich zum kleinen Einmaleins von Maskulin und Feminin, wenn ihre polymorphe »Geschlechtslosigkeit« nicht als das Ende der Wesensbestimmung von Genitalien und als Potential der Neubestimmung von Geschlechtsstrukturen verstanden wird.

1 Zur Ambivalenz der androgynen Utopien vgl. Gert Mattenklott, Bilderdienst — Ästhetische Opposition bei Beardsley und George, München 1970.

Bazon Brock

EINE ZUKUNFT DES GESCHLECHTS IM UNAUFHÖRLICHEN ABSCHIED VON ÖDIPUS

Zum Prinzip »Individuation« ein Verweis auf Eingeschlechtlichkeit, Ageschlechtlichkeit, Gemeingeschlechtlichkeit.

Bazon Brock, geboren 1936. Schüler Adornos und Sellners. Dozent für nicht-normative Ästhetik an der Staatlichen Hochschule für bildende Künste in Hamburg. Praktizierte Formen der Demonstration, des happening, der Agit-pop Lehrveranstaltung; formulierte das Ausstellungs-Konzept der documenta 5.

Die nachfolgenden thesenhaft gefaßten Überlegungen gelten einem allgemein beobachteten sozialpsychologischen Phänomen, das in seinen einzelnen Erscheinungsweisen kurz herbeizitiert werden muß.

Eine wachsende Anzahl von Mitgliedern unserer Gesellschaft — Männer wie Frauen — geht dazu über, in Habitus und Erscheinungsbild die Merkmale der Geschlechtszugehörigkeit zu verwischen bzw. vollständig auszuschalten durch Vorgabe einer neuen Einheit der Geschlechter. Eine andere Gruppe wechselt die Geschlechterrollen; vornehmlich wechseln Männer in die Geschlechterrollen von Frauen über. Solche Ununterscheidbarkeit oder der Wechsel der Geschlechter muß zumindest für die oberflächliche soziale Konfrontation nutzbringend sein, sonst würde sie nicht versucht.

Die Frage ist, worin dieser Nutzen besteht.

Die Frage ist zweifach zu beantworten; einmal im Hinblick auf die in Anspruch genommenen Erklärungen, die für das Aufgeben der Geschlechterrollen herangezogen werden; zum zweiten im Hinblick auf die Funktion der Geschlechterdifferenzierung zur Steuerung sozialer Prozesse.

Unisexuelle behaupten mit der Aufgabe der Geschlechterrollen mehr oder weniger automatisch auch andere soziale Rollen aufgeben zu können, die sie als unerträglich empfinden. Solche nicht mehr akzeptierten sozialen Rollen sind offensichtlich an das Merkmal der Geschlechtlichkeit gebunden.

Die Unerträglichkeit resultiert aus der nachdrücklichen Entfaltung ihrer Persönlichkeit — vermuten die Unisexuellen; sie seien zuweit ausgeprägte Individualitäten, als daß sie sich in die vorgegebene Beschränkung des sozialen Verhaltens durch die Geschlechterbarriere fügen könnten.

Mit dieser vermuteten Relation zwischen individueller Entfaltung und der Fähigkeit zum Überschreiten tradierter Abgrenzungen von sozialem Verhalten beschäftigen wir uns nachfolgend ausführlich.

Funktional gesehen ist Geschlechterdifferenzierung ein Mechanismus sozialer Steuerung. Unisexuelle haben offensichtlich das Bestreben, sich dieser Steuerungsmechanik zu entziehen. Das scheint auch teilweise zu gelingen, soweit sich diese soziale Kontrolle informell äußert, also auf der Ebene der Verhaltenserwartungen, der Normenreproduktionen im sozialen Raum. Der Steuerungsmechanismus »Geschlechtlichkeit« soll durch Unisexualität in Frage gestellt werden.

Anders verhält es sich mit den Wechslern des Geschlechtsbekenntnisses, den Sozialtransvestiten. Ihre Verhaltensbegründungen gehen davon aus, daß unerträgliche Geschlechtsrollenpflichten nur auf seiten ihres natürlichen Geschlechts herrschen. Deshalb versuchen Männer in den Genuß der Geschlechterrollen von Frauen zu gelangen; für sie bieten die Geschlechterrollen der Frauen Vorteile, die sie sich zu verschaffen suchen, und vice versa. Der Wechsel der Geschlechterrollen gerät mit dem Steuerungsmechanismus selber nicht in Widerspruch.

Das einigermaßen überraschende Resultat von Überlegungen zu diesem Sachverhalt besteht darin, daß Aufgabe der Geschlechterdifferenz und Wechsel der Geschlechterrollen eng miteinander verknüpft sind. Das wird verständlich, wenn man angibt, worin die Bedeutung dieses Steuerungsmechanismus der Geschlechterdifferenzierung liegt. Geschlechterdifferenzierung wird dann zu einem leistungsfähigen Steuerungsmechanismus, wenn in ihr ein fundamentales Prinzip der Natur- und der Gesellschaftsordnung gesehen werden kann. Fundamentales Prinzip der natürlichen Ordnung ist Geschlechterdifferenzierung als Dualismus von männlich/weiblich, hart/weich, oben/unten, gut/böse, jung/alt, Hügel und Tal, Loch und Füllung; oder als momentane Einheit des Widerspruchs, d. h. als Modell der Versöhnung der entgegengesetzten Bestimmungen im Moment der sexuellen Vereinigung.

Als Prinzip der Gesellschaftsordnung ist Geschlechterdifferenzierung fundamental, wenn unter den Bedingungen des Tausches durch Geschlechterdifferenzierung das Tauschobjekt wertvoller gemacht werden kann. So hat die Ethnologie aufgedeckt, daß die berühmte Inzestschranke auf die Tauschbedingungen zurückzuführen ist, als ein Verfahren, das Tauschobjekt mit Wesensmerkmalen auszustatten, die den Preis des Tauschobjektes steigern. Geschlechterdifferenzierung als sozialer Steuerungsmechanismus in dieser Hinsicht war beispielsweise in höchstem Maße entwickelt, als die ritterlich-feudale Gesellschaft die Frauen zu anbetungswürdigen Heiligen stilisierte, die in dieser Stilisierung dem Zugriff profaner naturwüchsiger Triebäußerungen entzogen wurden; denn solche brutale Äußerung der Naturwüchsigkeit gehörte zum Lebensanspruch einer neuen sozialen Klasse: so glaubte sich das soziale System selbst vor drohenden Zerfallserscheinungen bewahren zu können. In etwa dieser Weise gilt auch heute noch Geschlechterdifferenzierung als sozialer Steuerungsmechanismus. Die Frau ist immer noch ein stilisierter Sozialcharakter, dessen Besonderheiten zugleich Einschränkungen sind; beispielsweise wird die allgemein vorgegebene Schutz- und Hilfebedürftigkeit der Frau als Einschränkung ihrer Verantwortlichkeit erlebt. Fürsorglichkeit ihr gegenüber versteht die Frau als Einschränkung des Selbständigkeitsanspruches. Auf der anderen Seite wird dem Mann Autonomie und Machtanspruch zugestanden mit der selbstverständlichen Annahme, daß er sich stets die Erfüllung seines Anspruchs erkämpfen kann.

Geschlechterdifferenzierung gilt auch heute noch als fundamentales Ordnungsprinzip der Natur, insofern die Medizin, die Psychologie, die Verhaltensforschung etc. auf physiologische, psychologische, entwicklungsgeschichtliche Unterschiede zwischen Männern und Frauen verweisen.

Der Zusammenhang von Einschleifen der Geschlechterrollen und Wechsel der Geschlechterrollen liegt darin, daß Geschlechtlichkeit wahlweise aus dem Prinzip fundamentaler Naturordnung wie aus dem Prinzip fundamentaler Gesellschaftsordnung begründet wird.

Diejenigen, welche Geschlechterrollen ganz aufgeben wollen, gehen von der gesellschaftlichen Begründung der Geschlechtlichkeit aus und versuchen, sie auf die Begründung durch Naturdualismus umzustellen, wobei sie das spezielle Modell der Versöhnung adaptieren. Leben dürfte aber unter dieser Voraussetzung eines Dauerkoitus äußerst problematisch sein; zumal das Versöhnungsmodell durch die Erkenntnis beschädigt wurde, daß die bloße Vereinheitlichung der Gegensätze durchaus noch nicht ihre Einheit darstellen muß.

Umgekehrt versuchen diejenigen, die Geschlechterrollen wechseln, aus der Begründung der Sexualität durch das Dualismusprinzip in die Begründung durch das Tauschprinzip überzugehen, da unter Tauschbedingungen Geschlechterpolarität klar kalkulierbare Vorteile gewährt. Begründet man Geschlechtlichkeit aus der Natur der Sache, so kommt jeder ohne Anstrengung in ihren Genuß. Die soziale Begründung der Geschlechterdifferenzierung ist hingegen nur durch Mühe und Anstrengung zu erreichen. Naturgeschlechtlichkeit ist gleichsam bedingungslos zu haben; Sozialgeschlechtlichkeit ist bedingt.

Die wesentlichste und entscheidenste Bedingung für Sozialgeschlechtlichkeit ist die Mitgliedschaft in einem sozialen Zusammenschluß. Der Erwerb solcher Mitgliedschaft, die Vergesellschaftung des Einzelnen spielt deswegen eine zentrale Rolle. Volle Entwicklung der Mitgliedschaft im Sozialverband steht so in direkter Beziehung zur Ausbildung sozialer Geschlechtlichkeit.

Für unsere gegenwärtige Gesellschaft ist der Erwerb der Vollmitgliedschaft im Sozialverband auf den Begriff der Individuierung zu bringen.

Wie bereits erwähnt gilt es, den Zusammenhang zwischen Individuierung und sozialer Geschlechtlichkeit zu untersuchen. Für uns bestimmend ist dabei die Entstehung der Gesellschaft als institutioneller Begründung der Beziehungen von Gesellschaftsmitgliedern. Mit anderen Worten: Wir haben auszugehen von jenen Umwandlungsprozessen, die als objektive Veränderungen mit der Entstehung der bürgerlichen Gesellschaft auszumachen sind. Diese Prozesse erschließen sich nicht unmittelbar, sondern in der Aufbereitung, die sie beispielsweise durch Shakespeare in seinen Dramen erfahren haben.

Shakespeare schildert die Umwandlung der archaischen Familienbetriebe feudaler und absoluter Regentschaft in bürgerlich autoritäre Verwaltung der Macht, und zwar in einem historischen Augenblick, in dem durch die Größe der Sozialverbände die Kontrolle ihrer Mitglieder durch blutsverwandtschaftliche Bindungen an andere nicht mehr möglich war. Wo bis dato aus der verläßlichsten Bindung der Menschen aneinander, wo also bis dato aus den Verwandtschaftsverhältnissen die Fähigkeit zur Aufrechterhaltung und Erweiterung des Lebens abgeleitet werden konnte, mußten nun Institutionen errichtet werden, die den Zusammenhalt der sozialen Gruppen erzwangen durch In-Dienstnahme der Individuen, durch deren Verpflichtung auf die Zwecke sozialen Handelns. Diese Zwecke waren vorgegeben in der Aufrechterhaltung der sozialen Bindungen und damit in der Aufrechterhaltung der Institutionen.

Mit der Zunahme der sozialen Dichte ging die Partikularisierung einzelner Gesellschaftsmitglieder aufgrund des Erwerbs von wirtschaftlicher Macht einher.

Diese Verselbständigungstendenz mußte ebenfalls institutionell aufgefangen werden. Durch institutionelle Ausbildung von Selbstbewußtsein, von Reflexionsfähigkeit und Antizipationskraft unter Voraussetzung wirtschaftlicher Verselbständigung konnte eine neue Begründung von stabilen Sozialbindungen erreicht werden. Diese neue Begründung der sozialen Bindung wurde konstruiert als Vertrag zwischen autonomen Individuen. Die Besetzung bestimmter sozialer Positionen machte aus diesen Individuen Persönlichkeiten, die in der Lage waren, ihrerseits die Leistungen feudaler Herren zu erbringen.

Die Umwandlung wirtschaftlich bedingter Partikularität der Gesellschaftsmitglieder in den Entfaltungsanspruch von autonomen Persönlichkeiten bestimmen zwei wesentliche Faktorenkomplexe: Zum einen die Verselbständigung der sozialen Beziehungsform ›Familie‹ zum allgemeinen Beziehungsmuster nichtverwandter Angehöriger einer Gesellschaft; also die Überführung des Familienverbandes in den Gesellschaftsverband, wobei die einzelnen Menschen auch weiterhin in erster Linie durch die Familie sozialisiert wurden. Deshalb kollidierte das Vergesellschaftungsziel »Ausbildung autonomer Persönlichkeiten« ständig mit den Sozialisationsbedingungen. Dieser Widerspruch muß skizziert werden als Zusammenhang von Individuierung und Unterwerfung.

Der zweite Faktorenkomplex, der die Umwandlung bestimmte, umfaßt die Konstruktion von Gesellschaft unter der Voraussetzung, daß ihre Mitglieder insgesamt für sich die jeweils gleichen Autonomiebestrebungen in Anspruch nahmen.

Vergesellschaftung des Menschen heißt: Ausbildung von Gesellschaftlichkeit durch Konfrontation mit dem Wesen der Gesellschaftlichkeit.

Man glaubt mit Gründen vermuten zu können, daß in der Phase ödipaler Sexualität das Individuum in radikaler Weise mit eben dieser seiner prinzipiellen Gesellschaftlichkeit konfrontiert wird. Gesellschaftlichkeit ist nicht hinreichend bestimmt in der Erfahrung von Abhängigkeit, Zuneigung, Fürsorge, Hilflosigkeit, Entzug oder Gewährung von Befriedigungschancen, wie sie dem kleinen Kind schon zugemutet werden, denn Unerreichbarkeit eines Objekts durch seine Schwere oder seinen Umfang oder seine Ferne ist durch Lernen überwindbar.

Auch die Nähe oder Ferne zur Mutter, die für die Selbsterfahrung des Kindes die wichtigste Bezugsgröße darstellt, kann reguliert werden durch kommunikatives Verhalten, welches das Kind im Schreien, Klappern, Locken, Strampeln etc. praktiziert. Gesellschaftlichkeit wird darüberhinaus erst in der Erfahrung individueller Ohnmacht total. Gesellschaftlichkeit umschließt das Aushalten-Können einer Reihe nicht überbrückbarer Distanzen, Unerreichbarkeiten und Unveränderbarkeiten, für die es keine durch noch so große Anstrengung einholbare Begründungen gibt. Gesellschaftlichkeit wird in ihrem vollen Umfang erst in der Vernichtungsdrohung erlebt, die der eigenen Individualität gilt.

In der Phase ödipaler Sexualität ist ein Mensch bereits in der Lage, Ansprüche auf Respektierung seiner Individualität zu stellen. Denn in der Phase ödipaler Sexualität vergleicht sich ein Kind zum erstenmal mit den Bezugspersonen. Der Vergleich zielt auf Gleichstellung des eigenen Anspruchs mit dem Anspruch der Bezugspersonen. In der Phase ödipaler Sexualität überschreitet das Kind die Fähigkeiten zum Selbstgenuß und zur Selbstwahrnehmung in Richtung auf Individualität, d. h. in Richtung auf seine Auffindbarkeit im Zusammenhang mit anderen. Es verlangt die Zuschreibung von Identität durch andere.

Genitale Sexualität ist per se nur in bezug auf andere befriedigbar; ist abhängig von der Anerkennung oder Duldung durch andere.

Die Bedeutung der Phase ödipaler Sexualität liegt darin, daß die unmittelbaren Bezugspersonen des Kindes diesen Anspruch abweisen, wodurch das Kind veranlaßt wird, sich in die Position des anderen zu setzen, indem es diese Position des anderen für sich reklamiert. Übernahme der sozialen Position meint Erwerb der Fähigkeiten, aus denen der Widerspruch gegen die eigene Willensäußerung hervorging. Identitätszuschreibung wird nur erreichbar durch Entfaltung des eigenen Anspruchs in der Nutzung der so erworbenen Macht. So wird das Kind dem brutalen Wesen seiner Gesellschaftlichkeit ausgesetzt mit der Erfahrung, daß soziale Beziehungen, in die der Identitätsanspruch eingeht, Konkurrenzen um Machtpositionen sind. Primär natürlich um die Machtpositionen der Väter. Die Identitätszuschreibung durch andere muß durch Positionserwerb erzwungen werden, was die Unterwerfung anderer unter den eigenen Anspruch beinhaltet. Unter den obwaltenden sozialen Bedingungen ist Durchsetzung der Individualität und weitergehende Ausbildung von Identität nur zu erreichen durch die erzwungene oder zugestandene Unterwerfung anderer.

Es ist sicherlich bisher überschätzt worden, daß die Sozialisation jeden Menschen in unterschiedlichste soziale Gefüge eingliedert, so daß jeder gleichzeitig Machtrollen und Unterwerfungsrollen auszubilden hat. Genauere Beobachtungen zeigen, daß angeeignete Fähigkeit zur Übernahme von Machtrollen sich in jeder sozialen Konfrontation durchsetzt; sie ist nur durch Entgegensetzung größerer Macht einschränkbar, aber nicht widerlegbar.

Die Skizzierung der Entwicklungsbedingungen der sozialen Formation, wie sie die bürgerliche Gesellschaft darstellt, führt zu analogen Resultaten für das Problem der Individuierung.

Der gesellschaftliche Zusammenschluß von vielen bei Aufgabe blutsverwandtschaftlicher Beziehungsregulie-

rung und gleichzeitiger Ausbildung des Gesellschafts-
verbandes nach dem Muster des Familienverbandes
zeigte schon in der frühen Entwicklung der ständi-
schen Gesellschaft unüberwindbare Schwierigkeiten.
Die ständische Gesellschaft war die erste institutionelle Fassung einer Gesellschaft als »Familie der Familien«. Selbst die Außenbeziehungen von Familien wurden als Außenbeziehungen der sozialen Großgruppen
nachgebildet, was sich bis auf den heutigen Tag erhalten hat in der Bereitschaft von Betriebsangehörigen,
»für unsere Firma durchs Feuer zu gehen«.

Die Struktur gesellschaftlicher Großgruppen als Fami-
lienclan oder gar Stamm blieb für die gesamte bürgerliche Gesellschaft verbindlich über allen Wechsel der
objektiven Lebensbedingungen hinweg.
Der Kern des Widerspruchs bürgerlicher Konzeption
von Gesellschaft ist eben darin zu sehen, daß diese historischen Veränderungen auf gleichbleibende Struktur
des sozialen Lebens bezogen werden mußten.
Familie wurde zur Gesellschaft, aber die Familienmitglieder wurden keine gesellschaftlichen Subjekte, d. h.
die Einzelnen waren nicht fähig, sich aus dem familiären Zusammenhang herauszunehmen, sich ihm gegenüber zu objektivieren.
Die ersten Verwirklichungen solcher Objektivation als
Individualität des Einzelnen gegenüber der Gesellschaft hatten durchgehend den Charakter des Asozia-
len, des Herausgefallenseins oder Ausgestoßenseins;
auch das ist heute noch in der Klassifikation sozialer
Rollen deutlich anwesend — etwa bei den Künstlern,
Schauspielern, Literaten, Wissenschaftlern, die als
erste ihre Sozialbeziehungen vom Muster der Fami-
lienmitgliedschaft lösten. Allerdings haben diese Personen erst spät bürgerliche Existenzen geführt. Sie leb-
ten zum großen Teil ursprünglich unter der Autono-
miegarantie des Adels und waren deshalb aus der Pro-
blemkonstellation ausgenommen.
Feudale Individualität jedoch war immer schon dadurch ausgebildet worden, daß jemand an die Spitze

der Gesellschafts- oder Machtpyramide hinaufgeholt wurde. Solche Identität war bloß sozial, nicht aber personal.

Der Beginn der Ausbildung personaler Individualität ist an ganz andere Bedingungen des sozialen Lebens geknüpft gewesen. Sie entstand tatsächlich aus einer Partikularisierung, aus der Vereinzelung von Interessen, von Überlebensinteressen.

Die immer stärker werdende Abhängigkeit der Menschen von den Naturbeständen (Zunahme der Bevölkerung, verheerende Seuchen, Naturkatastrophen und die klerikalen Drohungen des nahen Weltunterganges, welche allerdings doch schon beinahe rational abgewiesen wurden, dafür jedoch kollektive Panikbereitschaft schufen) führte zur verstärkten Fürsorge für sich selbst unter notwendiger Ausschaltung anderer. Diese Komponente des Wirtschaftsverhaltens ist natürlich in die Tauschbeziehungen eingegangen: insofern ist bürgerliche Kaufmannsaktivität Spekulation mit der Zukunftsangst, der sich der Kaufmann selbst durch Besitz von »Lebensmitteln« entziehen kann.

Was zugleich verständlich macht, daß erst in Krisensituationen bürgerliche Wirtschaftsweise sich voll entfalten kann: der »Krisengewinnler« ist der ausgeprägteste Typ des bürgerlichen Wirtschaftssubjekts.

Kaufmann zu sein war die einzige bürgerliche Daseinsform, in der zugleich die »Mittel des Lebens« beschafft und über sie im Bedarfsfalle verfügt werden konnte.

Dieses panische Zusammenraffen und Horten knapper Güter ist zum Grundstock bürgerlich/kaufmännischer Aktivität geworden, wobei Individuierung zunächst nichts anderes als wirtschaftliche Autonomiebestrebung hieß.

Max Weber hat nachgewiesen, wie solche Verselbständigung der wirtschaftenden Einzelnen oder Kleingruppen rationalisiert wurde; wie sie nachträglich mit Gründen versehen wurde, die als Glaubensbekenntnisse legitimiert waren.

Erst solche Rationalisierung begründet die Kategorie der Persönlichkeit als die Einheit sozialer Existenz und individueller Aneignung bzw. Repräsentation.

Luthers Lehre von der Gleichunmittelbarkeit aller

Menschen zu Gott, und zwar der einzelnen Menschen, kennzeichnet diesen Übergang von der Vereinzelung der Individuen zur Ausbildung als Persönlichkeiten, wenn auch Luther noch solche Verselbständigung als Kindschaft faßte. Bis zum Ende des 18. Jahrhunderts ist es niemals gelungen, »Persönlichkeit« »ideologisch rein« auszubilden, was für die oben zitierte Grundwidersprüchlichkeit der Sozialstruktur der bürgerlichen Gesellschaft spricht. Erst die Persönlichkeitsbestimmung »Genie« nimmt die totale Entfaltung des sozialen Partikularismus in der bürgerlichen Gesellschaft auf. Erst der Sozialcharakter Genie verdeutlicht auch den vollständigen Gleichheitsanspruch des Bürgertums gegenüber den Inhabern der politischen Macht, dem Adel. In der Gestalt des Genies konnte der Bürger sich dem feudalen Potentaten vollständig gleichstellen.

In dieser Gleichstellung wurde der Bürger tatsächlich »geadelt«. Gerechtfertigter Anspruch auf Gleichstellung war aber fürs Bürgertum bereits die Garantie endlicher Überlegenheit, da es selbst den größeren Teil der Gesellschaftsmitglieder stellte.

Das unternehmerische, wissenschaftliche, künstlerische Genie als die entschiedenste Ausprägung der bürgerlichen Persönlichkeit, aber auch die vorher versuchten und teilweise geglückten Ausprägungen »Meister«, »Ratsherr«, »Handelsherr« sowie die in Anlehnung an feudale Muster entstandenen »Gentleman«, »Kavalier«, »Senator«, »Politiker«, ist auf personale Konfrontation mit Natur und Gesellschaft angewiesen; Konfrontation auch mit sich selbst, wobei im wesentlichen die personenbezogene Aneignung der Sphäre des Objektiven erreicht werden sollte.

Kant hat das extrem eindeutig formuliert, wenn er bürgerliche Aufklärung als Selbstaneignung beschrieb.

Sich selbst zu haben, über sich selbst bestimmen und verfügen zu können, sich selbst zu leiten, setzt die Kenntnis dieses Selbst voraus: zu wissen, was man sei und wie, also Identität zu haben. Identität ist denn auch das wesentliche Moment der ausgebildeten Individualität des Bürgers — mithin auch das Gefährdetste seiner Existenz, das Moment seiner potentiellen Zerstörung und des Untergangs. Identitätsverlust ist

Persönlichkeitsverlust — weitmehr als ein bloßer Gesichtsverlust, der schließlich nur eine Dimension des Lebens in Gesellschaft entzieht.

Für den Bürger regulierte schließlich Identität als wesentlicher Bestand der Persönlichkeit alle Formen sozialen Lebens — sie war der Gegenstand oder das Moment seiner Gesellschaftlichkeit. Gesellschaft war ihm die Äußerungsform seiner Persönlichkeit, weshalb er zu Recht glauben konnte, die Gesellschaft sei sein Unternehmen, die neueste, letzte und folgenreichste Unternehmung, da er so sich selbst unternahm.

Der Höhepunkt jeder Ausbildung zur Lebensfähigkeit bestand für den Bürger in der Fähigkeit zur Selbstunternehmung, nachdem er die Naturgesetze und die Kraft der Götter, die gegenständliche Welt des Raumes und die der geschichtlichen Zeit tätig sich angeeignet hatte. Was darüber hinaus noch möglich sein könnte, hatte er aus sich selbst zu machen: das Humanum, das zivilisierte Subjekt zukünftiger Geschichte. Wo ihm bisher die Gesetze des Handelns aufgezwungen worden waren, wo er bisher selbst nur Objekt des Weltlaufs gewesen war, sollte er nunmehr sich selber von Rechts wegen bestimmen.

Das ist ein Hinweis auf die ansonsten kaum mehr einsehbaren Erörterungen zum Problem der Willensfreiheit, ja der dreifaltigen Freiheit des revolutionären Subjekts: Freiheit von . . ., Freiheit durch . . . und Freiheit zu . . . Dieses Moment der Äußerungsfähigkeit, der Aktionsfähigkeit des Individuums machte die Autonomie der Persönlichkeit aus. Autonomie als Substantialität der Persönlichkeit: die Fähigkeit, sich selbst die Gesetze des Handelns zu geben, sie einzuhalten bzw. zu durchbrechen und deren Konsequenzen gewollt zu haben.

In der Autonomie ist denn auch jenes institutionell ausgebildete Bindungsglied der vielen bürgerlichen Individuen zu sehen, das doch notwendig nach Aufgabe der bis dato leistungsfähigsten Zusammenhalte, der Familienbeziehungen, gefunden werden mußte. Wenn nämlich das Ziel jeglicher Lebensorganisation in der Ausbildung der Persönlichkeit zu sehen war, überleben jedoch an Zusammenarbeit mit anderen hing, wurde die Verknüpfung dieser beiden Voraussetzungen zum eigentlichen Problem der bürgerlichen Gesellschaft. Das Konzept der Lösung dieses Problems, das tatsächlich niemals gelöst worden ist, hat Kant entworfen unter Verwendung einer Reihe ihm bedeutsam erscheinender Vorformulierungen. Kants Vorschlag geht auf die Gleichheit aller autonomen Individuen aus, ja er verlegt die Bedingungen für Autonomie in das Wesen solcher Autonomie selber. Autonomie ist nur möglich, wo sie als Autonomie aller Mitglieder der Gesellschaft durchzusetzen ist. Auch dafür hat Kant eine konkrete Bestimmung entwickelt, die in vielem neueren soziologischen Theorien nahekommt. Kant meint, daß die bestimmte Gleichheit nur als Gegenseitigkeit ausbildbar ist, als die wechselseitige Vorgabe von Erwartungen, die ein Individuum dem anderen als Mittel des sozialen Lebens zur Verfügung zu stellen hat. Gesellschaft ist die institutionelle Verwaltung der Angebote auf Lebensvoraussetzungen, die ein Individuum den anderen macht.

Dabei hat Kant freilich vorausgesetzt, was nicht voraussetzbar war, daß nämlich alle Mitglieder der Gesellschaft überhaupt schon in der Lage sind, solche Angebote zu machen. Auch er hat sich von dem bürgerlichen Selbstverständnis leiten lassen, daß das prinzipiell möglich wäre — und wo es nicht geschähe, da lägen subjekt-gebundene Gründe vor: also Einzelfälle, die auch besonderen Bestimmungen unterlägen. Auch Kant hat nicht gesehen, daß es den Unterschied aufs Ganze macht, ob Gleichheit hergestellt wird, um Differenzierung zu ermöglichen oder ob Unterschiedenheit und Unvergleichbarkeit gebändigt werden müssen durch die Konstruktion von Gleichheit.

Historisch war nämlich Differenzierung vorgegeben als Privileg der Besitzbürger. Gleichheit sicherte nur das Weiterbestehen solcher Differenzierung ab. Wer sich nicht schon verselbständigt hatte, wurde auch von der Gleichheit nicht eingeholt. Er blieb ununterscheidbar und doch ungleich. Erst die Formierung sozialer Klassen hat einen Schritt darüber hinaus ermöglicht, der wenigstens Gleichheit der Ununterschiedenen, der Nichtindividuierten brachte.

Doch hat Kant auch ohne Bezug auf die geschichtlichen Gegebenheiten der bürgerlichen Gesellschaft (daß sie aus großen Gruppen nichtbürgerlicher Mitglieder bestand) darauf verweisen können, daß Freiheit und Gleichheit allein auch die bürgerliche Gesellschaft nicht ausreichend bestimmen konnten.

Er hat die revolutionäre Forderung nach Brüderlichkeit am extensivsten ausgelegt, was ihm die Sozialrevolutionäre am heftigsten vorwarfen: die transzendentale Einheit des Subjekts, und das heißt: die verfassungsmäßige Konstitution von Gesellschaftlichkeit ist auf den realen Bestand der Welt angewiesen. Gesellschaft gibt es nur als Totalität der menschlichen Existenz auf dieser Erde. Die bürgerliche Gesellschaft kann nur gerechtfertigt werden, wenn sie Weltgesellschaft ist. Solange sie das nicht sein kann, bleibt auch die bestverfaßte aller Gesellschaften, wie es die bürgerliche bisher gewesen war, auf Brüderlichkeit, das heißt auf Vermittlung durch die Idee eines höchsten Zieles, angewiesen. Solange muß auch diese bestverfaßte Gesellschaft nur eine vorübergehende sein, eine die ihre Bedingungen noch nicht in sich aufgenommen hat.

Freiheit, Gleichheit und Brüderlichkeit heißt: Autonomie und deren Bedingung — heißt: Autonomie und notwendigen Verzicht auf sie.

Es gibt keine eindeutigere Festlegung dieser Entwicklungsbedingungen der bürgerlichen Gesellschaft auf ihre historische Überwindung hin als diese Kantische. Sie ist erst später von anderen Voraussetzungen her mit scheinbar ähnlichem Resultat wieder erarbeitet worden, wofür leider nicht auf Kantische, sondern auf Leibnizsche Vorstellungen zurückgegriffen wurde. Wenn Marx in jenem Widerspruch, den die bürgerliche Gesellschaft so eindeutig entfaltet hat, das Bewegungsgesetz der gesamten Geschichte erkannt zu haben glaubte, ging er auf Positionen zurück, die Leibniz innehatte.

Leibniz hatte eine Konstruktion der Gesellschaft aus der monadischen Differenzierung, aus der Totalität der Vereinzelten/Individuierten abgeleitet, und zwar wurde so die bestehende Gesellschaft zu einer jeweiligen Konsequenz und Fortführung der schon gewesenen Welt.

Leibniz ist dabei die erste Entwicklung einer Naturdialektik gelungen — was in heutigen Terms dem
Entwurf eines Strukturgesetzes gleichkommt. Leibniz' Fassung der Naturdialektik als Strukturgesetz ist
am kürzesten in seiner zentralen Kategorie der Kompossibilität zu fassen, das ist die Verträglichkeit bzw.
Nichtverträglichkeit des je Einzelnen mit anderen. Was
sich nicht verträgt, schließt sich damit aus einem möglichen Zustand der Welt aus.

Das bedeutet, daß der gegebene Weltzustand immer
schon als Resultat des Wirkens jenes Widerspruchs anzusehen ist, den die Kantische Theorie erst als besonderen der bürgerlichen Gesellschaft erkannte. Nach
Leibniz gilt das Gesetz der Kompossibilität seit allem
Anfang an: denn erst durch dieses Gesetz hat sich der
jetzige Weltzustand aus einer Fülle möglicher anderer
herausgebildet. Kompossibilität ist das Selektionsmu-
ster der Möglichkeiten, die dadurch gelöscht werden.

Was also die Welt ist, ist sie mit Notwendigkeit, aufgrund des Wirkens des Gesetzes der Kompossibilität.

Materialistische Theorie hat daraus die Entwicklungstendenz des Weltlaufs ableiten wollen.

Die Tiefenpsychologie formulierte Leibniz' struktura-
len Ansatz zur Verbindlichkeit des Triebschicksals um.

Leibniz wie Marx wie etwa Luhmann (und das ist eine
mehr als befremdliche Zusammenstellung) sind mit ihren Vorstellungen zur Selektion der Möglichkeiten an
Grundeinsichten vorbeigegangen, die heute von der
Kybernetik vorgetragen werden, die aber von der
transzendentalen Dialektik bereits ausgemacht wurden (und das ist ebenfalls eine mehr als befremdliche
Zusammennennung): Kompossibilität oder tätiger Widerspruch können sich gar nicht mehr frei auswirken,
wenn eine bestimmte Reihe von Wirkungsfolgen einmal erreicht ist.

Wenn sich eine Reihe von Operationen rückkoppelt,
ist das Prinzip der Rückkopplung nicht mehr anwend-
bar. Dann steht das System still, gleichsam eine total
verfahrene Situation, die sich nicht mehr auf die gleiche Weise entwirren läßt, wie sie entstanden ist. Das
hat zur Formulierung der Theorie vom qualitativen
Sprung geführt, die von den Existentialisten, den Ka-

tastrophikern des Denkens zur Auffassung pervertiert wurde, die Welt befinde sich permanent im Aus.

Die transzendentale Dialektik wie die Kybernetik haben andere Konsequenzen aus der Stillstellung durch freies Wirken der Kompossibilität oder des Widerspruchs gezogen: sie haben den Widerspruch inhaltlich gefaßt als Problem der menschlichen Erkenntnis, beispielsweise darin, daß der infinite Regreß und Progreß durch Affirmation aufgehoben werden müssen. Dadurch kann verhindert werden, daß die bestehende Welt eine unvergleichlich größere Bedeutung erhält als die bloßen Möglichkeiten der Veränderung. Die Welt, das System menschlicher Gesellschaften in jeweils veränderten Bedingungen, braucht nicht auf die Einhaltung ihrer Entstehungsgesetze vereidigt zu werden. Eine andere Zukunft bleibt erwartbar.

Aus der Knappheit der Güter und dem einzelnen Interesse, für seine Zukunft vorzusorgen, bildete sich die Lebenshaltung heraus, die »wirtschaften« heißt. Bäuerliches Wirtschaften hatte seit eh erfolgreich den Kreislauf von Beschaffen, Verfügen und Einsetzen geschlossen, solange nicht feudale Knechtschaft diesen Kreislauf immer wieder zerstörte.

Dem Bauern war immer schon möglich, sich selbst zu versorgen und zugleich die Voraussetzungen für zukünftige Autonomie zu schaffen.

Bauern haben soziale Reproduktion analog dem Naturkreislauf vom Samen, der zum Samen wird, ausgebildet. In Städten lebende Gesellschaften, Leben in einer bestimmten sozialen Dichte, konnte in dieser bloßen Aufrechterhaltung der Wiederholungsmöglichkeiten nicht aufgehen, da es eben vielen nicht möglich war, die prinzipielle Wiederholbarkeit ihres augenblicklichen Lebens zu sichern. Die Unterscheidung derer, die die prinzipielle Wiederholbarkeit ihres Lebens sichern konnten, von jenen, denen das nicht gelang, wurde zu einem Bestandteil des Kreislaufs, der diesen Kreislauf langsam aufsprengte und die Bewegung ausrichtete, so daß sie niemals in sich selbst zurückkehren konnte.

Die Aufsprengung des Naturkreislaufs zu einem ausgerichteten sozialen Geschehen verdankt sich jenem

Unterscheidungsprinzip, das nach Leibniz als Unverträglichkeitsausschluß und nach Marx ein Verträglichkeitsausschluß ist.

Beide Prinzipien sind nicht ausreichend, was auf der Ebene natürlicher Evolution bereits von Darwin ausgemacht war: erstens gibt es qualitative Sprünge, die Mutationen — was bedeutet, daß die Evolution sich nicht der Durchsetzung *eines* bestimmenden Gesetzes verdankt, es sei denn, man könne das Gesetz der Gesetzlosigkeit formulieren; zweitens gibt es Anpassung, was bedeutet, daß Kompossibilität des Unverträglichen erreicht werden kann und daß der Widerspruch stillgestellt werden kann.

Für das städtische Wirtschaftssubjekt ist das Gesetz des Unverträglichkeitsausschlusses mit dem Gesetz des Verträglichkeitsausschlusses als permanenter Kampf um eine befriedete Zukunft ausgebildet worden. Wo es dem bäuerlichen Selbstversorger um die Wiederholbarkeit des Gegebenen ging, mußte es dem in seiner unmittelbaren Existenz nicht gesicherten Stadtbewohner um einen zukünftig wenigstens erreichbaren Zustand gehen: die Angst um die Zukunft konnte auch dadurch eingeschränkt werden, daß man die Zukunft festlegte — was eben nicht so rein ideologisch war, wie man das später verstehen wollte. Denn inzwischen ist über das Wesen der sich selbst erfüllenden Prophetien einiges ausgemacht worden, was die Objektivität jenes Vorgehens belegt.

Der Kampf der Wirtschaftssubjekte kennt eine Besonderheit. Alle Beteiligten hatten das gleiche Ziel, nämlich befriedete Zukunft. Sie hatten nicht die gleiche Ausgangslage. Das unterscheidet den Kampf feudaler Potentaten von dem bürgerlichen Existenzkampf. Die Ritter waren nur Rivalen, die die Bedingungen des Kampfes nicht in Frage zu stellen brauchten, weil sie alle diese Bedingungen erfüllten. Die Bürger wurden zu Konkurrenten, deren Kampf beständig durch Infragestellung der Bedingungen gefährdet war.

Die tyrannische Strenge der Standesregeln bezeugt, wie schwer es gewesen sein muß, überhaupt Bedingungen durchzusetzen.

Mit der Durchsetzung von Bedingungen für den bürgerlichen Existenzkampf wurde jedoch immer weitgehender die ungleichen Startbedingungen zementiert, die für städtische Gewerbetreibende z. B. als Begabungs- und Fähigkeitsdifferenz typisch sind. Deshalb hat das verhältnismäßig kurze Wirken des Konkurrenzprinzips dazu geführt, daß einige Bürger schon sehr bald das allgemeine Ziel der Zukunftssicherung erreicht hatten.

Sie mußten Konsolidierung betreiben und nahmen darin Verkehrsformen und Vorgehensweisen der ländlichen Autonomen an, deren ganze Lebenstätigkeit aus der Aufrechterhaltung des gegebenen Zustands bestehen mußte, aus der hinkünftigen Ermöglichung des Gegebenen.

Diese Potentialität des Zukünftigen, die in der Gegenwart gebunden bleibt, sichtbar, konkret, gegenständlich und darin unleugbar durch andere — diese erfolgreiche Feststellung des Kommenden in dem gegebenen Zustand ist der Besitz. Für den Bauern hat der Boden selber die Potentialität der Zukunft dargestellt. Er war deshalb der entscheidende Besitz.

Bürgerlicher Besitz konnte nur in der Fähigkeit bestehen, die Zukunft nach dem gleichen Gesichtspunkt zu gestalten wie die Gegenwart; unter der Voraussetzung, daß selbstverständlich sich Umstände und Zeitläufte ändern würden (wie das durch sich ausbreitende Kenntnisse von Standesgeschichte und durch Traditionsbildungen der Kommunen zur Anspruchslegitimierung erfahrbar geworden war).

Bürgerlicher Besitz bestand in der Sicherung der Wiederholbarkeit jener Handlungen, die zu dem wünschenswerten Jetztzustand geführt hatten. Diese aufgespeicherte Handlungsfähigkeit, diese jederzeit aktivierbare Kraft der Tätigkeit und Arbeit war und ist das Geld.

So muß verstanden werden, daß der Konkurrenzkampf der Bürger tatsächlich nur um Erwerb von Besitz geführt wurde — nicht aber um Ruhm oder Erkenntnis oder Schönheit oder Lust, welches samt und sonders noch die Handlungsziele ritterlichen Rivalenkampfes gewesen sind.

Wobei nochmals daran erinnert sei, daß für den bürgerlichen Gewerbe- und Handeltreibenden Erwerb des Besitzes und Verfügung des Besitzes zusammenfallen. Das erst macht die entscheidende Überlegenheit kapitalistischer Wirtschaftsformen aus. Das Ansammeln möglicher Zukunft durch und für das bürgerliche Wirtschaftssubjekt ist selber schon Zweck und nicht nur Mittel. Dadurch entfällt der handlungsverzögernde und hemmende Aufbau einer Differenz zwischen kurzfristigen und langfristigen Handlungsmotivationen: Frustration wird umgangen, Orientierungslosigkeit und Zielkonflikte vermieden.

Die über Jahrhunderte unzerstörbare Handlungsfähigkeit des Bürgers, die Konsequenz und Beharrlichkeit seines Vorgehens, die Fixierung des beschränkten Handlungshorizontes über alle Störungen und Hinderungen hinweg ist auf jenen Charakter der Wirtschaftsformen zurückführbar.

Resümee:

Die im Familienverband vorgegebene Einheit von Daseinsfürsorge des Einzelnen und der Gruppe, in der er lebt, brach auseinander, als die Zahl der Mitglieder solcher Sozialverbände rapide zunahm, sich immer mehr solcher Verbände etablierten, kurz als die soziale Dichte zunahm. Das Beziehungsgefüge der Menschen wurde dadurch zertrennt in zwei wesentliche Komponenten: erstens Partikularität wirtschaftlichen Handelns, zweitens Institutionalisierung abstrakter, nicht auf Verwandtschaftlichkeit gegründeter Bestimmung sozialer Existenz.

Die latente Problematik solcher bürgerlichen Existenz lag darin, daß Autonomie nicht tatsächlich ausbildbar wurde. Es blieb bei der bloßen Verselbständigung von Individuen; andererseits konnte das Prinzip der Konkurrenz, des Widerspruchs sich nicht durchsetzen — die soziale Kennzeichnung der Bürger ging doch mit Ausbildung des Besitzes als Form der möglichen Zukunft zurück auf feudale Muster der Beziehung von Mächtigen und Schwachen; auf die von Mitgliedern des Verbandes, die eine Zukunft, und solchen, die keine Zukunft besaßen. Letztere wurden in kürzester Zeit die überwältigende Mehrheit. Hier treffen sich die durch die Sozialisationsbedingungen hervorgebrachte Abhängigkeit von Identität und Unterwerfung und die objektive Entwicklungstendenz der bürgerlichen Gesellschaft als historische Unmöglichkeit zur Verwirklichung des Gleichheitsanspruchs. In dieser Fatalität befinden wir uns gegenwärtig.

Die Beschwörung von Entwicklungstendenzen als Übergang vom histoire zum posthistoire, als Übergang von der bürgerlichen zur post-industriellen Gesellschaft vermögen daran nichts zu ändern. Deshalb ist es um so dringlicher, sich mit den Versuchen der Problemlösung zu beschäftigen, die gegenwärtig bei voller Erkenntnis der gegebenen Bedingungen unternommen werden.

Nimmt man die zitierten Erscheinungen der Geschlechtsentdifferenzierung auch nur als Beispiel für solche Problemlösungsversuche, so lassen sich aus ihm doch generelle Tendenzen ablesen.

Das auffallendste Konzept wird von den Neuformulierern sowohl der bürgerlichen wie auch der marxistischen Positionen vertreten. Seine Ausprägung findet es als Institutionenlehre dergestalt, daß gesagt wird, Gesellschaft habe einen höchsten Zweck für alle ihre Mitglieder verbindlich zu machen. Alles, was im jeweiligen Augenblick realiter ablaufe, sei nur im Hinblick auf diesen verbindlichen höchsten Zweck zu beurteilen, wobei gleichgültig ist, ob sich dieser Zweck als Setzung oder als immanente Notwendigkeit darstellt. Die objektive Entwicklung der Gesellschaft, die in Geschichte aufbewahrt wird, würde demnach nur der Versuch sein, die Gesellschaftsmitglieder immer nachdrücklicher auf die Erreichung dieses Zwecks auszurichten und einen immer größeren und umfangreicheren Aspekt ihres sozialen und personalen Daseins durch den Zweck bestimmen zu lassen; wobei verbindlich vorausgesetzt wird, daß dieser Zweck selber nicht mit dem sozialen oder personalen Dasein der Einzelnen identisch wird. Dieser Zweck kann nicht in der Konstruktion von Existenzformen der Menschen gesehen werden.

Die Optimalisierung der Zweckausrichtung hängt ab von dem Ausbau der sozialen Institutionen.

Innerhalb unseres zitierten Beispielsbereiches entspricht dem die Notwendigkeit zur Aufgabe der Geschlechterdifferenz, um auch Frauen für die Erreichung des angestrebten Zieles einsetzen zu können. Es erhöht sich die potentielle Kraft zur Erreichung des Zwecks, wenn jedes Gesellschaftsmitglied einsetzbar ist.

Die vorgeführte Entdifferenzierung der Geschlechter ist in diesem Fall durchaus keine Lüge des Systems und keine ideologische Verklammerung des Unvereinbaren. Das gilt sowohl für maoistische wie für westliche Unisexualität. Es sei nur noch einmal darauf hingewiesen, daß es bereits im Westen in den zwanziger und dreißiger Jahren unisexuelle Tendenzen gegeben hat, für die — im Gegensatz zu heute — die Angleichung der Geschlechter an den vom Mann vorgegebenen Erscheinungstyp galt. Bubikopf und Krawatte, Hose und Hut — wie sie in den zwanziger Jahren als auffallendste modische Ausrichtung des fraulichen Erscheinungsbildes auftraten, sind in den dreißiger Jahren bereits nahtlos in ihre soziale Funktion überführt worden, wenn auch die Flakhelferuniform und das Kampfhabit weiblicher Militärangehöriger doch eine gewisse Einschränkung der Ausgangsform darstellen.

Immerhin war die unisexuelle Tendenz auch damals schon funktionell begründet. Auch damals schon wirkte sie in einem bestimmten Maße zweckorientiert, indem sie eingeschliffene Rollen der Frau radikal veränderte und die über Jahrhunderte bestehenden Prägungen des Sozialcharakters Frau in kürzester Zeit zerbrechen konnte.

Gesellschaftsmitglieder, die im Augenblick bei uns Ausbildung von Unisexualität betreiben, sind mit größter Wahrscheinlichkeit Menschen, deren gesellschaftspolitische Vorstellungen auf die Durchsetzung eines allgemein verbindlichen Zwecks ausgerichtet sind.

Daß unsere Unisexuellen in überwiegender Zahl Jugendliche und junge Menschen sind, darf nicht ohne weiteres als Unverbindlichkeitshinweis abgewertet werden. In diesem Sinn wurde bereits einmal behauptet, daß nur Jugendliche und junge Menschen sich unisexuell präparieren könnten, da nur die Physiologie ihrer Körper das zulasse. Wer je in einem FKK-Gelände ältere Männer und Frauen sah, dürfte überzeugt sein, daß es viel leichter wäre, 60jährige Männer und Frauen in ihrem Erscheinungsbild gleichzumachen.

Eine zweite Erscheinungsform von Unisexualität tritt als Asexualität innerhalb unseres skizzierten Problemlösungsversuches auf. Für sie gibt es ebenfalls historische Analogien, etwa die religiösen Zusammenschlüsse von Mönchen und Nonnen, von weltlichen und geistlichen Orden. Auch für sie war der durch Kleidung und Verhalten ausgebildete Habitus mehr oder weniger einheitlich. Die zwischenmenschlichen Beziehungen blieben weitestgehend von der Geschlechterpolarität frei; sie wurden umgestellt auf Bruder/Schwester-Beziehungen. Unisexualität als Asexualität wird in der gegenwärtigen Phase der Freigabe der Sexualität für die Vermarktung in einem hohen Maße attraktiv, auch wenn bisher keine bedeutenden sozialen Gruppen auszumachen sind, die sich aus der Bestimmtheit durch Geschlechterbeziehung auf die ageschlechtliche Bruderbeziehung umgestellt hätten.
Erinnert sei aber an eine große Zahl radikaler politischer Äußerungen, die sich ausdrücklich auf Ageschlechtlichkeit als eine Voraussetzung für selbstaufopfernde, altruistische Haltung beziehen.
Die seltsamste dieser Begründungen besteht darin, daß Ageschlechtlichkeit handlungsmotivierend werden kann, wenn ohne die geringste Einschränkung nach dem Muster der Sublimierung verfahren wird.

In einer dritten Gestalt tritt Unisexualität als Gemeingeschlechtlichkeit auf. Gemeint sind die Männerbünde und matriarchal organisierten Gesellschaften vom Typ der Amazonen.
Unisexualität als Gemeingeschlechtlichkeit zielt auf seit mythischen Zeiten tradierte Vorstellungen, in einer Person die Einheit der polaren Geschlechter zu erreichen, wobei der After des Mannes das an ihm auffindbare primäre Geschlechtsmerkmal der Frau darstellt, und die große Mutter als permanente Welt-

schöpferin nach dem Prinzip der eingeschlechtlichen Vermehrung wirkt. Es ist keineswegs zufällig, daß die Armeen als Männerbünde stets in erheblichem Maße Homosexualität produzierten. Die Isolation und das Auf-sich-selbst-angewiesen-Sein des Soldaten erzwingt geradezu Vorstellungen der geschlechtlichen Autonomie. Der in Todesgefahr und beständig in außerordentlichen Situationen agierende Soldat oder mythische Held ist versucht, sich tatsächlich unabhängig von notwendigen Bindungen an andere zu machen, die ihm gleichsam stets vergegenwärtigen, unvollständig zu sein und damit sich nur als Mittel zum Zweck begreifen zu müssen. Nicht unerheblich ist, daß die für unsere Kultur entscheidenden Schöpfungsmythen von einem Modell solcher Gemeingeschlechtlichkeit des Menschen als der noch ungeteilten Kraft des Lebensprinzips ausgehen.

Diese wenigen Andeutungen dürften insoweit argumentative Kraft haben, als das bürgerliche Prinzip der Entfaltung persönlicher Autonomie sowohl individualpsychologisch wie gesellschaftsgeschichtlich auf Interdependenz von Unterwerfung und Macht angewiesen ist, ohne sie indes tatsächlich als allgemeines Prinzip unter dem Gesichtspunkt der Verfügbarkeit durch alle gewähren zu können.

Wollte man die zitierten Tendenzen zur Unisexualität werten als objektive Prozesse eines Gesellschaftsumbaus, dann wäre nicht zu bestreiten, daß ihnen tatsächlich Modellcharakter zukommt.

Individualpsychologisch wäre die Phase ödipaler Sexualität geringer einzuschätzen, als das bisher für die Entwicklung der Mitglieder der bürgerlichen Gesellschaft mit Grund angenommen werden muß. Es wären dann solche Entwicklungsformen hervorzuheben, die Vergesellschaftung nicht mehr unter dem Gesichtspunkt verständlich machen, daß die Sozialisierten lernen, die Positionen der Sozialisierenden einzunehmen. Das hieße, daß Vergesellschaftung nicht mehr angewiesen wäre auf die Fähigkeit zum Machterwerb durch das einzelne Individuum. An die Stelle der Positionsübernahme tritt die Aneignung des allgemeinen gesellschaftlichen Handlungszwecks. Sie kann auf die Ebene von Weltaneignung beschränkt bleiben, die durch Objektbeziehungen leistbar ist. In der Tat scheint in der vaterlosen Gesellschaft bereits die Regulierung von Sozialbeziehungen über die Objektwelt sich anzudeuten, was das kritische Moment einschließt, daß soziale Beziehungen nur noch auf der Ebene von Objektbeziehungen ausgebildet werden. Zustände der objektiven Welt treten an die Stelle von Bezugspersonen. Das ist nur dann möglich, wenn die Objektivität der Welt nicht mehr in Frage gestellt ist durch Knappheit und Katastrophen und durch herrschaftsbedingten Widerruf.

Die Konstituierung der objektiven Welt war für das Bürgertum bereits Zweck, weil sie auf diese Weise Zukunft der einzelnen Persönlichkeiten sicherte. Innerhalb der hier zitierten Tendenzen ist das Produzieren der Objektivität nur Mittel. Die Zukunft der Gesellschaftsmitglieder ist aus dem gegebenen Lebenszusammenhang herausgenommen und als das Andere, die absolut neue Qualität gekennzeichnet.

Bürgerliche Zukunft ist nicht mehr erreichbar und braucht nicht mehr erreicht zu werden.

Die Wertung dieser gesellschaftsgeschichtlichen Entwicklungstendenz wird darauf verweisen müssen, daß sie sich in auffälliger Weise jenen Zuständen annähert, die für frühe historische Gesellschaften vermutbar sind.

Doch macht es einen gravierenden Unterschied, daß unsere Gesellschaft die alles verändernde Phase bürgerlicher Weltschöpfung durchlaufen hat. So ist das Gleiche nicht mehr das Gleiche — darf es nicht sein.

. . .

(UNISEXUALITÄT ist ein irreführender Begriffsname, der aus dem Amerikanischen übernommen wurde und nicht mehr ohne weiteres ersetzbar ist. Es muß darauf hingewiesen werden, daß UNISEXUALITÄT *nichts* mit Sexualität zu tun hat, sondern als EINGESCHLECHTLICHKEIT zu verstehen ist.)

Peter Gorsen

INTERSEXUALISMUS UND SUBKULTUR*

Zum Abbau der Geschlechterspannung

Peter Gorsen, geboren 1933. Lebt als Publizist in Frankfurt a. M.,
Dr. phil., lehrbeauftragt für Literatur und Soziologie an der Universität Gießen. Mitherausgeber der Zeitschrift »Ästhetik und
Kommunikation«. Veröffentlichungen u. a.: »Zur Phänomenolo-
gie des Bewußtseinsstroms«, Bonn 1966, »Das Bild Pygmalions,
Kunstsoziologische Essays«, Reinbek 1969, »Das Prinzip Obszön,
Kunst, Pornographie und Gesellschaft«, Reinbek 1969, »Sexual-
ästhetik, Zur bürgerlichen Rezeption von Obszönität und Porno-
graphie«, Reinbek 1972, »Pierre Molinier lui-même, Essay über
den surrealistischen Hermaphroditen«, München 1972, »Der
›Kritische Paranoiker‹, Kommentar und Rückblick«, in: Dalí, S.,
Unabhängigkeitserklärung der Phantasie und Erklärung der
Rechte des Menschen auf seine Verrücktheit. Gesammelte Schrif-
ten, München 1974.

---

* Die Thematik dieses Beitrags wird weiterentwickelt in:
»TRANSFORMER«, Aspekte der Travestie. Katalog zur gleich-
namigen Ausstellung im Kunstmuseum Luzern (17. 3. — 15. 4.
1974), Neue Galerie am Landesmuseum, Graz (1974), Museum
Bochum, Kunstsammlung (1975).

1. Intersexualismus als neuer Forschungsgegenstand der Sexualwissenschaft

Eine ausgeführte Theorie des Intersexualismus, d. i. aller Formen einer psychosexuellen und organischen Inversion bei Männern und Frauen, die von den extremen Fällen des Pseudo-Hermaphroditismus, einer zwittrigen Körperlichkeit (z. B. testikulärer Feminisierung bei Männern) über die Verkleidungslust der Transvestiten bis zu den heute fast alltäglichen Erscheinungen der Geschlechternivellierung in Kleidung und Benehmen effeminierter Jugendlicher wie den Hippies reicht, gibt es noch nicht. Die Psychiatrie und die kaum hundert Jahre alte Sexualwissenschaft blieben schon insofern auf ihren Krankenfällen und deren pluralistischer Interpretierbarkeit sitzen, als ihre Versuche, genetische und endokrine Ursachen für intersexuelles Verhalten nachzuweisen, ausnahmslos scheiterten und ihre verbohrte Suche nach *dem* unbekannten konstitutionellen Faktor den Blick auf andere als anthropologische Quellen der Intersexualität verstellte.

Selbstverständlich gibt es auch eine Reihe psychoanalytischer Erklärungsversuche. Doch ist ihr orthodox freudianischer Ansatz, was noch zu erläutern sein wird und worauf ebenso Frank Böckelmanns Analyse in diesem Band hinweist, insgesamt unbefriedigend. Gegenüber einer heute stattfindenden Sozialisierung des »Weiblichkeitswahns« in der vaterlosen Großfamilie und seiner in kommuneartigen Gemeinschaften zu beobachtenden Enterotisierung reichen die klassischen Erklärungen einschließlich des konservativen Freudianismus Mitscherlichs nicht mehr aus.

Dennoch gibt es einen pragmatischen Einsatz und eine Solidarität der weiß Bekittelten für die sozial unterprivilegierte und z. T. kriminalisierte Randgruppe der Transvestiten, Transsexuellen und effeminierten Homosexuellen. Einige Forscherkollektive und Institute beginnen unter großen politischen und moralistischen Pressionen den zahlreichen Anträgen auf Geschlechtsumwandlung gerecht zu werden, allen voran das wackere Johns Hopkins Hospital (Baltimore, USA).

das 1965 ein Komitee zur Erforschung und Behandlung des Transsexualismus gebildet hat[1]. Seit einigen Jahren ist auch ein internationaler Diskussionszusammenhang auf diesem Gebiet in Gang gekommen, doch aufgrund der anhaltenden Experimentalsituation in der Frage der Geschlechtsverwandlung und Geschlechtsumwandlung muß er jedem Konflikt mit der öffentlichen Meinung ausweichen, die — wie bekannt — das Phänomen der psychosexuellen und organischen Inversion für ethisch höchst verwerflich und skandalös hält, es andererseits als sensationellen Exklusivbericht in der bürgerlichen Boulevardpresse verschlingt.

Heute mehr oder weniger von der Nichttherapierbarkeit bzw. der begrenzten Therapierbarkeit transvestitischer und transsexueller Menschen aufgrund minimaler Heilungserfolge überzeugt[2], wird meistens eine bejahende, konstruktive Einstellung gegenüber dieser sexuellen »Fehlhaltung« (Giese) bezogen. Die Resozialisierung der sexuell Devianten wird nicht mehr befürwortet um den Preis der gewaltsamen und totalen Nivellierung auf die geltende sexuelle Normativität — letztlich, weil solche »Sexual-Euthanasie« im Zuge der schrittweisen liberalen Integration sexueller Subkulturen in den Sozialisierungsprozeß des entwickelten Kapitalismus auch gar nicht mehr nötig ist. Doch davon im Augenblick noch abgesehen befindet sich die fortschrittliche Sexualwissenschaft in einem Nebenwiderspruch mit der gesellschaftlich herrschenden Moral- bzw. Geschlechtsauffassung, die in der Tradition einer christlich bestimmten Ethik den unverwischbaren Wesensunterschied von männlich und weiblich, die *biologische Differenz*, auf allen kulturellen Gebieten der Kommunikation für sakrosankt hält. In der

1 R. Green and J. Money, Transsexualism and sex-reassignment, Baltimore 1969. J. Money u. Anke A. Ehrhardt, Transsexuelle nach Geschlechtswechsel. In: G. Schmidt, V. Sigusch, E. Schorsch, Tendenzen der Sexualforschung, Stuttgart 1970, S. 70 f. J. Money, Körperlich-sexuelle Fehlentwicklungen, Reinbek 1969.
2 H. Bürger-Prinz, H. Albrecht, H. Giese, Zur Phänomenologie des Transvestitismus bei Männern, Stuttgart 1966, S. 70. R. E. L. Masters, Abnorme Triebhaftigkeit, Fallstudien zur Sexualpathologie, München 1969, S. 263. Money, Reinbek 1969, S. 74.

Tat nicht vorstellbar wäre eine revolutionäre Umgestaltung der Sexualethik unter den hier und jetzt
herrschenden gesellschaftlichen Verhältnissen in der
Weise, daß man nur aus besserer wissenschaftlicher
Einsicht sich der alternativen Sexualordnung wider-
setzte und einen sozial und verwaltungsrechtlich neuen
Personenstand, ja eine Vielzahl von Geschlechtern
zwischen männlichem und weiblichem Prototyp ein-
richtete. Dergestalt ist es in der Utopie des androgynen
Eros, eines »dritten Geschlechts« vorweggenommen.
Daß dieses Dritte nicht bloß erträumt ist, sondern
unsere Geschlechtlichkeit durchaus überkonträre und
ambivalente Empfindungen verfügt, die den biologischen Unterschied relativieren und perhorreszieren, ist
eine für die Forschung triviale Einsicht. Anthropologie und Ethnologie verwalten genügend Material, wonach Abweichungen vom biologischen Grundunterschied nicht nur vorhanden, sondern auch sozial
sanktioniert waren, etwa im Priesterstand der Scha-
manen. Bekannt wurde der rituelle Kleidertausch bei
vielen »Primitivvölkern«. Baumann berichtet[1], wie
aus dem Ritus der Übernahme der Ausdrucksmittel
des anderen Geschlechts Machtzuwachs abgeleitet wurde oder wie eine gegengeschlechtliche Analogiehand-
lung (z. B. Nachahmung der Gebärhaltung männlicherseits) eine zusätzliche Hilfeleistung der Geschlechter
untereinander einschloß.
Auch die beginnende bürgerliche Sexualwissenschaft
hat geschlechtliche »Zwischenstufen« (Hirschfeld)
konstatiert, entweder weil sie anatomisch-physiolo-
gisch tatsächlich vorhanden sind (Pseudo-Hermaphroditismus) oder doch durch hormonelle und chirurgische
Umgestaltung des Körpers angestrebt (Transsexualismus) oder zumindest in Kleidung und Verhalten erscheinungsmäßig dargestellt werden (Transvestitismus). Doch blieben diese Feststellungen gesellschaftlich ohne Belang. Als erklärter Gegenstand der Psychiatrie und Sexualpathologie war das Herausfallen der

---

1 H. Baumann, Das doppelte Geschlecht, Ethnologische Studien
zur Bisexualität in Ritus und Mythos, Berlin 1955. Ähnlich B.
Malinowski, La vie sexuelle des sauvages, Du Nord-Quest de la
Melanesie, Paris 1930.

Zwischenstufensexualität aus der herrschenden alternativen Sexualordnung doppelt besiegelt. Sexuell deviantes Verhalten konnte so ausgiebig erforscht und dokumentiert werden wie die weiß Bekittelten immer wollten, wenn sie nur in den Grenzen einer somatisch und biologisch erklärbaren, also naturbedingten Abartigkeit blieben.

2. Bestimmung sexueller Devianz im gesellschaftlichen Rahmen

Demgegenüber besteht der graduelle Fortschritt der Sexologie gerade nicht darin, immer neue pathologische Grenzübergänge zwischen den Grundgeschlechtern zu finden und deren Differenz anthropologisch zu verringern, worauf der noch im Aufspüren von organologischem Hermaphroditismus versierte Hirschfeld spezialisiert war, sondern von wissenschaftlicher Fortschrittlichkeit zeugt die Einbeziehung sexueller Deviation in ein gesellschaftliches und institutionales Koordinatensystem[1]. Das Verständnis von sexueller Devianz bleibt oberflächlich, wenn ihre anthropologische Bestimmung nicht gleichzeitig als nicht-konformes *soziales* Verhalten begriffen und nicht im gesamtgesellschaftlichen Kontext ihrer jeweiligen Bewertung als »asozial«, »subkulturell«, »kriminell«, »krank« usw. bestimmt wird. Die Definition eines Verhaltens als abweichendes oder Fehl-Verhalten folgt niemals abstrakt »aus dem Verhalten an sich, sondern daraus, daß es als normverletzend definiert wird. Es gibt keine sexuelle ... Verhaltensform, die ursprünglich oder wegen der ihr zugehörigen Verhaltensmerkmale deviant ist«[2].
Wenn soziologisch weiter davon ausgegangen werden kann, daß jede soziale Rolle — die davon untrennbare Geschlechtsrolle im besonderen — genau besehen »Ausdruck eines Ideals«[3] ist, bekommt die Bestim-

---

1 A. Mitscherlich, T. Brocher, O. v. Mering, Kl. Horn (Hg.), Der Kranke in der modernen Gesellschaft, Köln u. Berlin 1967.
2 W. Simon and J. H. Gagnon, Sexuelle Außenseiter, Kollektive Formen sexueller Abweichungen, Reinbek 1970, S. 8.
3 a. a. O., S. 7.

mung der Devianz einen mehr als anthropologischen Realitätssinn. Als negative Norm oder negatives Ideal sozialen Verhaltens ist sie nicht als singulärer Krankheitsfall und nur aufgrund konstitutioneller und genetischer Faktoren ausgrenzbar, sondern der sexuell Deviante ist »nicht eigentlich ein grundlegend von uns verschiedener Mensch; wir sind alle potentielle Deviante. Unserer Überzeugung nach ›erfinden‹ bemerkenswert wenige Deviante eigene Verhaltensmuster. Das Erlernen devianter Verhaltensmuster erfolgt nämlich nach den gleichen Gesetzmäßigkeiten wie das Erlernen konformer Verhaltensweisen[1].« Der in der älteren Sexualpathologie und medizinischen Psychologie bzw. Phänomenologie bevorzugte Beschreibungsbegriff »Autismus«, den auch noch Johann Burchard[2] zur Charakterisierung des Transvestitismus für sehr geeignet hält, ist daher wie alle anderen rein charakterologischen Deskriptionsmuster für sexuell abweichendes »perverses« Verhalten aus soziologischer Sicht höchst problematisch. Auch die anthropologische und daseinsanalytische Perversionstheorie in der Psychiatrie ging an der Ableitbarkeit sexueller Devianz aus gesellschaftlichen Lebenszusammenhängen und kollektiven Normbildungen vorbei. Durch Messung des Sexualverhaltens am Existenzial des »dualen Seinsmodus«[3], dem mann-weiblichen Partnerschaftsideal wird die spezifische Rollenhaftigkeit sexueller Devianz ebenso verfehlt wie durch die heute immer noch vertretene Auffassung von den allein angeborenen, konstitutionellen Faktoren sexueller Devianz.

Dagegen empfiehlt sich aus soziologischer Sicht die von Simon und Gagnon vorgeschlagene Einordnung der sexuell Devianten in den normativen Wertrahmen des herrschenden gesellschaftlichen Gesamtverhaltens. Se-

---

1 a. a. O., S. 19.
2 Joh. M. Burchard, Struktur und Soziologie des Transvestitismus und Transsexualismus, Stuttgart 1961.
3 Vgl. P. Gorsen, Das Bild Pygmalions, Reinbek 1969, S. 93 ff. M. Boss, Sinn und Gehalt der sexuellen Perversionen, Ein daseinsanalytischer Beitrag zur Psychopathologie des Phänomens der Liebe, Bern 1947. V. E. v. Gebsattel, Prolegomena einer medizinischen Anthropologie, Ausgewählte Aufsätze, Berlin, Göttingen u. Heidelberg 1954.

xuell Deviante sind demnach nicht Fehler und Ausnahmen innerhalb eines biologisch bzw. anthropologisch festgestellten Naturplans, sondern sie sind die
jeweiligen sexuellen Außenseiter ihrer Gesellschaft.
Als solche bleiben sie nicht vereinzelt, sondern sind in
Minderheiten und Subkulturen organisiert, weshalb sie
im Hinblick auf drei Variable gruppiert werden können: »1. Das Ausmaß, in dem die Betroffenen sich
innerhalb der Gesellschaft in Subkulturen organisieren oder organisieren müssen, 2. die Verbreitung des
devianten Verhaltens und 3. die Schwere der gesellschaftlichen Reaktionen (Sanktionen)[1].« Hierfür beziehen die Autoren nicht nur krasse anthropologische
Grenzfälle, sondern die ganze statistische Bandbreite
sexueller Abweichungen in ihr Beschreibungssystem
subkulturellen Verhaltens ein. Es beginnt bei »normal
devianten« Masturbationspraktiken, nicht koitalen Formen genitaler heterosexueller Betätigung, vor-, nach-
und außerehelichem Geschlechtsverkehr, reicht von
Phänomenen wie Freikörperkultur und Konsum von
»Undergroundpornographie« (in den U.S.A.) über
weibliche bzw. männliche Homosexualität und Prostitution bis zu den seltneren Formen von Pädophilie
und Inzest, »bei denen es eigentlich nicht zu Subkulturen kommt«[2] und wo mit abnehmender Verbreitung
die gesellschaftlichen Reaktionen immer heftiger werden.
Wenn die Autoren außerdem noch Exhibitionismus,
Voyeurismus, Sadomasochismus und Fetischismus zu
den seltener vorkommenden Formen sexueller Devianz
mit außerdem geringer subkultureller Ausprägung
rechnen, muß man allerdings bezweifeln, ob sie der
heutigen Bedeutungsambivalenz und dem eingetrete-
nen *Funktionswandel sexueller Perversionen* im Industriekapitalismus überhaupt gerecht werden. Die
Tatsachen sprechen vielmehr gegen die pauschale Behauptung ihrer Seltenheit und ihrer geringen subkulturellen Ausprägung, und in diesem Punkt waren
schon die soziologiefremden Wertungen der bürger-

---

1 Simon and Gagnon, S. 16.
2 ebd.

lichen Psychiatrie und Sexualpathologie revisionsbe-
dürftig.

Einerseits erfahren die genannten Sexualperversionen
einen Funktionswandel ins Subkulturelle insoweit, als
sie zu bewußt perversen oder psychopathischen Verhaltensweisen, zu Gesten und Riten der Anpassungs-
verweigerung und »Asozialität« verkehrt werden. Sexuelle Perversionen sind in diesem Fall — zumindest
programmatisch — in den Lebensstil der »Gegenkultur« integriert und dort zu neuen Sexualkonventionen
umfunktioniert.

Andererseits können sie im Prinzip in den kapitalistischen Verwertungsprozeß einbezogen und als Konsum
sexuellen Scheins zur weiteren Stabilisierung der Er-
satzlust beitragen. Spricht im letzteren Fall alles für ein
Fehlen ihrer subkulturellen Ausprägung, so spricht
doch alles gegen die behauptete Seltenheit fetischisti-
scher, voyeuristischer und exhibitionistischer Einstellungen. Wir wissen heute mit Sicherheit, daß auf
dem Gebiet der Konsumästhetik fetischistische und
voyeuristische Erfahrungen aktiviert und in der Werbung zu normativen Sehweisen des Konsumenten umfunktioniert werden. Haug hat mit Recht auf die allgemeine Sexualisierung der Waren durch den kapitalistischen Markt hingewiesen und sie als den getreuen
Ausdruck der gesellschaftlichen »Triebunterdrückung
bei gleichzeitiger Scheinbefriedigung des Triebes« analysiert[1].

Sein Ansatz, daß »alle Gebrauchsdinge mit Warenform in irgendeiner Weise Sexualform« annehmen[2],
stellt sich sogar noch radikaler unter dem Aspekt, daß
der fortschreitende Sexualisierungsprozeß der Waren
— neben der normativen Sexualform — die Grenzfor-
men der Pornographie und der sexuellen Psychopathie
mit umfaßt. Die sexuellen Verführungskünste der Waren bedienen sich der »pornographischen Stimulation
in einem buchstäblichen Sinne: Sie bieten bloßen sexuellen Schein an, jeglichen Augen-, Ohren-, Geruchs-
und Tastschmaus — nur nicht den konkreten leibhaf-

---

1 W. F. Haug, Kritik der Warenästhetik, Frankfurt 1971, S. 68.
2 ebd.

ten sexuellen Kontakt selber. Sie sind im paradoxen pseudolistischen Sinne von Pornographie *echte Surrogate*«[1]. Und dieser Surrogatcharakter ist es, der nach traditioneller psychopathologischer Einschätzung (neben dem Suchtcharakter) als Krankheitszeichen der sexuellen Perversion gilt. Die Analyse der Warenästhetik ermächtigt uns, dieses Krankheitszeichen in einem gesellschaftlichen Verursachungszusammenhang zu sehen und die statistische Behauptung seiner »relativen Seltenheit« zu bestreiten. Die Schaulust des Voyeurs, sexueller Fetischismus, Narzißmus oder ein anderer Tatbestand der sexuellen Ersatzbefriedigung beschreiben »nicht mehr ausschließlich singuläre sexualpathologische Verhaltensweisen . . ., sondern sie charakterisieren zugleich eine adäquate Einstellung des Konsumenten auf die allgemeine Sexualisiertheit der Waren im Industriekapitalismus. Die pornographische bis psychopathische Fixierung auf den sexuellen Schein ist hier, wo es allgemein um den Genuß der Waren geht, das Normative. Die allgemeine Sexualisierung der Waren verleiht der Ersatzbefriedigung, dem Genuß von sexuellem Schein, eine Allgemeinheit, die sie sonst, nämlich in bezug auf die unmittelbare sinnlich-leibhafte Vollzugsfunktion der Sexualität nicht hat[2].«

Erfahren wir heute im Medium des spätkapitalistischen Marktes, wo die Gesamtheit der Gebrauchsdinge mit Warenform in irgendeiner Weise Sexualform annimmt, eine Sozialisierung desjenigen Verhaltens, das bisher für abnorm und von den traditionellen Psychopathologien »unsoziologisch«, als privatpsychologischer Fall oder konstitutionelles Problem abgeklärt wurde? Die Frage nach den vorangegangenen Ausführungen stellen heißt, sie bejahen. Die pathische Selbstversagung des perversen Verhaltens: die Tatsache, daß es fixiert bleibt auf sexuellen Schein, der sexuelle Realität ersetzt hat, prägt sich den Bedürfnissen der menschlichen Sexualität unter den repressiven Bedingungen des entwickelten Kapitalismus ein. Sie nehmen eine —

---

1 P. Gorsen, Sexualästhetik, Zur bürgerlichen Rezeption von Obszönität und Pornographie, Reinbek 1972, S. 89.
2 a. a. O., S. 90

ehemals — pathologische Form an. Wenn die anthropologische Theorie der Sexualperversionen z. B. der Auffassung ist, daß »das eigentliche Kriterium der Perversität in der normwidrigen Zwecksetzung« liegt[1], so heißt das: Von »Perversität« kann dann nicht mehr gesprochen werden, wenn unterm sozialen Wandel normwidrige Zwecksetzungen eine Tendenz zeigen, zu normativen zu werden und ihr pathologischer »Kern« sich auflöst.

Mit Rücksicht auf den heutigen gesellschaftlichen Rahmen, in den sexuelle Devianz gespannt und zu einer subkulturellen Stilbildung in dieser oder jener Richtung gezwungen ist, wird das folgende Orientierungsschema von Nutzen sein:

Die industrielle Leistungsgesellschaft des entfalteten Kapitalismus kann in zweierlei Hinsicht als pathogenes Ursprungsfeld[2] sexueller Devianz angesehen werden,

1. *in modo recto* erzieht sie zu perversem (einschl. pornographischem) Verhalten, indem sie es als allgemeines Verhalten legalisiert, perverse Einstellungen z. B. des Fetischismus und Voyeurismus zu normativen des Konsums sozialisiert, die Menschen im Medium der kapitalistischen Exploitation dazu bringt, ihre Triebunterdrückung durch gleichzeitige Scheinbefriedigung ihres Triebes, die der Genuß sexualisierter Waren gewährt, zu verinnerlichen. Äußerlich findet konfliktfreie Anpassung an den »perversen« Status quo statt. Hier trifft Adornos Diktum zu, »daß die zeitgemäße Krankheit gerade im Normalen besteht«[3].

2. *in modo obliquo* erzeugt sie die inneren (neurotischen, psychosomatischen, psychotischen) Konflikte des Kranken mit der Gesellschaft. Die kollektiv vorgezeichnete Rationalisierung und Absorption perverser (einschl. pornographischer) Einstellungen mißlingt bzw. wird ausgeschlagen und verursacht einen Zustand sozialer Isolation, sei es im Sinne *a)* einer *individuellen* Fehlhaltung oder Unangepaßtheit gegenüber Normen

1 H. Muller-Suur, Zur anthropologischen Theorie der Sexualperversionen. In: E. Wiesenhütter (Hg.), Werden und Handeln, Stuttgart 1963, S. 332.
2 Vgl. Mitscherlich u. a., Köln u. Berlin 1967.
3 Th. W. Adorno, Minima Moralia, Frankfurt a. M. 1964, S. 69.

oder *b)* einer *kollektiven* Fehlhaltung und Unangepaßtheit (von Minderheiten bzw. Randgruppen oder Subkulturen). Hier könnte man zutreffend Krankheit als das Anormale und Deviante bezeichnen, freilich mit einer entscheidenden Einschränkung für den Fall, daß das subkulturelle Getto freiwillig aufgesucht wird.

3. *Zum subkulturellen Funktionswandel sexueller Devianz*

Innerhalb des von Subkulturen besetzten Lebens- und Aktionsraumes liegt eine Umstrukturierung des Fehlverhaltens vor, wenn es von seinen Repräsentanten bewußt, wie gesagt freiwillig und in politischer, gesellschaftskritischer Absicht angestrebt wird, wenn im Recht auf Krankheit und Anormalität sich Individuen bzw. Randgruppen der Gesellschaft gegen die nivellierenden Normen und Sanktionen des herrschenden Systems zur Wehr setzen. Mit Adornos Diktum könnte man jetzt davon sprechen, daß die zeitgemäße Gesundheit als in Wahrheit Krankheit, Abnormität und Regression durchschaut und eventuell bekämpft wird. In diesem Fall findet also der vorhin behauptete Funktionswechsel sexuell devianten oder perversen und auch obszön-pornographischen Verhaltens statt. Zur Errichtung oder Verteidigung eines »Gegenmilieus«, einer zum System alternativen »Gegenkultur« werden diejenigen Verhaltensweisen erkoren, die nach Einschätzung des abgelehnten Systems auf allen Bewertungsebenen als abnorm bzw. systeminkongruent einzustufen sind.

Der subkulturelle Funktionswandel besteht — kurz gesagt — darin, daß als systeminkongruent und regressiv eingestufte Haltungen, die sogen. Fehlhaltungen und Deviationen zu progressiven Widerspruchs- und Widerstandshaltungen gegenüber dem System umfunktioniert werden. Schwendter, der die häufig erst nur antizipatorischen Verhaltensweisen der progressiven Subkulturen referiert, zählt zu ihrer typischen »*relaxed Haltung*« die »völlige Aufhebung moralischer Schranken«, »harmonische kommunale Pansexualität«, Partnerwechsel ohne Schuldkomplexe, Irrelevanz der Ehe, sexuellen Libertinismus, Politisierung der »relaxed Haltung« auch bei Homosexuellen und Lesbierinnen — freilich ohne Gewähr, »ob nicht wieder Einehen mit Gruppensex daraus werden«[1]. Das ihn dabei leitende Erkenntnisinteresse ist aufzuzeigen, daß bestimmte »subkulturelle Opinion Leaders ... eine antigesamt-gesellschaftliche Gegenintegration veranlassen« kön-nen[2]. Die Gegen-Normen und Gegen-Institutionen solcher »*progressiven* Subkulturen dienen dazu, den gegenwärtigen Stand der Gesellschaft aufzuheben, weiterzutreiben, einen grundsätzlich neuen Zustand zu erarbeiten. Die Normen, Institutionen etc. der *regres-siven* Subkulturen« dagegen — Schwendter nennt die deutsche Jugendbewegung einschließlich Nationalbol-schewismus, Teile der Bohème im 19. und 20. Jahr-hundert (in Anlehnung an die Arbeit Kreuzers[3] Brod, Musset, Stirner, Sternheim, Steiner, Gesell, Traven, Ehrenburg, Dos Passos, Hemingway, E. E. Cummings, Lichtenstein, Heym, R. Leonhard, E. Jünger, Diaghi-lew, Satie, Cocteau) wie auch die Hell's Angels, Pil-grims, Charles-Mansons-Kommune für gegenwärtige Tendenzen[4] — haben ihre restaurative Funktion dar-in, »einen vergangenen Stand der Gesellschaft, Nor-men, die nicht mehr, oder nicht in dieser Weise, in der gegenwärtigen Gesellschaft wirksam sind, wieder-herzustellen«[5]. Hierzu zählen auch Teile krimineller Subkulturen, die organisierten Subkulturen des Rechtsradikalismus (SA, Lippoldsberger Kreis, DJD, italienische Faschisten, Jeune Nation), Bandenkulturen (Teddy Boys, Blousons Noirs, z. T. Rocker), monarchi-stische Subkulturen[6].

Für die Diskussion über Stilbildung von sexueller De-vianz in den Subkulturen ist aber eine andere Unter-scheidung noch bedeutsamer, die Schwendter bei den »Münchner Randgruppenarbeitern ›Südfront‹« vor-

1 R. Schwendter, Theorie der Subkultur, Köln 1971, 210 f.
2 a. a. O., S. 37.
3 H. Kreuzer, Die Bohème, Stuttgart 1969.
4 Schwendter, S. 50.
5 a. a. O., S. 37.
6 a. a. O., S. 50.

fand, nämlich diejenige zwischen *freiwilligen* und *unfreiwilligen* Subkulturen bzw. Randgruppen[1]. Zu den letzteren gehören Individuen, die von vollständiger sozialer Akzeptierung ausgeschlossen sind wie »etwa Heimzöglinge, Obdachlose, Kriminelle, Insassen von Nervenanstalten, Altersheimen, Kranke«. Schwendter verweist auf Goffmann[2], der eine analoge Differenz herausstellt »zwischen Stigmatisierten, die ihr Stigma (als Inbegriff diskreditierender Eigenschaften) aufgrund *bewußter Abweichung* von der Kultur der Gesamtgesellschaft auf sich genommen haben, welches sich dann verselbständigt haben mag (politische Gruppen, Hippies, Gammler), und Stigmatisierten, deren Stigma *vornweg von den Normen der Gesamtgesellschaft abweicht,* und die eventuell erst dadurch sich ihrerseits von der Kultur der Gesamtgesellschaft distanzieren (Neger, Körperbehinderte, Kriminelle etc.)[3]. Die Intersexuellen — die Kerngruppe der Transvestiten, Transsexuellen und effeminierten Homosexuellen — gehören zweifellos zur Kategorie der unfreiwillig Stigmatisierten, die unter Anpassungszwang ans System stehen und zur Regression tendieren. Sie lassen sich nicht ohne weiteres der progressiven Subkulturbildung und ihrem Intersexualismus im weiteren Sinne zuordnen, weil ein kritisches Bewußtsein ihrer sexuellen Devianz zur Politisierung der gesellschaftlich oktroyierten Stigmatisierung nicht angestrebt und erst recht nicht ausgebildet ist. Andererseits sind sie, wenn man der ›Südfront‹-Einschätzung folgen will, wie alle unfreiwilligen Subkulturen »vorproletarisch«, weil sich ihre objektive Lage mit der des Proletariats deckt oder sogar darunter bleibt. »Sie weichen kulturell signifikant von der herrschenden Kultur ab, sind objektiv weithin proletarisch, aber zumeist vollständig unbewußt[4].« Daß sich hieraus die Notwendigkeit einer zusätzlich subjektiven, das Bewußtsein einschließenden Proletarisierung der unfreiwilligen Randgruppen

---

1 a. a. O., S. 40.
2 E. Goffmann, Stigma, Frankfurt a. M. 1967.
3 Schwendter, S. 41.
4 a. a. O., S. 42.

ergibt, der gesamte Fragenkomplex also zur Politisierung von Subkulturen, ist heute noch nicht einmal andiskutiert worden[1].

Im folgenden kann dieses Versäumnis weder einfach eingeholt werden, noch wäre es sinnvoll, an der sozial überaus heterogenen Gruppe der unfreiwilligen Intersexuellen mit der Frage der Politisierung anzufangen. Lediglich können einige Vorklärungen zum Verhältnis zwischen freiwilligen und unfreiwilligen Subkulturen versucht werden, das gerade auf dem Gebiet der sexualästhetischen Kommunikation gut zu beobachten ist.

4. Interkulturelle Projektion

Bereits Kreuzer und Schwendter deuten an, daß zwischen beiden Subkulturtypen Sympathie »auf Grund gemeinsamer Ablehnung der gesamtgesellschaftlichen Kultur« möglich und zumindest eine eingleisige »Agitationsvorliebe freiwilliger Subkulturen für unfreiwillige« aus der Geschichte auch bekannt ist[2]. Die Bohème der Barrès, Th. Lessing, Ball, Becher, Meichsner, Mailer, Sonka, Baudelaire, Mühsam, Landauer, Rubiner haben in ihrer Parteinahme für »Asoziale« ihr Ideal unbürgerlichen Daseins auf das objektive »Proletariat« unfreiwilliger Subkulturen projiziert. Allerdings ist ihre gemeinsame, sei es freiwillige oder unfreiwillige Normenkollison auf dem Felde der sexuellen Devianz ein weithin noch vernachlässigtes oder tabuiertes Forschungsgebiet. Die von manchen Gruppen geforderte und nach dem Scheitern von W. Reichs Sex-Pol-Bewegung stecken gebliebene Gegensozialisation im Bereich der sexuellen und erotischen Kommunikation wäre aber auf genauere Kenntnisse über interne Verkehrs- und Projektionsweisen zwischen verschiedenen Subkulturen angewiesen, bevor man ein Programm wie die Organisation und die politische Ideologisierung

---

1 Vgl. D. Kerbs (Hg.), Die hedonistische Linke, Beiträge zur Subkultur-Debatte, Neuwied u. Berlin 1971.
2 Schwendter, S. 43.

subkultureller Aktionen zu einer einheitlichen »hedonistischen Linken« des Sozialismus bewältigen kann.

Eine hedonistisch-sozialistische Sexualideologie setzt eine genaue Kenntnis des derzeitigen — auch soziologischen — Wissensstandes zum subkulturellen Sexualverhalten voraus und der ist nahezu gleich Null, worauf schon Amendt kritisch hingewiesen hat[1]. Man muß also zunächst auf die Ergebnisse der Fallforschung in der etablierten Medizinwissenschaft zurückgreifen. Aber auch hier sind für die sexualpathologische Sondergruppe der Transvestiten, der Transsexuellen und effeminierten Homosexuellen mehr hypothetische, experimentelle als allgemein gesicherte und durch therapeutische Erfolge abgeschlossene Aussagen üblich. Diese Wissenslücke wird um so wirksamer von der herrschenden bürgerlichen Klassenmoral kontrolliert und gegebenenfalls asozialisiert. Während die tatsächliche Pathologie des Intersexualismus, was immer darunter einmal zu verstehen sein wird, noch ungeklärt oder auf die bürgerlichen Bedürfnisnormen des Systems abgestimmt ist, kämpft der Intersexuelle einen vergeblichen Kampf um soziale Anerkennung. Er betreibt Mimikry an die sexuellen Normen und versteckt sich, so gut es eben geht. Doch seine Sittengeschichte interessiert hier weniger. Es reicht aus zu wissen, daß am intersexuellen Phänotyp in der bürgerlichen Gesellschaft die Tabus ihrer alternativen Sexualordnung vornehmlich zum Ausbruch kommen und auf seine Kosten abreagiert werden. Dies läßt den befremdlichen oder verabscheuten Intersexualismus zugleich lust- und wertvoll erscheinen. Er steht für manche Ausschweifungen, die man selber nicht begeht, aber über anderen bespricht. »Mit der Verdammung und Liquidierung Andersartiger ging immer einher ihre Glorifizierung[2].« Amendt weist dafür auf den Fall der Sharon-Tate-Kommune hin, deren »Andersartigkeit« durch den intersexuellen Phänotyp ihrer Mitglieder ohne Zweifel mitbestimmt ist. »In einem Atemzug

---

1 G. Amendt, Empirie, Emanzipation und Sexualforschung. In: G. Schmidt u. a., Tendenzen der Sexualforschung, a. a. O.
2 Amendt, S. 21.

malte man den Hippie Manson und *die* Hippies als
›Kinder des Teufels‹ und füllte den Modeteil derselben Publikationen mit Vorschlägen für Karnevalsko-
stümierungen à la Hippie[1].«

Das Ausmaß der projektiven Abreaktion des Bürgers
ist ablesbar vom Umfang an bejahender und vernei-
nender Mystifikation, die dem so andersartigen Erscheinungsbild einer vermeintlich »doppelten« oder
»dritten« Geschlechtlichkeit entgegengebracht wird.
Nicht selten waren Transvestiten, psychische Hermaphroditen und effeminierte Männer die unerkannten
Tanz- und Zeremonienmeister, Fachleute für Lustbar-
keiten, Feste, Karneval und erotisches Theater, woran
das sexuelle Unbewußte, das polymorph perverse Rest-
kind sich absättigt. Im gesellschaftlich sanktionierten
Rahmen von Vergnügungsveranstaltungen, im Boule-
vard-Theater, Kabarett, Fasching, bei Maskenbällen,
in der Revue, im Showbusiness, zu dem in Amerika
heute Schönheitskonkurrenzen für Transvestiten gehören, nicht zuletzt in der Prostitution und im Ani-
mierbereich symbolisieren freilich mehr die androgynen Spitzenleistungen der intersexuellen Subkultur
dem bürgerlichen Publikum wenigstens zum Schein
Möglichkeiten der lustvollen Sabotage ihrer männlichen bzw. manchmal weiblichen Geschlechtsrollenidentität. In der grotesk-komischen karikierenden
Transzendenz mehr der männlichen als der weiblichen
Geschlechtsidentität hat die bürgerliche Gesellschaft,
haben fast ausschließlich die in ihr herrschenden Männer mit dem Verbot des Identitätsverlustes gespielt und
die vorübergehende Befreiung vom Joch der aufge-
tragenen Rolle genossen. Ihre mehr artistische als sozial verantwortliche Einstellung zum Vorgang der Travestie — die Tatsache nämlich, daß die proletarische
häßliche Mehrheit der unter repressiven Bedingungen
einer ausgeprägt antifemininen Sexualideologie lebenden Effeminierten und Intersexuellen im Versteck- und
Abreaktionsspiel der Travestie und ihrer lustvollen
Sinnestäuschungen brutal vergessen wurde, ist die be-
denkliche Sublimationsleistung einer Bourgeoisie, die

---

1 ebd.

in der sozialen und ökonomischen Realität die Grenzen der Macht der Männer und Frauen, zwischen männlichen und weiblichen Rechten auf Kosten der Frauen zementiert hat. Noch die Autonomiebestrebungen von sexuell Introvertierten weiblicherseits (von George Sand bis Valerie Solanas), der Frauenbewegung (von Caroline Schlegel, Mary Shelly, Fanny Reventlow, Lou Andreas-Salomé bis Germaine Greer, der Gays Liberation wie ihrer Vergötterung durch Bob Royans und Allan Jones)[1] verharrten zwangsläufig in mehr oder weniger negativer Anpassung an die zutiefst gehaßte hierarchische Geschlechterordnung der Männerwelt. Ihr subjektiver Protest gegen jegliche Libertinage und Amoral auf dem gebeugten Rücken der Frauen blieb objektiv wirkungslos, eine im Grunde lächerliche, weil männlicherseits geduldete und als Anpassungskunst gewürdigte Einzelaktion maskuliner Frauen. Ihr Schicksal glich dem eingesperrter exotischer Tiere, deren Besonderheit, ein — wie man später erklärte — Phänomen der Überanpassung an den Führungsanspruch oder die Geschäftswelt der Männer, vorzuzeigen männliche Dompteure sich schmeichelten.

Auch die bürgerliche Kunst und Literatur hat die Subkultur der Intersexuellen vornehmlich dazu benutzt, die geschlechtliche Amphibolie — nach Rosenkranz ist ihre Verhandlung »eine Lieblingsbeschäftigung der Menschheit«[2] — ästhetisch genießbar zu machen, auch wenn hier unter der ästhetischen Verpackung des Intersexualismus (von Wilde, Gide bis Genet und Vidal) das soziale Problem einer Randgruppe immer deutlicher wurde und die bürgerliche Sexualethik als eine dreistufige Trittleiter transparent werden ließ. Oben die Potenten, Kräftigen, Reifen — das zeugerische Geschlecht der Männer, »die männliche Substanz, repräsentiert durch den männlichen Mann«[3]: er hat *auch*

---

1 »Männer, wir kommen, A television video fantasy« directed by Bob Royans, designed by Allan Jones. In: Jones, Projects, Tübingen 1971.
2 K. Rosenkranz, Ästhetik des Häßlichen (Königsberg 1853), Stuttgart 1968, S. 240.
3 H. Blüher, Frauenbewegung und Antifeminismus, Lauenburg 1921, S. 9.

Sexualität (Otto Weininger); darunter das unentbehrliche schwache Geschlecht, das »Reich der Frau«[1], das Weib: es hat *nur* Sexualität (Weininger); zuunterst alles Zwittrige, das am normativen Phänotyp der alternativen Sexualität gemessen nur eine Karikatur der verfehlten Geschlechtsrollenidentität darstellt: als »drittes Geschlecht« ästhetisch zelebriert und mythologisiert ist es in der bürgerlichen Gesellschaft zugleich Ausdruck seiner realen Verdrängung. Transvestiten, ein ursprünglich wissenschaftlicher Begriff Hirschfelds, werden »Damenimitatoren« genannt, um das scheinbar Unechte, das papageienhaft Nachahmende und in jeder Hinsicht Abgeleitete ihres Verhaltens hervorzukehren, das den Transvestiten gegenüber dem weiblichen Prototyp als Devianten abqualifiziert. Von der gleichwohl vorhandenen phänomenalen wie gefühlsmäßigen (ich sage nicht: biologischen) Eigenständigkeit und Authentizität des intersexuellen Typs ist in außerliterarischen und außerästhetischen Lebenszusammenhängen im Ernst nicht mehr die Rede. Das Tragen von Frauenkleidern ist gesetzlich untersagt[2]; Transvestiten müssen sich im allgemeinen ihr psychiatrisch und gesundheitsbehördlich zu attestierendes Benehmen im Personalausweis bescheinigen lassen. Dies bedeutet selbstverständlich keine verwaltungsrechtliche Anerkennung eines weiteren Typs, einer kritischen Variablen zur polaristischen Geschlechtszuweisung, sondern

1 a. a. O., S. 19.
2 »Folgende rechtliche Tatbestände kommen in Frage: § 183 Stgb, Erregung öffentlichen Ärgernisses (die Öffentlichkeit wird im übrigen schon durch eine Person hergestellt); ferner § 360, Absatz 8 und 11 (»Grober Unfug«). Es wäre falsch, den Transvestiten generell in das Lager der Homosexuellen zu verweisen. Zwar gibt es Transvestiten, die sich zum persönlichen Vorteil verkleiden (»Gruppe der Aktiven«), etwa um als Prostituierte oder sonstwie ungestraft arbeiten zu können. Die Untergruppe davon sind diejenigen, die sich rechtswidrige Vorteile irgendwelcher Art verschaffen wollen. Ein großer Teil aber wird, es könnte etwa die Hälfte sein, von Personen gestellt, die sich nur verkleiden, um sich auf diese Weise ganz in das Objekt ihrer Zuneigung zu vertiefen, etwa so weit, daß sie auch geneigt sind, Eigenschaften der geliebten Person selbst anzunehmen.«
Zit. aus W. Weimann u. O. Prokop, Atlas der gerichtlichen Medizin, Berlin 1963, S. 619.

unter der Rubrik »besondere Kennzeichen« den persönlich diskreditierenden Sachverhalt sexueller Indifferenz: nicht vollwertig, nicht leistungsfähig im männlichen *oder* weiblichen Sinne.

5. Die hedonistische Linke zwischen Underground-Ästhetik und politischer Organisation

Wegen dieser Normenkollision mit der alternativen Sexualität wird erwartungsgemäß der Subkultur des Intersexualismus von anderen Randgruppen große Sympathie entgegengebracht. Man stößt hier auf eine aktuelle Sachlage im »Velvet Underground« amerikanischer und europäischer Subkulturen der fünfziger und sechziger Jahre. Dort wird von freiwilligen, zum Teil politisch arbeitenden Randgruppen auf die sozial stigmatisierten Intersexuellen das erotische Ideal einer eigenen, moralisch ungebundenen und libertinen Lebensweise von intersexuellem Gepräge projiziert. Der feminine Typ des langhaarigen schmuckbehangenen Hippies repräsentiert dabei nur den eher unauffälligen Durchschnitt einer bewußten Annexion und phantastischen Hypertrophierung des »weiblichen Prinzips«. Dabei werden die äußerlichen phänomenalen Markierungen des Maskulinen einerseits und des Femininen andererseits nicht aufgegeben. Sondern aufgegeben und desavouiert ist ihre Funktion zur sexualästhetischen Abgrenzung in Regelgeschlechter und Rollen. Mit Rücksicht auf diesen Sachverhalt schlägt Tyler vor, den mann-weiblichen Hippie einen »*Ambisexuellen*« zu nennen und nicht einen »Bisexuellen«[1], wie es sich von der sexualpathologischen Fachnomenklatur anböte. Diese ist unbrauchbar, insofern sie im bürgerlichen Interpretationsraster der alternativen Sexualität gefangen bleibt, die der Hippie zu entspannen und relativieren trachtet. Er tritt erscheinungsmäßig auch nicht abwechselnd bald als Mann und bald als Frau

---

1 P. Tyler, Männer, Frauen und die übrigen Geschlechter oder: Wie es euch gefällt, so könnt ihr es haben. In: R. D. Brinkmann u. R. R. Rygulla (Hg.), Acid, Neue amerikanische Szene, Darmstadt 1969, S. 260.

auf, was eine stetige Verwandlung zwischen weiblichem und männlichem Habitus bedeuten würde, sondern deren Durchdringung zu einem Dritten ist angestrebt, das sexualästhetisch hermaphroditische Züge aufweist. Die männlich-weibliche Ambivalenz, das hermaphroditische Gesamtprofil ist es, das den gleichzeitig langmähnigen, Schmuck behangenen und bärtigen Hippie charakterisiert. Sinnlos an dieser phänomenalen Totale ihn wieder in männliche und weibliche Bestandteile dividieren zu wollen, als sei sein intersexuelles Gepräge nur Maskerade, wozu die Pop-Mode es machte, und nicht das sichtbare Amalgam eines qualitativ anderen subkulturellen Lebensgefühls. »Langes Haar und Halsketten sind Attribute beider Geschlechter, und nicht anders als Kugeln und Medaillons um den Hals trägt der männliche Hippie Penis und Hoden um die Lenden — sich und anderen zu unterschiedlichem Vergnügen. Das ist alles; das übrige bleibt der Erfindungskraft der ambisexuellen Phantasie überlassen[1].«

Das Tabu von weiblicher Kosmetik, Kleidung, Mode für Männer gehört zu den ersten, sicher auch noch oberflächlichen Barrieren, die dem tendenziellen Abbau der Geschlechterspannung in den freiwilligen Subkulturen der Hippies und Yippies zum Opfer fallen. Ob der »neue« ambisexuelle Phänotyp von einer praktizierten Promiskuität gleicher Breite getragen wird, ist mit wissenschaftlichen Daten nicht zu schätzen. Viele Erfahrungen von in Hippie-Kommunen lebenden oder mit ihnen zeitweise kommunizierenden Intellektuellen bestätigen, daß ein häufiger Partnerwechsel — zum Teil auch durch Drogengenuß stimuliert — die Grundlage der intersexuellen Kleiderordnung ist. Tyler macht geltend, daß die Ablehnung beider Regelgeschlechter nicht theoretisch bleibt oder sich auf ästhetischen Kleidertausch beschränkt, sondern zur hetero-homosexuellen Promiskuität vorstößt und in der Praxis dazu führt, »die Existenz *noch einiger weiterer Geschlechter* zu postulieren«[2]. Aufgrund eines

---

1 a. a. O., S. 261.
2 a. a. O., S. 260.

reichen anthropologischen und ethnologischen Materials ist dieses Postulat alles andere als überraschend, wenn auch dadurch seine Aktualität noch nicht begründet ist.

Tyler beschränkt sich darauf, die gleiche Geschlechtermultiplikation, wie sie Anthropologen und Ethnologen an ihrem Material vornehmen, für die intersexuelle Subkultur der Hippies anzunehmen. Er beläßt es — leider wie die meisten von uns, die nicht mehr als ihre Sympathisanten sind — bei kunst- bzw. literarästhetischen und kulturgeschichtlichen Analogien. Die Konstruktion einer Vielzahl von Zwischengeschlechtern finde sich in Balzacs Transvestiten »SeraphitusSeraphita«, in Gautiers »Mademoiselle de Maupin«, im elisabethanischen Theater ebenso wie in Tennessie Williams »Die tätowierte Rose«, in Marguerite Yourcenars »Ich zähmte die Wölfin«, Mary Renaults Romanen »The Charioteer, The last of the Wine, The Mask of Apollo«, in Gore Vidals »Myra Breckinridge«, in den Filmen mit Mae West, Bette Davis und »der Garbo«, im Hippie-Musical »Hair«[1]. Hier läßt sich die Liste bis in die jüngste Gegenwart hinein fortsetzen, z. B. mit dem Hinweis auf die Intersex-Filme der Warhol-Factory, auf Underground-Filme von Kenneth Anger, Gregory Markopoulos (mit »Himself as Herself«, 1966), Jack Smith (mit »Flaming Creatures«, 1963), auf die Sexualkarikaturen des Wiener Aktionismus und die travestierende »Body Art«, von Vito Acconci, Lucas Samaras, Vettor Pisani (Abb. 1 u.), Klaus Rinke

1 a. a. O., S. 259.
2 Conversions by Vito Acconci in: Avalanche, Winter 1971, S. 90—95. Lucas Samaras, Autointerview, Autobiography, Autopolaroid, by Whitney Museum of american art, New York 1971. Vettor Pisani in: Data, Dati internazionali d'arte, Milano, Anno II, No. 2, Febr. 1972, S. 16—21. Klaus Rinke, Projekt maskulinfeminin. In: Rinke, Kat. d. Städt. Museums Schloß Morsbroich, Leverkusen 17. 4.—24. 5. 1970, 2 Abb. Ders., Retrospective in: Avalanche 1971, S. 54—57, 4 Abb.
Günter Brus, Patenturinoir, Wien 1968. Ders., Körperanalyse, Berlin 1970. Ders., Irrwisch, Frankfurt a. M. 1971. P. Weibel u. V. Export (Hg.), Wien, Bildkompendium Wiener Aktionismus, Frankfurt a. M. 1970. B. Hein, Film im Underground, Frankfurt, Berlin u. Wien 1971.
John Wilcock (Hg.), The Auto-Biography & Sex Life of Andy

(Abb. 1 o.) u. a.[2], den »arroganten Hermaphroditen« Micke Jagger[3], wie nicht zuletzt die New Yorker »Ridiculous Theatrical Company« (vor allem mit »Bluebeard«).

Aber im Kontext dieser Analogien wird die Interpretation des intersexuellen Gepräges in der gegenwärtigen Subkultur nicht unproblematischer. Selbst wenn man sie auf Phänomene in der Liberation-Bewegung (Womens- und Gays-Liberation) und die hip culture (Blumenkinder, Velvet Underground, Youth International Party, Yippis, Crazies, Beats, die Woodstockscene usw.) beschränkt und den Intersexualismus im engeren psychopathologischen Sinne ausklammert, bleibt die Frage zurück, welche Funktion die subkulturelle Intersexualität im gesellschaftlichen Verdrängungszusammenhang der Sexualität jeweils hat. Trägt sie aufgrund ihrer Desintegriertheit zur Aufklärung und Dysfunktionalisierung der herrschenden Sexualkultur bei, oder beläßt sie es bei der Spiegelung des Status quo der Sexualunterdrückung, um eventuell in der freizügigen bürgerlichen Verarbeitung sexueller

---

Warhol, New York 1971. Gregory Battcock, Vier Filme von Andy Warhol. In: Brinkmann u. Rygulla, S. 294 − 307.

3 Wondratschek begreift die »Figur des arroganten Hermaphroditen« Mick Jagger (des Leaders der »Rolling Stones«) als einen vor allem *optischen Mythos*. »Eine Definition seiner Stimme wäre die Beschreibung dieses Mundes. Eine Definition seines *rock and roll* wäre die Beschreibung dieser Bewegungen.« Jagger ist demnach nicht zuerst ein Plattenstar und an der Fortentwicklung der eher konservativen Musik seiner Gruppe uninteressiert. Um so gründlicher inszeniert er die show seines persönlichen Auftritts durch Kostümierung, fetischistisches Zubehör (am Gürtel stets diese Peitsche), Gestik und Bewegung, die an das abgezirkelte Auftreten eines Stepptänzers, eines *freak und Mannequin* zugleich denken lassen.

Der transvestitische Zauber dieser »Königin der Popstars« entsteht durch die Verwandlung der männlichen Gesten und Bewegungen in weibliche. Dieses Phänomen des »Transgestismus« findet sich ebenso bei effeminierten Homosexuellen und Transvestiten, womit eine weitere sexualästhetische Analogie zwischen Verkleidungs*lust* und Verkleidungs*zwang* wenigstens benannt ist. Es spricht vieles für die psychische Ambisexualität Jaggers, der den bedenkenswerten Satz gesagt haben soll: »Wir werden Kinder sein, wir werden Kinder haben mit Männern, das ist es, mehr sage ich nicht über Frauen.« Vgl. Wolf Wondratschek, Omnibus, München 1972.

Nonkonformität zu erotischer Kunst, Literatur und anderen Sublimaten zum wohlfeilen Stoff zu werden? Im zweiten Fall werden sexuelle Bohème und Libertinage der Subkultur in den Verwertungsprozeß des Kapitals einbezogen und ihres Widerspruchs zur herrschenden Kultur beraubt. Ihre Abweichung ist dann zugleich die empfindlichste, nachgiebigste Stelle für den gesellschaftlichen Druck der Ordnungsinstanzen.

Subkultur gelingt in diesem Fall nicht der entscheidende Schritt zur *Gegen*kultur, worin Hollstein den qualitativen Übergang von bloßer Underground-Ästhetik zu politischem Widerstand sieht: »Subkultur bezeichnet ... einzig den akzidentellen Dissenz von der herrschenden Kultur, welcher zeitlich beschränkt in eigener Kleidung, Mode, Gruppenbeziehung und Verhaltensweisen sich ausdrückt; Gegenkultur bedeutet die gegenständlich gewordene Alternative zum Arsenal der bestehenden Widersprüche in dieser kapitalistischen Gesellschaft[1].«

In der gleichen Richtung meldet Böckelmann Kritik am Hermaphroditismus der Underground-Ästhetik an. Der hier wieder auflebende androgyne Mythos verzögere gerade den Abbau des gesellschaftlich verankerten Geschlechtsunterschiedes, indem er ihn ins Ästhetische transponiert und von der Realitätsebene ablenkt. Der androgyne Hippie, die Ästhetisierung des Intersexuellen erscheint in eins als »der vollkommene Mann und die vollkommene Frau: Er nimmt alle Variationsmöglichkeiten wahr, aber im Rahmen der traditionellen Auffassungen von Mann und Frau. Er ist eins mit dem Widerspruch, den er leugnet[2].«

In der Ästhetisierung und Verkunstung ihrer Inhalte muß sich die Subkultur schließlich zur Feier und Anbetung eines qualitativ anderen, unwirklichen Ziels versteigen, um dessen Verwirklichung hier und jetzt es der Gegenkultur usrprünglich ging. Die Kehrseite einer vollkommenen ästhetischen Selbständigkeit ist ihre Realitätsferne und dekorative Ohnmacht. Dies

---

1 W. Hollstein, Untergrund und Opposition in Amerika, Probleme und Etappen der Konsolidierung jugendlichen Protestes in den USA. In: Kerbs (Hg.) 1971, S. 53.
2 F. Böckelmann, s. seinen Beitrag in diesem Band, S. 62.

gilt im besonderen für die sexualästhetischen Chimären des Hermaphroditismus.

Das Programm der hedonistischen Linken, also aller Kräfte, welche die hedonistische Subkulturbewegung politisieren wollen, geht dahin, »eine durch Herrschaft gesetzte und Herrschaft erhaltene Definition der Bedürfnisse zu durchbrechen«, subkulturelle Phänomene zur Revolutionierung der Bedürfnisse einzusetzen (Klönne)[1] und dem gleichwohl inflationären Mißbrauch subkultureller Gruppen zum »Alibi kapitalistischer Herrschaft«[2] vorzubeugen. Auch Schwendter möchte zur organisierten politischen Aktion vorstoßen und kritisiert alle Theorien, die um der Theorie willen geschrieben werden: »es wird nötig sein, endlich einmal nicht subkulturell zu reden (schreiben), sondern zu handeln«[3], ohne doch selber in seinem 360-Seiten-Schmöker »Theorie der Subkultur« (1971) über das Referieren subkultureller Trends und das Kritisieren ihrer fragmentarischen oder abstrakt theoretisierenden Ideologie hinauszukommen.

Die Nachweise für die »systemstabilisierende« Wirkung subkultureller Gruppen sind in der Überzahl; die Fälle »systemsprengender« Wirkung sind strittig. Das hat zuallererst seine gesellschaftlichen Ursachen in einem nachliberalen, monopolistisch entfalteten Kapitalismus, der die Konkurrenz von Minderheitenkulturen bei sich nicht duldet. Dennoch sind die Denk- und Verhaltensweisen der subkulturellen Mitläufer wie der vielen sympathisierenden Intellektuellen an dieser Entwicklung nicht ganz unbeteiligt. Zumal dort, wo sie sich an die rettende Interpretation der subkulturellen Opposition zur bestehenden Kultur heranmachen, leisten sie der zugleich monierten Domestizierung und Entpolitisierung des Underground Vorschub. Der schon zitierte Tyler repräsentiert dieses Umschlagen intellektueller Rettungsversuche der Subkultur in deren Verrat unmißverständlich. Einerseits merkt er

---

1 A. Klönne, Zur Klassenanalyse der Subkultur, Politökonomische Anmerkungen zur hedonistischen Jugendbewegung, In: Kerbs (Hg.) 1971, S. 118.
2 a. a. O., S. 119 f.
3 Schwendter, S. 302.

genau die spezifischen Differenzen im Lebensstil und in den Bedürfnissen der Hippis zur Normativität, hält daran zu Recht fest; andererseits macht er ihren nicht-normativen, desintegrierten Status wieder zunichte durch Herstellung eines ästhetischen, literar- und kulturgeschichtlichen Zusammenhangs, in dem Intersexualität als ein historisch sich durchhaltender »mythologischer« Topos devianten Verhaltens erscheint. In Abstraktion von der besonderen Bedürfnislage der stigmatisierten hip- und underground culture in der spätkapitalistischen Gesellschaft avanciert der intersexuelle Hippietyp zum Symptom einer nachbürgerlichen Zukunft, in der die polaristische Geschlechterspannung abgebaut und mit ihr jede »Bestimmung nach den groben und banalen Kategorien Heterosexualität-Homosexualität-Bisexualität« nicht mehr gültig sein wird. »Dieses überständige Geistertrio aus dem Sexkatechismus ist im Begriff abzutreten. Es ist lächerlich und senil. Es ist, in der Tat, ein wissenschaftlicher Skandal[1].«

An die Stelle des bisherigen wissenschaftlichen verdinglichenden Begreifens der Sexualität habe dasjenige Verstehen zu treten, welches das breite Spektrum zwischen »normativ« und »deviant« als ästhetisches Phänomen ernst nimmt und wertet. Ästhetisch gesehen ist in der Tat an einer sexuellen Handlung gleichgültig, ob sie jeweils allgemein geübt oder tabuiert, als deviant oder durchschnittlich definiert ist. Was an ihr von der Wissenschaft später als neu und revolutionär eingeschätzt und schließlich zur Konvention wird, sei der deviante Sex im Prinzip. »Sexuelle Revolution«, meint Tyler, besteht in der Sozialisierung und Verallgemeinerung eines vorher devianten Tuns — des sexuellen Underground einer jeden Zeit. In der antizipatorischen Funktion für die Gegenwart konvergiert er mit der Underground Art, ist selber Kunst — Kunst der schöpferischen Vorwegnahme des Morgen. »Yes, the sexual ›climate‹ of our times has changed radically within a few decades (the movies about which I write are a distinct token of this) and I think the phenomen

---

1 Tyler, S. 252.

may be taken as a scientific advance that was brought about in modern sexual theory by a movement from underground where the libido of course is situated. However, I think of the ›sexual revolution‹ not as an advance in science so much as an advance in human consciousness, in man's knowledge of himself. At any rate — and this we can celebrate — the old-fashioned taboos on deviate sex of all kinds have lost their status. Sex may at last be recognized for what it is — one of the *optional arts* . . .[1].«

6. Transvestitische Mimikry

Subkulturelles Idol und Projektionsfigur des amerikanischen Underground ist, wenn dort heute von Annäherung an einen absoluten Grenzwert sexueller Provokation die Rede ist, der Intersexuelle, wobei meistens unklar und unausgesprochen bleibt, ob mit ihm der ambisexuelle Hippie oder auch der authentische Transvestit, ein Angehöriger der »freiwilligen« oder auch »unfreiwilligen« Subkultur gemeint ist. Da zumindest von Seiten der hip- und underground culture ein Sympathieverhältnis zwischen beiden Lebensstilen besteht, ein absehbares *interkontinentales* Phänomen der siebziger Jahre, wird der Unterschied zwischen einer freiwilligen und einer unter psychischem Zwang stehenden Verweiblichung von den Betroffenen nicht so ernst genommen. Im Umkreis von Warhols »Factory« waren bekanntlich die authentischen Transvestiten gern gesehene Freunde, wenn nicht geradezu — wie Mario Montez — zu »Super Stars« der »scene« ernannt. Inwieweit die phänomenale Annäherung von freiwilliger an die unfreiwillige Verweiblichung: die *transvestitische Mimikry* für Kommunen und Gemeinschaften oder auch musizierende oder Theater spielende Gruppen — wie den für ihre »transvestic revues« bekannten »cockettes« von San Francisco[2] (Abb. 2, 3)

---

1 Briefl. Mitteilung an den Verf., New York v. 5. 11. 1969.
2 *The cockettes* oder *coquets,* im Amerikanischen gleichlautend. Vgl. »The Cockettes play the Palace«, Reportage und Abb. in: The Organ, vol. I, No. 1, July 1970. »The cock in the right is mine«, No. 5, March 1971.

— zutrifft, wäre erst zu ermitteln. Ein neuerdings von Wondratschek in London beobachteter Trend zum »*Bi-Voc*« in der Beat-Musik böte die nächste Gelegenheit dazu — auch für die Nachprüfung darüber, wie groß der Anteil des Mode-Managements am zunehmenden Pseudo-Transvestitismus der Beat-Bands ist.

Alles spricht dafür, daß die unterschiedlichen psychischen, sozialen Voraussetzungen des transvestitischen und pseudotransvestitischen Phänotyps gegenüber einer interkulturellen Tendenz zur sexualästhetischen Verweiblichung meistens zurücktreten und das emphatische Verständnis dieses Phänomens durch Tyler die New Yorker Szene der sechziger Jahre richtig dokumentiert. Kritisch gegen die Underground-Ästhetik — zumal gegen Tyler — muß festgehalten werden, daß die Komplexität des Intersexualismus und des transvestitischen Syndroms im besonderen zum hedonistischen Gegenbild der herrschenden alternativen Sexualkonvention vereinfacht und ideologisiert worden ist.

Denn es kann doch kein Zweifel darüber bestehen, daß ein wesentlicher Unterschied zwischen effeminierten Homosexuellen und femininen Hippies aufgrund ihrer unterschiedlichen Klassenlage besteht und nicht allein deswegen, weil sich ihre phänomenale Ähnlichkeit bei näherem Hinsehen doch noch als Trug entlarven ließe. Amendt hat dies in einem Punkt ganz klar gesehen: »Während die homosexuelle Subkultur auf einen erweiterten Anteil am Konsum zielt, definieren sich Randgruppen, wie etwa die Hippies, gerade durch einen Konsumverzicht. Wohnungseinrichtung und Mobiliar von etablierten Homosexuellen beziehungsweise Innenausstattung von Homosexuellen-Bars zeichnen sich durch einen Rückgriff auf pompöses bürgerliches Interieur aus, das man als ›Tuntenbarock‹ bezeichnen kann.« Homosexuelle gehören demnach eher zum »Typ des ›aufgeklärten Konsumenten‹ . . ., der genau weiß, was er sich mit seinen Konsumausgaben einkauft, oder sich zumindest davon entsprechende Gratifikationen erhofft«[1].

---

1 Amendt, S. 14.

Es ist daher auch verfrüht, die homosexuelle, die intersexuelle oder eine andere Subkultur allein wegen ihres desintegrierten Minderheitenstatus als »proletarisch« oder »vorproletarisch« zu bezeichnen. Ein proletarisches Selbstbewußtsein in den Randgruppen, wie es sich im entschiedenen Konsumverzicht — wenn auch ohnmächtig — hervortraut, ist kaum vorhanden und könnte im Einklang mit ihrer objektiven Klassenlage *nur* im politischen Rahmen einer geschlossenen proletarischen Organisation — so lautet die Einschätzung des progressiven freiwilligen Subkulturtyps durch die DKP — ausgebildet werden. Eine alternative, davon abweichende Einschätzung der »hedonistischen Linken« steht noch aus.

7. Integration und Resozialisierung der intersexuellen Gegenkultur

Die Diagnostiker der Zukunft, Futurologen wie Hermann Kahn, McLuhan und George B. Leonhard stimmen mit der subkulturellen Verabschiedung der alternativen Sexualität überein — freilich in dem Sinne, daß sie meinen, Intersexualität wird in die »nachindustrielle« Gesellschaft ohne politische Revolution selbstverständlich integriert sein. Da gibt es bereits — wie bei den Linken — den Spott über den schon heute anachronistischen Mannestyp, der eine »engspurige, spezialisierte Maskulinität« à la John Wayne heldenhaft zur Schau stellt[1]. Ganz auf der Ebene der regressiven Subkultur, wo das Führer-Gefolgschafts-Prinzip herrscht[2], schwärmt McLuhan vom »Unternehmen, das eine Frau als Führungskraft besitzt«, die männlichen Führungskräfte einem Sensibilitätstraining unterwirft, wo sie lernen müssen ihre Schale abzuwerfen, »ihre Gefühle nicht zu beherrschen, sondern auszudrücken, anderen gegenüber empfindsam zu sein, im Zweifelsfall sogar offen zu weinen«[3].

---

1 M. McLuhan and G. B. Leonhard, Die Zukunft der Sexualität. In: Brinkmann u. Rygulla, S. 371.
2 Schwendter, S. 49.
3 McLuhan and Leonard, S. 373.

Diese neue Sensibilität — in genauer Umkehrung ihres revolutionären Sinnes bei Herbert Marcuse — sei notwendig, weil sie als eine Konsequenz der neuen elektronischen Technologie im Prinzip bereits existent ist: Sie löse die Kommunikationsbarrieren des industriellen Zeitalters zwangsläufig ab, wo eine ubiquitäre, permanente elektronische Kommunikation potentiell aller mit allen zu stammesmäßigem Zusammenleben erzieht. Es durchdringe das alte Lebens- und Arbeitsverhältnis zwischen Mann und Frau, die jetzt ihre Empfindungen, Emotionen vermittels der gleichen elektronischen Medien vereinheitlichen könnten. Kurzum, die durch die elektronische Produktivkraft ermöglichte sinnliche (optische, akustische) Gleichschaltung der Klassen und Geschlechter führe zu sexuell entspanntem »klassenlosen Gemeinschaftsleben«. »Das industrielle Zeitalter . . . trennte Klasse von Klasse, Aufgabe von Aufgabe, Beruf von Beruf, Arbeit von Spiel; . . . es teilte die Sinne ab von den Gefühlen, vom Intellekt; und was vielleicht am wichtigsten ist: Es schuf hochspezialisierte und -standardisierte Männer und Frauen. Der ideale Mann des industriellen Zeitalters war ›Mann und nichts als Mann‹ . . . Er fürchtete sich davor, viel Gefühl zu zeigen. Die ideale Frau hingegen war emotionell, intuitiv, eine listige Praktikerin und unterwürfig. Männlichkeit und Weiblichkeit waren verschiedene Welten[1].«

Hier zeichnet sich ab, in welchem bedrohlichen Ausmaß das elektronische Zeitalter künftige Gegenkulturen von feministischem und intersexuellem Gepräge wird absorbieren können. Die »avantgardistische« Ablehnung von alternativer Sexualordnung, der sexuelle Nonkonformismus der underground culture, scheint demnach schon heute eingeholt zu sein, wenn die These stimmt, daß die elektronische Technik weibliche und männliche Empfindungs- und Stimmungsqualitäten zusammenschließt und die Integration der Menschen auf den klassenlosen Stamm im Weltmaßstab die Auflösung ihrer hetero-, homo- und bisexuellen Teilstrebungen in einer intersexuellen Kommunika-

---

1 a. a. O., S. 370.

tionsstruktur bewirken wird. Hier holt ein »Avantgardismus« den anderen ein, und es ist die Frage, wie dieser Integrationsmechanismus verhindert werden kann — die Hauptfrage der »hedonistischen Linken« nach der wirksamen Gegensozialisation des kulturellen Underground. Denn wir brauchen die progressiven Gegenkulturen in gleichem Maße, wie wir den Gedanken des qualitativen Andersseins, die Utopie (als die Kehrseite der Deviation) brauchen, um Realität zum Besseren zu verändern. Das Vorwärtstreibende der Utopie ist, wie Bloch weiß, daß ihr Utopisches in der Praxis sich nicht abschieben läßt, sondern als prinzipielle Veränderbarkeit des Bestehenden das schlechte Bestehende ständig begleitet und korrumpiert.

Die Idee einer mann-weiblichen, weib-männlichen harmonistischen Geschlechtlichkeit nützt zu nichts, wenn sie von der vorfindlichen Realität der Geschlechterspannung und des Sexualbiologismus ganz abgeschnitten ist. Eine von Praxis ganz isolierte Utopie regrediert auf die Ebene künstlerischer und religiöser Selbstbespiegelung, wo zur Andacht eingeladen ist. Der sexuelle Hermaphroditismus kann ein Gegenstand, eine Reliquie solcher Andacht werden. Daher kann Böckelmann mit Recht den Verdacht äußern, das hermaphroditische Puzzlespiel mit den sexuell austauschbaren Genitalien bleibe ein reines Spiel mit dem Widerspruch an sich.

Die Gegenästhetik des Intersexualismus wird in der Tat ihre artistische Dialektik ausschließlich und allein »als Potential der Neubestimmung von Geschlechtsstrukturen« (Böckelmann)[1] überleben. Doch machen wir uns nichts vor. Die progressive Formulierung verdeckt, daß noch niemand sagen kann, wie diese Neubestimmung im Kontext gesamtgesellschaftlicher Veränderung anzubringen ist und wie jene hedonistischen Links-Strategien aussehen müssen, um die von McLuhan angekündigte Pervertierung von Subkulturen in repressive Kulturnormen zu durchkreuzen.

Jedenfalls muß auf dieser gesellschaftlichen Ebene eine sich politisch verstehende Diskussion über Subkulturen

---

1 Böckelmann, s. Beitrag in diesem Band, S. 63.

beginnen, und nicht darf sie sich lange mit der Kritik an der ästhetisierten Gestalt der Subkulturen wie ihrer als Kunst angesehenen Produkte im kapitalistischen Verwertungsprozeß aufhalten. Jede allzu beflissene Kritik am Warencharakter, am Konsum des Underground, an der Vermodung zum Pop, an der politischen Redundanz einer permanent unter Integrationsdruck stehenden Protestkultur setzt unbefragt voraus, was erst theoretisch zu erarbeiten und durch gleichzeitige Praxis einzuholen wäre, einen materialistischen Begriff von revolutionärer, die Gesamtgesellschaft verändernder Subkulturorganisation.

Ebenso trügerisch wäre es, sich darauf zu verlassen, daß von der reintegrierbaren Gegenkultur ein unverwertbarer, nicht sozialisierbarer harter Kern bei ihr verbleibt, eine sozusagen konstante »Asozialität«, die als permanenter Widerstand gegenüber dem System festgemacht werden könnte. Es nützt z. B. nichts, sich auf die progressive Funktion intersexueller Nichtkonformität zu berufen, wenn deren Einordnung in den Kontext der nachbürgerlichen »elektronischen« Gesamtkultur im Prinzip schon vorgesehen ist und nach Schätzung der Futurologen in einer stammesmäßig zusammengeschlossenen Gemeinschaft nicht mehr die Ausnahme sein wird.

Daß die Sozialisierung sexueller Devianz und damit eines nicht unwesentlichen Bestandteils subkulturellen Verhaltens unaufhaltsam fortschreitet, diese Annahme ist schon heute von der Wirklichkeit eingeholt. An der jüngsten Geschichte subkultureller Aktionen der Happeners, der Provos, der Fugs, »der Wiener« u. a. gegen das Establishment, die ihre nachlassende, vom System schließlich absorbierte Provokationskraft erweist, zeigt sich, daß der dauernde Verlaß auf die einmal erzielte obszöne Nichtkonformität trügerisch ist. Ihre Verweigerungs- und Beschimpfungsgesten können *malgré lui* sozialisiert werden[1]. Die subkulturelle Erfahrung des subjektiven Andersseins, die angenommene Differenz seiner zur sexuellen Normativität, ist eine bürgerlich gebliebene Erfahrung, die den unter der spätkapitali-

---

1 Vgl. Gorsen, 1972.

stischen Vergesellschaftung veränderten Verhältnissen nicht mehr entspricht. Der im Prinzip unbegrenzten Ausbeutung der sexuellen Bedürfnisse, auch oder gerade der devianten, für den ökonomischen Verwertungszusammenhang *heute*, dem spätkapitalistischem Phänomen des pornographischen Warenkleides, ist die Erfahrung des liberalen Bürgertums von der nur begrenzt sozialisierbaren sexuellen Devianz vorangegangen. Einst gab es eine authentische Grenze zwischen ihr und dem, was als normativ akzeptiert war, die heute verwischt und durch die totale Integration der sexuellen Bedürfnisse und Scheinbedürfnisse in den Konsum entqualifiziert ist. Wenn selbst die deviante Sphäre der Partialtriebe und der *a*genitalen pseudolistischen Sexualität, vom Markt — sowohl der Sexualwaren wie der sexualisierten Waren — nicht mehr ausgeschlossen ist, wird sie als solche, werden Fetischisten, Narzißten, Voyeure, sexuell Infantile nicht mehr als »abnorm«, »pervers«, »pathologisch« bezeichnet — letztere als Stigmatisierte und subkulturelle Einzelgänger nicht mehr uneingeschränkt gedacht und von einem Normativen (von welchem denn?) unterschieden werden können. Diese Bezeichnungen bleiben als Wortantiquitäten einer vergangenen Entwicklung zurück — stellvertretend für alles, das auf dem kapitalistischen Markt den Reiz des Devianten verlor. Die sozialisierte, ganz integrierte Deviation wäre keine mehr[1], sondern ist in das ausschließliche Belieben von Angebot und Nachfrage gestellt.

Dies schließt die Inhalte des Intersexualismus wie jede gegensexuelle Stil- und Organisationsbildung im Underground ein. An dieser Entwicklung gemessen wäre selbst die These der sozialkritischen oder revolutionären Geschlechter*ent*spannung, einer freiwilligen Hermaphrodisierung in der Psyche, Kleidung, Ästhetik, Geselligkeit gesellschaftlich noch zu verkraften. Für McLuhan ist — wie gesagt — die alternative Sexualität bereits heute ein Anachronismus. Es scheint, daß die Hoffnung freiwilliger Subkulturen gegen das System

---

1 ebd.

sich religiös abriegeln oder politisch organisieren zu können, mehr vom Mut der persönlichen Überzeugung als der Aussicht auf Erfolg getragen ist.

8. Die Ablösung der alternativen Sexualität in der nachbürgerlichen Großfamilie. Der Transvestit als Modellfall der riskierten Geschlechterpolarität

Die phänomenalen ästhetischen Grenzen zwischen Subkultur und Kultur heute fließen. Selbst dort, wo eine im psychiatrischen oder psychoanalytischen Sinne abgrenzbare Subkultur vorliegt, wie die für unfreiwillige Exklusivität exemplarische Randgruppe der Transvestiten, Transsexuellen und effeminierten Homosexuellen, läßt sich die Grenzüberschreitung als interkulturelle Projektion doch nachweisen. Die Mitglieder dieser Gruppe sind, abgesehen von ihrer tatsächlichen, im allgemeinen sozial und wirtschaftlich unterprivilegierten Lage, die geheimen Favoriten und Ziehkinder einer heute entstehenden großfamiliären Gesinnung im Kapitalismus, die nach Arnold Gehlen ein *feministisches* und *eudaimonistisches* Motiv hat[1] und — im Range einer neuen Moral, eines neuen Humanitärethos — die harten männlichen Staatstugenden bald durch die weichen weiblichen Familientugenden verdrängt haben wird.

Die Randgruppe der sexuell Effeminierten und Transvestiten erträgt inzwischen nicht nur die Sympathie anderer subkultureller Gruppen, zu denen ursprünglich die hip- und pop culture, die Underground-Scene der Weltstädte New York, London, Amsterdam gehörten. Sondern ihre spezielle »klinische« Effemination und eine allgemeine Tendenz zum Feminismus und Eudaimonismus der nachbürgerlichen Großfamilie, was für die gegenwärtige Industriegesellschaft Gehlen analysiert hat, und zum psychischen Verlust des Vaterbildes resp. des Ödipuskomplexes, dem die gesellschaftliche Dysfunktionalisierung der Vaterrolle korrespondiert,

---

1 A. Gehlen, Moral und Hypermoral, Eine pluralistische Ethik, Frankfurt a. M. 1970, S. 148 f.

was Mitscherlich analysiert hat[1], *treffen außerdem zu-*
sammen. Was heißt das? Durch eine äußerliche (ästhetische und gestische) wie auch gefühlsmäßige Ähnlichkeit zwischen effeminiertem und femininem Verhalten,
die zuerst die freiwillige Subkultur der Hippies für
sich als Attitüde des Andersseins entdeckte, bevor sie
von der Pop-Mode im großen Stil uniformiert wurde,
kann die unfreiwillige Subkultur der Effeminierten —
wie die freiwillige der Hippies — für die antipatriar-
chale, von keinen Staatstugenden mehr getragene Kultur des Eudaimonismus *projektionsfähig* werden.
Mit dieser sozio-kulturellen Grundlage des neuen Feminismus gerät der orthodoxe freudianische Erklä-
rungsversuch des Weiblichkeitskomplexes bei Männern
ganz offensichtlich in Widerspruch. Freud und der
Freudianismus gehen, wie Böckelmann ausdrücklich
hinweist, von der für das frühkindliche Bewußtsein
bestimmenden Allgegenwart des phallischen Vaters
aus: der Sohn gibt seine Ödipus- und Kastrationswünsche nur deshalb auf, »weil er sich vom Vater als
Frau behandeln lassen« und den Vater von der Mutter
ablenken will[2]. Diese Erklärung kommt ins Wanken,
wenn der omnipotente Vater — heute absehbar —
seine aggressiv-autoritäre Dignität in und zusammen
mit der bürgerlichen Kernfamilie (Vater, Mutter, Sohn,
Tochter) einbüßt und wenn im Kraftfeld der vaterlosen Großfamilie der folglich nicht mehr ödipale Sohn
seinen Weiblichkeitskomplex abgelegt haben wird.
Psychoanalytisch gesprochen ist dann der Fall einge-
treten, daß das »unbewußte Verlangen der Männer,
sich den Frauen anzugleichen, ... nicht zur Renaissance des freudianischen Weiblichkeitskomplexes«
führt. »Es will die tradierten Geschlechtsbestimmungen nicht auswechseln, sondern den patriarchal determinierten Gegensatz von männlich und weiblich auflösen[3].«
Die Projektionsfähigkeit des Intersexualismus ergibt
sich für die »Söhne« der vaterlosen Großfamilie aus

1 A. Mitscherlich, Auf dem Weg zur vaterlosen Gesellschaft,
Ideen zur Sozialpsychologie, München 1965.
2 Böckelmann, s. Beitrag in diesem Band, S. 46.
3 a. a. O., S. 34 f.

der mehr oder weniger starken Ablehnung der oktroyierten Geschlechtsrollenidentität. Die psychosexuelle
Selbstidentifizierung des vaterlosen, feminin-eudaimo-
nistischen Mannes mißlingt, insofern er sich nicht mehr
im alternativen Rollenklischee (bin ich männlich oder
weiblich?) zurechtfinden kann oder will. Er erlebt
sich psychisch und gegebenenfalls ethisch-ästhetisch als
sexuelle *Zwischenstufe,* ohne freilich jene Grenzen des
biologischen Zuweisungsgeschlechts zu transzendieren,
die er am transvestitischen und erst recht transsexuellen Phänotyp als riskiert wahrnimmt — als Nonplus-
ultra einer eigenen konträren Geschlechtsempfindung.
Der Transvestit wird somit, ohne selber für diesen
Kontakt etwas zu leisten und leisten zu können, zur
lustbetonten Projektionsfigur des intersexuellen Mannes der nachbürgerlichen Großfamilie. Die in ihr lebenden nicht mehr ödipalen Söhne werden sehr viel
Neues und Anderes lernen als das nach orthodox-
freudianischer Auffassung zur Ichstärkung für sie Le-
bensnotwendige. Impulse zur Effeminierung und
Gleichgeschlechtlichkeit bis zum (großfamiliären) Inzest werden nicht mehr verdrängt werden müssen;
Gruppen- oder Kollektivautorität als neue dauerhafte
Bezugsperson wird die Ichstärkung durch Eltern- und
Vaterautorität ersetzen. Die Werbung um den Vater
kann die einst rivalisierenden Söhne nicht mehr motivieren, wenn sie erst der ambisexuellen Selbstidenti-
fikation in der nachbürgerlichen Großfamilie fähig
sind. Das war keine Ironie mehr, als Tuli Kupferberg,
der Gründer der »Fugs«, die Sätze ausspuckte: »i say
the purpose of the revolution is to eliminate masturbation / i say fuck is holy / i say this revolution is
holy / *i say the family that lays together stays together* / i say that god and fucking are one / i say that
sick sexless souls cause war . . .[1].«
Die klassische Psychoanalyse Freuds sieht in der ambisexuellen Identifikation sich die Ichinstanz in einen
sexuellen Beziehungswahn auflösen: alles wird mit

---

1 Tuli Kupferberg, Text 6 in: Rolf Ulrich Kaiser, Fuck the
fugs, Das Buch der Fugs, Köln 1969. Vgl. Text 14: »The New
International(e) (The Intersexional), Tune: The Internationale.«

allem verbunden werden können, Weibliches in Männliches, Männliches in Weibliches verkehrt sein. Ein intersexueller Bewußtseinsstrom an Stelle der alternativen Sexualidentität müßte zur psychotischen Verarbeitung der Welt führen. So weit die Warnung vor der vaterlosen Zukunft. Die verständliche Angst vor dieser Katastrophe wird die Psychoanalyse auf den Spuren der gesellschaftlichen Entwicklung zu meistern haben, indem sie zunächst den von ihr abgesteckten Versuchsrahmen der bürgerlichen Kernfamilie öffnet und sich auf die Lösung jener neuen Konflikte vorbereitet, die in der nachbürgerlichen Gesellschaft und in subkulturellen Lebensbereichen als ihrer Vorhut anstehen.

Ein Wort der Erklärung bedarf noch die Behauptung des Transvestiten als der lustbetonten Projektionsfigur in der nachbürgerlichen Großfamilie. Die Favoritenrolle des Transvestiten, seine psychosexuelle Projektionsfähigkeit für den ambisexuellen Mann schließt einige Mißverstände ein. Die kulturelle Projektion unterschätzt oder verfehlt am Transvestitismus seine Unfreiwilligkeit und Pathologie; sie mißversteht an ihm die gewöhnlich erotisch »erlebte Ausweitung und scheinbare Intensivierung des Erlebnisraums«[1], der meistens im Gegenteil zum reinen Narzißmus, zu einer Reduktion auf reine Selbstdarstellung tendiert. Wie schon bemerkt ist der Transvestitismus ein relativ unerforschter Gegenstand der erst beginnenden Sexualwissenschaft. Es braucht auf den innerwissenschaftlichen Problemzusammenhang aber nicht eingegangen zu werden, wenn festgestellt werden kann: Es gibt gewiß einige Berührungspunkte zwischen dem *tatsächlichen* und dem — in der kulturellen Projektion — *vorgestellten* Transvestiten. Zur Deckung kommt der Transvestitismus mit dem Ambisexualismus in der Großfamilie oder der Hippiekommune jedoch nicht. Dieser ist vielmehr ein *Pseudo-Transvestitismus*. Die Attraktivität der transvestitischen Subkultur beruht zum größten Teil auf einem — allerdings produktiven — Mißverständnis. Produktiv kann dieses Mißverständnis heißen, wenn es dazu beiträgt, ein intersexu-

---

1 Bürger-Prinz, Albrecht, Giese, S. 33.

elles Kommunikationsmodell anzuregen, das den kriegsmäßigen Antagonismus der Regelgeschlechter überwindet und zum Aufbau einer stärker mimetischen und »relaxed« Haltung zwischen Mann und Frau hinführt.

In der bürgerlichen Sexologie, die ja nach Tyler für den »wissenschaftlichen Skandal« der polaristischen Geschlechterteilung verantwortlich sein soll, finden die Gegner der alternativen Sexualordnung dennoch die erstaunlichsten Hilfestellungen. So sehen Bürger-Prinz, Albrecht und Giese die auf den biologischen Grundunterschied pochende Geschlechtsrollenzuweisung als vom Transvestitismus durchbrochen und relativiert an. Dieser stellt aus Gründen, die wissenschaftlich noch völlig offen sind, eine beschreibbare Ausnahme, Fehlhaltung oder Perversion dar, die man aber auch umgekehrt als ein Verschulden und eine Insuffizienz der gesellschaftlich etablierten Geschlechtsrollenzuordnung dechiffrieren kann. Der Transvestitismus tritt insofern den »sinnfälligen Beweis« dafür an, »daß das weibliche Prinzip im Manne, sonst verborgen, hier einmal zum Durchbruch gelangt und sich darstellt. Anders als bei anderen Formen sexueller Perversion oder nur Fehlhaltungen könnte man auf den ... Tatbestand rekurrieren, daß kaum eindeutiger und gleichsam radikaler als im T. zum Ausdruck kommen könnte, daß die bislang festgelegte Geschlechtszugehörigkeit eines Menschen nicht seinem seelischen Geschlechtspartner entspricht. Der Wunsch nach Geschlechtsumwandlung stellt dann nur die folgerichtige Dokumentation dieses Irrtums dar.«[1]

Abgesehen davon, daß die seelische Unentschiedenheit der Geschlechtszugehörigkeit jeweils »*nur* psychisch oder *auch* somatisch bedingt sein kann«[2] — auf die Darstellung komplizierter anomaler Geschlechtschromosomen (Klinefelter-, Turner-Syndrom usw.) im Falle körperlicher Zwitterhaftigkeit kommt es hier nicht an —, stellt sie die Grundlage für die psychosexuelle (wie gesagt mißverständliche) Attraktivität des Transvestiten und des femininen Mannes überall dort in der

---

1 a. a. O., S. 30.   2 ebd.

Subkultur der sechziger Jahre dar, wo der Abbau der Geschlechterspannung oder die Sabotage der alternativen Sexualordnung diskutiert wird, wo in erster phänomenaler Konsequenz Kleidertausch und Kleidernivellierung der Geschlechter, die manchmal schon ins Rituale reichende Travestie der Geschlechtsidentität geübt werden. (Abb. 2—4) Letztere ist eine sichtbare Verweigerung, in die fiktive oder idealtypische Rolle des Nur-Mannes oder auch der Nur-Frau zu schlüpfen und dem, was Bürger-Prinz und andere mit dem nicht-identischen seelischen Geschlechtspartner meinen, die Maske entweder des stilisierten Supermannes oder der stilisierten Superfrau aufzusetzen. An den Extravaganzen des selbstbewußten Mannequintyps in der hip- und pop culture ist dies ebenso ablesbar wie an ihren kleinen Obszönitäten. Das montierte Gruppenbild der »Mothers of Invention« mit Frank Zappa stellte eine Travestie im letzteren Sinne dar (Abb. 4)[1].

Das auf Provokation angelegte Erscheinungsbild desjenigen männlichen Hippies, der Nagellack, Ohrring, Dauerwelle, Strumpfhalter, Rock oder ein langes Gewand für sich vereinnahmt, gibt aber an diesen Utensilien auch darüber Auskunft, daß seinen Träger die Maskerade der alternativen Geschlechtsrolle schwerer belastet als das befremdliche, Anstoß erregende Kostüm des interesexuellen Typs. Zur Verdeutlichung des transvestitischen Phänomens noch einmal Bürger-Prinz, Albrecht, Giese: »Das *Entweder-Oder*, so könnte man argumentieren, werde dem Zwitter nicht gerecht. Die menschliche Gesellschaft halte für ihn zu Unrecht keine Schablone einer lebbaren Existenzform bereit, lasse kein ›Mittelding‹ zu. Von hier aus gesehen ist es nur ein Schritt zu der Anschauung, daß auch bei körperlich eindeutiger Geschlechtszugehörigkeit die Bestimmung als Mann oder Frau leben zu müssen, eine Simplifizierung bedeuten könnte: Diese Alternative sei zu grob, um den individuellen Tendenzen eines Menschen in jedem Fall entsprechen zu können. Es gebe fließende Übergänge zwischen dem männlichsten Manne und

---

1 Vgl. Abb. u. Reportage »Mother Frank Zappa« in: Song, Nr. 8, 1968, S. 20—23.

der weiblichsten Frau, im Extremfall auch ein krasses Auseinanderfallen von somatischem und psychischem Geschlechtscharakter (Zwischenstufentheorie). In der Tat wäre wenig einzuwenden gegen die Aussage, daß die beim Menschen über die Rollenverteilung im Zeugungsakt so weit hinausgehende *Geschlechterpolarität riskiert* erscheinen müsse, indem sie sich weit entferne von dem, was biologisch begründbar sei.«[1]

Man versteht jetzt vielleicht besser, warum die Schau des männlichen Transvestiten (Abb. 5, 6) die besondere Aufmerksamkeit der hip culture und verschiedener subkultureller Gruppen oder Beat-Bands erregen konnte. Für die angestrebte eigene Hermaphrodisierung, die ritualisierte Denunziation der maskulinen Geschlechtsrollenidentität, die Aufkündigung des akkuraten Jünglings in Scheitel und grauem Flanell (Brock) bot sich bisweilen die sexualästhetische Analogie zur transvestitischen Verleugnung des Eigengeschlechtes geradezu an. Die artistische Phänomenalität, das Manieristische und fast schon Komödiantische des Transvestiten gerieten in den Verarbeitungsprozeß der interkulturellen Projektion, der — wie gezeigt — auf die ambisexuelle Selbstidentifizierung des Mannes in der nachbürgerlichen Großfamilie hinausläuft.

Nicht wenige Transvestiten schieden aus diesem Verarbeitungsprozeß aus. Sie kehrten ihrer »vorproletarischen« Klassenlage den Rücken und wurden gesellschaftlich wie kulturell integriert, indem sie zu Idolen, Stars, »Queens« oder »Drag Queens« (ausschließlich homosexuelle Transvestiten) der Unterhaltungsindustrie aufstiegen (Abb. 5—7) — zu den sogenannten *»top female impersonators«* (wie in den USA Baby Martell, Bambi, Hans Charles Crystal (Abb. 7), Toby Marsh, Terry Noel, Tommy the Torch, Holly White, die Underground-Stars Candy Darling, Mario Montez; letztere wurde auch durch Warhols Film »Screen Test« bekannt; wie in Europa Barbara Buick, Coccinelle (jetzt transsexuell), Josè Darrieux, Esmeralda, La Conchita, Skindo (jetzt transsexuell). Da sie im Show-Business der Night-Clubs sich zu kostbaren Doubletten des Starrummels

---

1 Bürger-Prinz, Albrecht, Giese, S. 30.

perfektionierten und gegen die Ambiguität und das Grotesk-Komische des häßlichen Durchschnittstransvestiten ausgespielt wurden, kamen sie für den Projektionsbedarf der hip- und pop culture von vornherein nicht in Frage.

9. Grenzen der interkulturellen Projektion. Transvestiten und Pseudo-Transvestiten. Utopie des Hermaphroditismus

Trotz der Kreativfunktion der interkulturellen Projektion für den Abbau der Geschlechterspannung darf dennoch ihr Mißverständnis gegenüber der sexuellen Fehlentwicklung des Transvestitismus, ja dessen Fehlinterpretation, nicht unterschätzt werden. Der männliche Transvestit entspricht in Wirklichkeit keinesfalls der Sexualform, die man auf ihn projiziert und zu der ihn Kunst und Literatur häufig idealisieren. Seine Kommunikation ist nicht, wie es den Anschein hat, im Prinzip ambi- bzw. intersexuell strukturiert. Sondern sie kann 1. *autosexuell* — ein narzißtischer Umgang mit der eigenen travestierten Befindlichkeit sein, 2. von strikter Ablehnung zu Männern (*heterosexueller* Tr.) oder 3. von strikter Ablehnung zu Frauen bestimmt sein (*homosexueller* Tr., effeminierte Homosexuelle) oder 4. tatsächlich eine — statistisch seltene — *bisexuelle* Struktur haben, die dem intersexuellen Ideal am nahesten kommt. Der klinisch bekannte Transvestit reproduziert demnach ebensosehr (psychisch wie ästhetisch) die gesellschaftlich vorfindliche Entfremdung der alternativen Sexualität, die bei ihm der projizierende Intersexuelle (der ambisexuelle Hippie z. B.) überwunden vorstellt oder einfach übersieht. *1.* Alternative: der männliche Transvestit kommt zu keiner sexuellen Kommunikation — außer mit sich selbst. *2.* Alternative: trotz seiner Wunschrolle als Frau erlebt er sich ausschließlich von Frauen angezogen. Hier »fühlt der typische männliche T. eine tiefe Aversion gegen Männer«[1]. 3. Alternative: in seiner

---

1 Burchard, S. 30.

Wunschrolle als Frau erlebt er sich ausschließlich von Männern angezogen. In Anbetracht der vorhandenen homosexuellen Aversion gegen Frauen ist problematisch, ob seine weibliche Rolle immer als *Wunsch*rolle bezeichnet werden kann. Es könnte sich um eine *Verführer*rolle gegenüber dem männlichen Partner oder um die *Berufs*rolle als »Damenimitator« handeln. 4. Alternative: in seiner Wunschrolle als Frau erlebt sich der Transvestit von beiden Geschlechtern angezogen.

Die letzte Alternative kommt sicher dem ambi- bzw. intersexuellen Muster sehr nahe. Um es aber vollkommen erreichen zu können, müßte der Transvestit die *einzig* angestrebte Identität seiner *Wunsch*rolle aufgeben und im travestierenden Akt die wechselseitige Metamorphose von wirklicher und gewünschter Rolle darstellen. Ein solcher *ästhetischer Hermaphroditismus* jedoch ist die große Ausnahme, seine Artistik grenzt schon an den hermaphroditischen Symbolismus in der Kunst. Was hier noch ästhetische Fiktion ist, müßte in einer authentischen Bisex-Darstellung des Transvestiten außerdem an der eigenen Körperlichkeit darstellbar werden. Wo dies in der zeitgenössischen aktionistischen Kunst (die nach der Erschöpfung des Happening unter dem neuen Trend zur »body art« wieder auflebt) im Ernst einmal angegangen wurde wie von dem Surrealisten Pierre Molinier — er ist sexualphänomenologisch als männlicher bisexueller Transvestit anzusehen —, dort liegt eine *doppelte Travestie* vor (Abb. 8): Die dargestellte Wunschrolle als Frau, der penislose travestierte Mann, wird ihrerseits ins Maskuline, die (Kunst)glied bewaffnete travestierte Rollen-Frau, transformiert[1]. In dieser nur durch fotografische oder filmische Montage darzustellenden *Travestie der Travestie* bleibt die Verwandlung auf ihre »aufgehobenen« sexuellen Gegensätze hin ästhetisch transparent, während für den klinisch bekannten (sowohl männlichen wie weiblichen) Transvestitismus zutrifft, daß

---

1 Vgl. P. Gorsen, Pierre Molinier, lui-même, Essay über den surrealistischen Hermaphroditen, München 1972, Ders., Das Prinzip Obszön, Kunst, Pornographie und Gesellschaft, Reinbek 1969, S. 52—101.

die Gegensätzlichkeit im Interesse der dargestellten Wunschrolle möglichst verschleiert wird. Die dargestellte Rolle soll einsinnig nur feminin oder maskulin sein, nicht aber im dialektischen Sinne ambisexuell (Abb. 7).

Es ist daher ausgeschlossen, daß der bisexuelle Transvestit der doppelten Travestie ästhetisch, psychisch oder sogar sozial gerecht werden kann. Selbst rein erscheinungsmäßig ist auch der bisexuelle Transvestit auf die möglichst getreue Einfühlung in die Frauenrolle festgelegt und verfügt nicht über einen annähernd großzügigen Spielraum der psychosexuellen Selbstexplikation wie z. B. der ambisexuelle Hippie. Wo dieser die Darstellung des Weiblichen an sich selbst nicht in süchtiger Abhängigkeit von der narzißtischen Ichdarstellung vollzieht, sondern sie als psychosexuelle Icherweiterung — psychoanalytisch gesprochen —, als eine Entlastung vom Druck der Identifikation mit dem autoritären Vater der bürgerlichen Familie erfährt, dort kann nach psychopathologischer Beobachtung der Transvestit nicht mithalten. Für ihn sind gerade eine »Verkümmerung intimer Sozialbezüge«, der innerfamiliären und der dualen Partnerschaft[1], das Festhalten an frühkindliche präödipale Identifikationshandlungen typisch[2].

Kann beim Transvestitismus genereller von einer Verkümmerung der Sozialbezüge gesprochen werden, so für den Pseudo-Transvestitismus der hip- und pop culture nur in dem eingeschränkten Sinne, daß er die Sozialbezüge im Rahmen der bürgerlichen Kernfamilie verkümmern und durch andere nachbürgerliche Gemeinschaften, Kommune und Großfamilie ersetzen läßt. Daß aber — aus freilich verschiedenen Gründen — sowohl mit der transvestitischen wie mit der pseudotransvestitischen Haltung die intimen dualen, kleinfamiliären Sozialbezüge in Frage gestellt sind, beleuchtet noch einmal von einer anderen Seite die Aktualität und Brisanz der transvestitischen »Perversion« für die psychosexuelle Lebensproblematik in der nachbürgerlichen Gesellschaft.

---

1 Burchard, S. 27, 29.   2 a. a. O., S. 34.

Ebenso haben männliche Transvestiten und ambisexuelle Hippiemänner gemeinsam, daß sie *das Weibliche an sich selbst nicht verinnerlichen,* es nicht in sich hineinfressen oder verdrängen, sondern nach außen stellen und autovisuell zu objektivieren streben. (Vgl. Abb. 2, 3 mit 5, 6.) Burchard spricht davon, daß Transvestiten versuchen, »die Geschlechterspannung in sich darzustellen«[1], dabei »auf ein *gegengeschlechtliches Partnerbild am eigenen Leibe*« bezogen sind[2]. Insofern sind sie gleichfalls Ambisexuelle in dem Sinne, daß ihre Männlichkeit mit der dargestellten Frauenrolle eine Verbindung eingeht — eine Einheit, deren Gebrochenheit in den maskulinen und femininen Pol phänotypisch erhalten bleibt.

Doch ist dies eine Gebrochenheit gegen den Willen des Transvestiten, der die vollkommene Illusion des weiblichen Phänotyps anstrebt, ohne daß es ihm je ganz gelänge. Er ist der *unfreiwillige Ambisexuelle* — mit seiner häßlichen Ambiguität unversöhnt, während der ambisexuelle Hippie die Verbrüderung von maskuliner und femininer Anmutung am eigenen Körper empfindet. Bart, Hakennase, große Füße stören ihn nicht, wenn sie nun einmal da sind. Der Traum eines jeden häßlichen Transvestiten aber ist die — heute technisch mögliche — Schönheitsoperation, die bis an die Grenze der chirurgischen und hormonellen Umwandlung der Genitalien gehen kann (Übergang vom Transvestitismus zum Transsexualismus)[3]. Hier liegen zwei grundsätzlich verschiedene Einstellungen zur Selbsteffeminierung vor. Die unterschiedlichen Grade ihres Gelingens *auf beiden Seiten* — ein hübscher femininer Hippie kann einen häßlichen Kerl von Transvestiten vor Neid

---

1 a. a. O., S. 30.
2 a. a. O., S. 29.
3 J. Zander u. H. D. Henning, Hormone und Intersexualität. H. Gelbke, Plastische Operationen. J. H. Schultz, Intersexualität und Transvestitismus. Alle in: Cl. Overzier (Hg.), Die Intersexualität, Stuttgart 1961.
Das durchschnittliche Erscheinungsbild des Transvestiten dokumentieren Weimann u. Prokop, S. 619—635. Eine größere Fotosammlung enthält die Polizeilehrmittelsammlung der Stadt Hamburg. In dieser Stadt ist die deutsche Subkultur der Transsexuellen und Transvestiten zu Hause.

erblassen lassen — halten die phänomenale Grenze zwischen Pseudo-Transvestiten und Transvestiten fließend.

Auf der rein phänomenalen und ästhetischen Ebene kann die Ähnlichkeit oder auch teilweise Angleichung von Transvestiten und Ambisexuellen bisweisen verwirrend sein. Die eindeutigen Grenzen ihrer Vergleichbarkeit auf der Erscheinungsebene sind wie gesagt erst sozialpsychologisch und psychopathologisch angebbar — jetzt ganz abgesehen von der unentbehrlichen Analyse ihrer sozialen Lage. Während für den pervers entfalteten Transvestitismus ein bis zum Verlust gehendes Absterben jeder sozialen »Wir-Bildung« (Giese) beobachtet wird, ist für den ambisexuellen Lebensstil des Hippies die neue feminin-eudaimonistische Kollektivität der Kommune — also nur der Wechsel von einer sozialen Lebensform in eine andere — bestimmend. Sie stimmen zwar häufig in einer genauer noch zu analysierenden Weise überein durch die Abwehr der »intimen sozialen Lebensform des Zwei-Personen-Verhältnisses«[1], was aber selbstverständlich nicht die Schlußfolgerung erlaubt, daß sie eine gleiche psychische, soziale und ästhetische Verarbeitung ihrer Abwehrhaltung zur dualen, kleinfamiliären Sozietät vornehmen.

Im Sinne der normativen Wir-Bildung in der bürgerlichen Gesellschaft sind von sexuellem Autismus, manierierter Egoität und asozialem Narzißmus des Transvestitismus am weitesten entfernt seine bisexuellen Repräsentanten, von denen historisch und statistisch am wenigsten bekannt ist. Dafür erscheinen sie seit langem in total idealisierter hermaphroditischer Gestalt eines »dritten Geschlechts« in Mythos, Religion, Literatur und Kunst[2] um so häufiger. Das hermaphroditische Ideal einer versöhnten, nicht mehr antagonistischen Geschlechtlichkeit ist heute die einheitliche uto-

---

1 Burchard, S. 27, 29.
2 Zu diesem Komplex seien hier nur zwei neuere Arbeiten genannt: H. Anton, Mythologische Erotik in Kellers »Sieben Legenden« und im »Sinngedicht«, Stuttgart 1970. G. Mattenklott, Bilderdienst, Ästhetische Opposition bei Beardsley und George, München 1970.

pische Zielprojektion, unter der sich sowohl die Bisexualität des Transvestiten wie die Ambisexualität des Pseudo-Transvestiten, des Hippiekommunarden und als dritte noch weithin unbekannte Größe die Intersexualität des vaterbefreiten Sohnes in der nachbürgerlichen Gesellschaft *als Wahlverwandte* zusammenfassen lassen. Deshalb glaubt Tyler jubeln zu können: »Die gegenwärtigen Träger der sexuellen Rollen sind im Abtreten begriffen. Ihren Part haben sie mit Hingabe und Ausdauer gespielt, und ich finde, sie verdienen einen freundlichen Abschied, wenn nicht gar stürmischen Schlußapplaus. Also dann: Lebwohl, Heterosexualität! Lebwohl, Homosexualität! Lebwohl, Bisexualität! und — jetzt alle zusammen —: *WILLKOMMEN, ALL IHR GESCHLECHTER!*«[1]

Aber wem nützt ihr und wohin geht *ALL IHR GESCHLECHTER?* Es steht dahin, ob der Hermaphroditismus — in der Tradition eine Utopie der religiösen und künstlerischen Aussöhnung privilegierter Geister — als regulative Idee des materialistischen Bedenkens einer besseren eudaimonistischen erotischen Kommunikation sich in der Praxis revolutionär auswirken oder in den Dienst jenes Fortschritts und jener Futurologie gestellt sein wird, welche die Integration der sexuellen Subkulturen in die nachindustrielle stammesmäßige Gesamtkultur im elektronisch-technologischen Weltmaßstab betreiben. Die regulative hermaphroditische Idee, nur ein kleiner Teilbezirk der schöpferischen Weltantizipation steht heute — wie diese insgesamt — zwischen den zwei sich abzeichnenden großen Utopien der Weltveränderung, einem spekulativen progressiven Materialismus nach Ernst Bloch und einem opportunistischen regressiven Materialismus, begriffen und vorgefeiert durch Marshall McLuhan.

---

1 Tyler, S. 265.

Oben: Klaus Rinke, Projekt maskulin-feminin. Abgedr. in: Rinke Ausstellungs-Katalog d. Städt. Museums Schloß Morsbroich, Leverkusen 1970. Abbildung aus: Avalanche 1971, S. 57.

Unten: Vettor Pisani, Carne umana e oro 1971, Abbildung aus: Data 1972 (Febr.), S. 19.

Hazel E. Hazel

WER EMANZIPIERT WEN WOHIN?

Hazel E. Hazel, geboren 1945 in London, aufgewachsen in Wien. Zuerst kaufmännische Ausbildung und Arbeit, später Abitur. Studium der Soziologie und Germanistik in Berlin und Köln. Arbeitet als freie Journalistin.

Wenn heute von Emanzipation gesprochen wird, assoziiert man zuerst Frauenemanzipation. Das muß wohl daran liegen, daß die Männer von sich und die Frauen von den Männern denken, sie hätten ihren optimalen Stand erreicht und vielleicht auch daran, daß keine andere Form von Mensch-sein in Sicht ist. Die letzte Emanzipation war die bürgerliche, die in Deutschland nur in Geist und Sittenvorschrift stattfand. Diese Befreiung von den idyllischen, kleinkarierten, feudalen Verhältnissen hat zuerst einmal für die Akteure der neuen Gesellschaftsform das »freie« Individuum kreiert. Das waren die Männer — als Status-, Geschäfts- und Ideologieträger.

Die Individualisierung hat für ein paar Privilegierte eine Entfaltung gebracht, die uns einige großartige Dokumente menschlicher Fähigkeiten und Möglichkeiten hinterließ. Ökonomisch verwirklichten sich ein paar »freie« Unternehmer in der in Deutschland sehr kurzen Phase des Liberalismus. Abgesehen davon gewinnt man heute den Eindruck, die Fügung in gottgewollte, undurchschaubare und unveränderliche Naturverhältnisse à la Feudalzeit wäre nie beendet worden. Rollen und Normen, die sogar »Individualismus« gebieten, lenken und leiten und beschränken die menschlichen Fähigkeiten oder lassen sie gar nicht erst aufkommen.

Zwei wesentliche Rollenvorschriften sind die Männlichkeit und die Weiblichkeit; diffuse Kulturideale von einer Arbeitsteilung in der bürgerlichen Familie, denen heute jede reale Grundlage entzogen ist. Was dazu führt, daß sie nur sehr abstrakt, als statistische Sammelbegriffe von Eigenschaften und Aufgabengebieten bestimmt werden können und bereits deutlich mit den Orientierungsversuchen zu einem Selbstverständnis der Geschlechter kollidieren.

Die Warenverhältnisse im Kapitalismus machen alle Beziehungen abstrakt — die zu Dingen, zu Menschen und zu Tätigkeiten. Auch die Selbstbestimmung in der Geschlechterrolle wird bei der Identitätssuche von abstrakten Charaktermasken bestimmt.

Wenn auch die Familie als Produktionsgemeinschaft keine Funktion mehr hat, so ist sie als Gemeinschaft für Konsumtion, Regenerierung und Kinderaufzucht und als Versicherung gegen Einsamkeit wichtig. Vorläufig.

Der Rollenkonflikt — als Konflikt zwischen gesellschaftlichem Verhältnis und vorgeschriebener Charaktermaske betrifft beide Geschlechter, entwickelt sich aber in je verschiedene Richtungen.

Seit dem Beginn des 19. Jahrhunderts werden in bestimmten Phasen immer wieder neue Schichten des Kleinbürgertums expropriiert, und die eigentumslosen, abhängigen, bürgerlich erzogenen und orientierungslosen Individuen trauern dem Ideal des bürgerlichen Individualismus nach. Weisungsgebundene, spezialisierte Technokraten und Angestellte haben Selbständigkeit, Entscheidungsfreiheit, Entfaltung und persönliche Verwirklichung nur noch im Kopf.

Auch für die Emanzipation werden im Kopf bestimmte Denk- und Handlungsanweisungen entworfen. Auf der Suche nach neuen Modellen entstehen z. B. bei der progressiven Intelligenz die Vorbilder Musterproletarier, emanzipierte Frau und sensibler Mann und für die Beziehung zwischen den Geschlechtern eine neue Moral. Gegenüber Bindung und Ehe wird der Abbruch jeder Verpflichtung bis zum Wettkampf im Fremdgehen postuliert. In der »Emanze« steht der Traum vom selbständigen, autonomen, an individueller Leistung orientierten Individuum wieder auf.

Bei der Müllabfuhr aller »kleinbürgerlichen« Bedürfnisse hat die fürs Proletariat gemachte bürgerliche Surrogat-Kultur von James Bond bis zum Flippern Vorrang vor dem verwerflichen Genuß eines Bach-Konzerts. In der individualistischen Hoffnung auf die Geborgenheit im Kollektiv muß jeder Anspruch und jeder Spleen des einzelnen den Leitlinien, den Erkenntnissen der Psychohygiene und den kleinsten gemeinsamen Nennern untergeordnet werden. Und in Schichten, die aus dem gesellschaftlichen Reproduktionsprozeß ausgestiegen oder in ihn gar nicht erst eingestiegen sind, führt der Kampf gegen Entfremdung zwecks Wiedergewinnung der Seele direkt zurück in die Romantik, zu Spielchen des freien, individuellen Produzierens von Kettchen, Handtaschen und Ringen oder zur Krämerexistenz auf dem freien Markt der Dealer. Im Heimbereich der Erziehung werden Kinder intellektuell und abstrakt nach dem neuesten Stand der öffentlichen Diskussion erzogen, mit jenem verkürzten Begriff von Vernunft, nach dem Ratio rationell ist und Gefühl unvernünftig.

Parallel dazu schuf die Instrumentalisierung das Image der erfolgreichen bürgerlichen Frau — berufstätig, modisch gekleidet, in der Geschäftswelt bewährt.

Der gemeinsame Nenner von offizillen, subkulturellen und politpsychologisch deduzierten Emanzipationsvorschriften ist eine von der Person abstrahierte, im Kopf entworfene Lebenslehre, die einen »richtigen« Weg auf der Suche nach dem persönlichen Glück anweist und die Anpassung an die Instrumentalisierung des persönlichen Bereichs beschleunigt. Kompensiert wird diese Austrocknung durch die Verabsolutierung des Sexualtriebs.

Tendenzen, Virilität beruflich

Während all den erziehenden, pädagogischen, schreibenden und gesetzentwerfenden Männern ganz klar scheint, daß die Frau sich nun emanzipieren soll, ist die Einsicht in die hierzu notwendige Emanzipation der Männer noch nicht sehr verbreitet. Ob der Mann die aufbegehrende Frau mißachtet, unterdrückt oder auf Emanzipation schickt, er bleibt in seiner Rolle stecken und stagniert und kann vor lauter Angst und Wundern diese Bewegung nicht auf sich beziehen.

Theoretisch ist auch damit zu rechnen, daß ein Individuum, sobald es seine Interessen kennt, auch versucht, diese Interessen durchzusetzen. Von diesem Glauben lebt das Lob der Demokratie. Dazu bedarf es aber zwei wesentlicher Voraussetzungen: Erstens müssen die Interessen für alle gleichermaßen erkennbar sein, und zweitens müssen sie für alle gleichermaßen durchsetzbar sein. In diesem einen Punkt ähnelt die Stellung der bürgerlichen Frau der des Proletariers.

Menschlich emanzipieren kann sich in unserer Gesellschaft niemand, solange das Interesse der einen nur zu verwirklichen ist durch die Unterdrückung der anderen. Die politische Emanzipation hat in Deutschland kaum stattgefunden und scheint durch die Manipulation im Spätkapitalismus eher noch zu regredieren. Bleibt vorläufig die Frauenemanzipation als Emanzipation zu unfreien Verhältnissen. Die — relative — Selbständigkeit des Mannes ist aber eng verbunden mit der Unterdrückung der Frau. Insofern deutet schon ihre Emanzipationsbewegung auf eine Veränderung auch seiner Rolle hin.

Das idealistische Selbstverständnis von der Entfaltung der Persönlichkeit bekommt vor allem beim proletarisierten Mittelstand keinerlei Bestätigung. Spezialisierung, Abhängigkeit und Korruption des Machtapparats verlagern »Entfaltung« völlig in die Freizeit, in der der Leistungsträger abgearbeitet ist und im Konsum ersatzbefriedigt wird. Der Spielraum für Aktivität und Initiative ist vorgegeben, und der kritisch-selbständig wählende Verstand wird nicht gerade geschult.

Des Mannes Welt sind die Außenbeziehungen. Er ist Träger der öffentlichen Realität und des gesellschaftlichen Lebens. Er erfüllt damit primär, öffentlich und in seiner Männerrolle jene Funktion, die als Produktionsfaktor etikettiert, verwertet und berechnet wird. Was in den Idolen, mit denen man und Mann sich identifizieren, nicht auftaucht, ist die Isolierung, die Unsicherheit und die Ratlosigkeit, die nicht als allgemeine Erscheinungen erkannt und akzeptiert werden und so wieder zu einer erlogenen Superrolle der Männlichkeit führen, die um so rigider ist, je mehr sie überspielen muß.

Von den traditionellen »Männlichkeiten« kann dieser Mann der Frau nichts abgeben. Sicherheit, Schutz, Vielseitigkeit, Liebe, Ansehen, Bedeutung, Orientierung... Er kann ihr nur dieselben Ersatzangebote machen, die ihm angeboten werden. Sie bekommt Sicherheit, Schutz, Vielseitigkeit, Anerkennung etc. von der Propaganda der Intimspraymittel, und spätestens deren Gebrauch läßt sie wieder in der Hilflosigkeit. Ebenso kann er sich die Attribute seiner Wichtigkeit, Geltung, Bedeutung durch die Werbesprüche versprechen lassen — die reale Erfahrung einer individuellen Bedeutung, eines Sinnbezugs, einer gesellschaftlichen Bindung und Verantwortung fehlt.

Und Geld, »die allgemeine Hure«, stellt auf seine Weise Beziehungen her; neue und unkonventionelle Beziehungen, die sich nicht an Tradition, Funktion und Platz in der Gesellschaft halten. So wie sich alle Beziehungen zu allen Menschen und Gegenständen verdinglicht haben, verdinglichen sich auch die unmittelbarsten der Intimbeziehungen zwischen Mann und Frau. Was wiederum die unmittelbarsten und natürlichsten Trieb- und Antriebsquellen trübt.

Männlichkeit als Selbständigkeit und Macht, als Entscheidungsfähigkeit, Aktivität, Potenz und mit dem Prädikat wertvoll. Konfrontiert mit dem Gängelband der formierten Demokratie, der verdinglichten Arbeitswelt und der Diktatur gemalter, gezeichneter und gefilmter Supermänner — und die Erfahrung des ohnmächtigen Würmchens, das er auch in klassisch bürgerlichen Berufen ist.

Die Funktionen der Rollen sind nach Schichten verschieden, leiten sich anders her und spiegeln sich unterschiedlich im Bewußtsein wieder, je nachdem, ob einer Arzt, Angestellter, Schüler, Lehrling, Arbeiter, Direktor oder Geistlicher ist. Das Idol ist für alle verbindlich, da gibt es nur das bürgerliche, und das ist geprägt von dem Menschenbild, das einfach nicht mehr stimmt. Die politische, rechtliche und wirtschaftliche Macht ist auch denen entzogen, die sich vom Berufsbild her noch echte Männer dünken könnten. Politik ist ein spezialisierter Beruf geworden, der keine Honoratioren mehr braucht, die Wirtschaft für die meisten ein durchorganisiertes Geheimnis, und das Recht unveränderlich und starr, als hätte es in der ganzen Menschheitsgeschichte kein anderes gegeben. Die Macht über ein Unternehmen ist nicht einmal mehr den angestellten abwählbaren Vorständen sicher, und der Mittelstand ist Spielball der Bodenspekulanten, der Kaufhauskonzerne und des Sendungsbewußtseins der FDP, die aus diesen Kreisen ihre Wähler bezieht.

Damit ist dem Bürgertum die reale Grundlage seines — männlichen — Selbstverständnisses entzogen. Außer dem Karrieretraum haben die Männer keine Zukunft. Dieser Karrieretraum vergrößert wiederum die Abhängigkeit und reduziert die Bewegungsfreiheit auf Charterreisen.

Vater Staat macht es auch schon Beamten, Angestellten und Intellektuellen in seinen Diensten schwer, sich nur stumm anzuvertrauen. Mobilitätszwang und verteilte Kommandogewalt in der Wirtschaft bieten nicht mehr die Autorität, an die man sich einst halten konnte. Die Misere des Sozialen Bereichs als des schwächsten Glieds der Profitwirtschaft zieht auch die privilegierteren Mittelschichten unmittelbar in Mitleidenschaft (Kindergärten, Schulen, Rechtsprechung, Presse, Krankenversorgung, Exekutive). Da finden sie nach rückwärts gewandt die Romantik, den starken Staat und den Kulturpessimismus, zunehmend aber auch eine latente Befreiung von politischer Gleichgültigkeit. In Deutschland besonders zögernd. (Die Geschichte der politischen Ohnmacht des Bürgertums, die Flucht in den Vaterschoß des reaktionären Arrangements zwischen Adel und Finanzbourgeoisie, hinterließ feudale Ketten in unserem noch immer nicht so recht bürgerlichen Staat.)

Der Überbau demokratischer Hoffnung hängt nach und findet und findet seine Realisierung nicht. Es bietet sich hier an, ein FDP-Bekenntnis zu zitieren, eine liberale Stimme der veröffentlichten Öffentlichkeit. Diese Partei fühlt sich in ihrem Selbstverständnis am meisten den alten Idealen verpflichtet, wobei die sich nur deshalb noch so gutgemeint idealistisch artikulieren lassen, weil diese Ideologie für Leute mit Besitz nicht die Besitzverhältnisse debattieren muß. Und da die FDP jetzt nicht einmal mehr Opposition ist, läßt sich aus ihren Wünschen und Klagen besonders gut das bürgerliche Selbstverständnis destillieren.

In dem Band »Perspektiven deutscher Politik«, hrs. von Walter Scheel, heißt es in einem Aufsatz von Hans Friderichs, S. 189 ff:
»Niemand kann sich der Erkenntnis verschließen, daß die politischen Richtpfähle, die das Grundgesetz eingerammt hat, unter den Schlagwettern unsentimentalen Machtgebrauchs an Standfestigkeit und dank eines Regiments bürokratisch-obrigkeitsstaatlichen Zuschnitts auch an Glaubwürdigkeit in unserer Bevölkerung verloren haben.

Ein vordergründiges opportunistisches Machtkalkül ist immer mehr zur vorherrschenden Münze im politischen Zahlungsverkehr geworden und unsere Verfassung hat aufgehört, die Grundrichtung der politischen Aktion zu bestimmen. Die Folge ist, daß die Politik nicht mehr auf eine Ausbalancierung der Kräfte in Staat und Gesellschaft hinwirkt, sondern zunehmend Zentralisations- und Vermachtungstendenzen begünstigt und fördert. Damit werden wesentliche Voraussetzungen für die beste Entfaltung der individuellen Energien und für die Verwirklichung von mehr Freiheit in Frage gestellt und bedroht . . .

Die Aktivität des Bürgers wird durch die Aktivität des Staates immer vollständiger ersetzt. Der Bürger wird zum Objekt der Verstaatlichung gemacht und der Rahmen für seine freie Entfaltung enger gezogen . . .

Man versündigt sich an den Idealen, die man so hartnäckig verfolgt, aufs Schlimmste . . . und . . . wir erleben alle die tragische Ironie . . ., daß genau das Gegenteil des Erstrebten erreicht wird, wenn wir uns nicht zu kritischer Selbstprüfung und zum Neuanfang entschließen.«

Die Ideologie der Liberalen bezeichnet hier sehr genau das Dilemma des Geists, der stets das Gute will und stets das Böse schafft.

Von der Partei der gerade noch Selbständigen ist die FDP mehr und mehr zur Partei der inzwischen unselbständig gewordenen mittleren Angestellten und Technokraten geworden. Die Analyse ist zutreffend; die Konsequenz muß zum Appell an die Köpfe, an die Moral werden. Nicht die Besitzverhältnisse stehen zur Debatte, sondern die Gesinnung. Und in dieser unliberalen Gesellschaft erfahren gerade die Schichten, denen Autonomie, Entscheidungsmöglichkeit, persönliche Freiheit u. ä. das Selbstverständnis abgeben, entweder, daß die Realität scheußlich ist — dann sind sie resigniert, geknickt, gar skeptisch und gar nicht mehr männlich — oder sie erfahren, daß ihr Ideal nicht stimmt, daß sie ja abhängig sind, für andere arbeiten, in Lohn stehen, austauschbar und unwichtig sind, und daß ihre Interessen mit denen der »Oberen« divergieren, die ganz anders leben und sich entfalten und die ihre Interessen sehr wohl durchsetzen.

Sie sind teilweise noch so gebildet, daß sie sich nicht einreden lassen, die Technik allein sei schuld daran. Sie wissen, daß diese viel Reichtum und unendlich viele Befreiungsmöglichkeiten schafft. Wobei auch dieses Wissen noch die Frustration verstärkt, wenn sie für sich keine Möglichkeit sehen, sich irgendwann irgendwie zu realisieren.

Der Kulturidol-Mann verdankte die gesellschaftliche Bindung und Realisierung seiner gesellschaftlich wichtigen Tätigkeit. Diese aber ist für seine Schicht passé. Weder Lobby noch seine Bedeutung als einzelner verschaffte ihm eine relevante gesellschaftliche Funktion.

Keine Religion, keine Standesordnung, nur zerfallendes Weltbild, Isolierung und Atomisierung, wenn er Individuum sein will. Doch sein bürgerlicher Individualismus hindert ihn wiederum daran, die veränderte Realität zu erkennen, was weittragende Konsequenzen im persönlichen Bereich verlangen würde.

Hinter dem Nebelschleier des Heldenmythos vom autonomen einzelnen verklären verschiedene Rollenmacher die geordnete idyllische Vergangenheit. Weil es nur ein Ideal und kein Geschichtsbewußtsein ist, entfällt, daß der Mensch damals sowohl der Natur als auch dem Feudalherrn ausgeliefert war. Beim Eintauchen in Romantik erscheint es nicht als Verlust, nicht mehr entscheiden oder wollen oder begreifen zu können.

Woher soll ein Deutscher die Sehnsucht nach Freiheit nehmen, ohne sie aus dem Geisterreich zu stehlen? Die vorhandenen Bedürfnisse nach Freiheit sind nicht tragfähig genug, um noch auf Suche zu gehen; es fehlt der Optimismus und Lebenswille, der, statt zu resignieren und in festen Systemen zu erstarren, noch die Kraft hätte, überhaupt noch aufzubegehren.

Wo weder Klassiker noch Avantgardeversuche mehr trösten (höchstens deprimieren, wenn sie wirklich als Kunst reale Erfahrung ausdrücken), wird die Welt der gebildeten Mittelschicht entweder in trauter Tristesse gelitten oder als Begrenzung, Beschränkung, Inhumanität und Frustration erfahren. Es ist die Frost-Ratio der kapitalistischen Öde, in der der Mensch eben wirklich bedeutungslos und unwichtig ist. Und wenn man seine Lage für ausweglos hält, hört und fühlt man lieber weg, weil es sonst wirklich unerträglich wird. Ohne Zukunft machen wir uns lieber etwas vor oder reden uns etwas ein. Oder man strengt sich an und denkt darüber nach, womit das zu tun hat.

So werden das akademische Proletariat, die Intelligenz und die Angestellten in geistreichen Berufen zu der Schicht, in der nach neuen Modellen gesucht wird. Diese Suche hat zunächst vor allem private Konsequenzen. Die klassischen Lebensformen werden brüchig, und man konzipiert neue. Aus alter deutscher Tradition zuerst in Abstraktionen. Es entstehen spezielle Lebens- und Emanzipationstheorien. (Mir scheint es zumindest eine Eigenart deutscher Philosophie zu sein, Leben und Wünsche und die Suche nach richtigen Bedürfnissen abstrakt zu entwerfen.)

Gleichwohl verändert sich etwas, brechen Strukturen auf und ergeben sich neue Notwendigkeiten, soziale Ordnungen herzustellen, die dem verlorenen Individuum Halt geben.

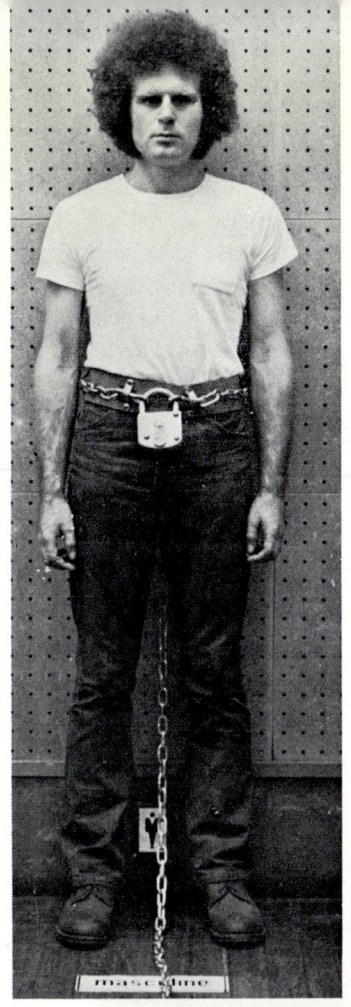

masculine

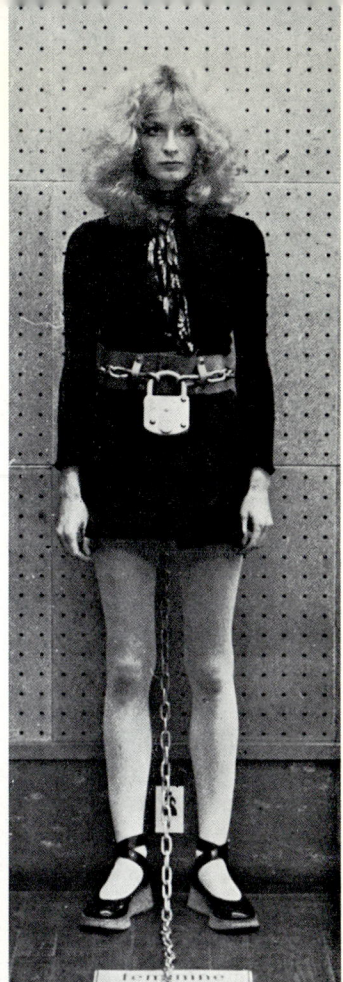

feminine

The Cockettes play »Midsummer Nigth's Dream«. Abbildung aus:
The organ, Vol. I, No. 1, July 1970, S. 17.

Rechts: »The Cock in the right is mine.« Abbildung aus: The
organ, Vol. I, No. 5, March 1971, S. 22–23. Abb. rechts außen
aus: No. 1, July 1970, S. 18.

Links: The Mothers of Invention, Montiertes Gruppenportrait, rechts außen Frank Zappa. Abbildung aus: Song, Nr. 8, 1968, S. 23.

Oben: Jacques' Strip-tease im Carrousel de Paris. Abbildung aus: Female Impersonators, New York 1965, S. 23.

Unten: Co-stars Jeanette und Moria an der Umkleidekabine von »Madame Arthur« (Paris). Abbildung aus Female Impersonators, a. a. O., S. 40.

Zwei Tänzer der Jewel Box Revue. Abbildung aus: Female Impersonators, a. a. O., S. 70.

Hans Charles Crystal, Top Female Impersonator, Abbildung aus:
Female Impersonators, a. a. O.

Pierre Molinier, Die Travestie ... der Travestie, Fotografische
Selbstdarstellung 1968.

Der Idealismus von Funktionsträgern, die sich die Totalität im Kopf suchen bzw. basteln und ohne Rücksicht auf die Materie und ihren eigenen Unterbau eine Wirklichkeit nach diesen Gedanken erzwingen wollen, eignet zwar nicht notwendig allen Männern, aber dem, was als männliches Prinzip umgeht. Soweit die Frauen sich zuerst einmal zu den Männern hinemanzipieren, entsteht dieselbe lineare Logik und Zweckrationalität, die nicht einmal mehr den Spezialisten als Handwerkszeug dienen kann (gemeint sind vor allem Soziologen und Psychologen). Sie kommen an die Fehlkonstruktion Mensch nicht mehr heran. Das liegt wohl auch an der Rationalität und Wertung, in der Ratio Rationalisierung meint, zwecks größerem output.

Für den, der nicht mehr Bürger und doch nicht Proletarier ist, wird das politische, soziale und wirtschaftliche Problem zur Krise der Identität. Nicht im Hinblick auf eingelernte Verhaltensmuster, sondern weil er als »Denker« die Umwelt, seine Stellung und sein Menschsein zu begreifen sucht. Die Erfahrungen sind erstens diffus und zweitens blockiert durch Ideale. Aufgrund der Trennung von geistiger und körperlicher Arbeit ist ihm sein Status nur mittels der Interpretation durch Kulturideale zugänglich.

Belastet mit dem Identitätsproblem wird auch die Politisierung zur Sache des richtigen Bewußtseins und der rechten Erkenntnis. Diese Schwierigkeit wird negiert oder als zerbrochene bürgerliche Identität auf den Müll geworfen — was auch nur eine Negation ist. So kann es aus der Kenntnis des historischen Prozesses zur Solidarisierung mit dem Proletariat kommen, ohne daß versucht wird, die eigene politische, wirtschaftliche und rechtliche Lage den Bedingungen anzupassen (also z. B. die reale Abhängigkeit auch formal so abzusichern, die Arbeitnehmersituation zu verankern, wie es dem Interessensunterschied entspricht). Die alten Strukturen bauen sich auch außerhalb des Bewußtseins durch die Modernisierung des Kapitalismus ab. So wie die autoritäre, individualistische Erziehung dem Teamwork widerspricht und die für 50 Jahre gedachte Aussteuer der Mobilität Die Probleme der Kleinfamilie belasten den Staat, die Erziehung ist nicht mehr gesichert, und soziale Stabilität verlangt nach Lebensformen, die besser regenerieren. Ansonsten arbeitet der Individualist weiter nach Stücklohn im »freien« Beruf, was einschließt, daß er ein »eigenes« Interesse hat, die Arbeitskraft möglichst anspannt, die Arbeitsintensität erhöht und den Arbeitstag verlängert, damit entweder der Lohn oder die Aufstiegschance steigt. Das suggeriert Freiheitsgefühl und Selbständigkeit und damit Selbstkontrolle und Konkurrenz gegen andere, deren Selbständigkeit auch nur in der Lohnbemessung liegt und die auch nicht selbst handeln, entscheiden, erkennen und verfügen können.

Kommen wir wieder auf die Geschlechter zurück. Das Hauptkennzeichen der kapitalistisch schon integrierten Persönlichkeit ist ihre Reduktion auf die Funktion. Diese Funktionalisierung verhindert schon Autonomie und selbständige Entscheidung. Abhängig, unselbständig und geführt zu sein gilt aber als »unmänn-lich«. Irgendwas geht verloren. Selbst Supermann, der Potenz-protz, zeigt Tränen und die Sehnsucht nach Schwäche. Seine Kehrseite, seine »normale« Identität ist der Angestellte Kent, der vor dem Vorgesetzten das letzte Häuflein Befehlsempfänger ist. Ähnliches geschieht der Männlichkeit der Männer im Privatbe-reich.

Emanzipation mit Grundlage

Was geschieht aber, wenn die Grundlage der Rollen erschüttert wird? Zwischen Mann und Frau besteht ja ein vitaler Zusam-menhang, der dieses Herr-Knecht-Verhältnis von anderen unter-scheidet. Kann denn der Einbezug der Frau in die kapitalistisch gebotenen Rechte und Pflichten und ihr Einbezug in die Wirt-schaft ohne Schwierigkeiten vor sich gehen, wenn doch ihre Un-terdrückung in der bürgerlichen Familie zur Sicherung der Ge-sellschaft unabdingbar ist? Welche Emanzipationen werden auf dem Markt der kapitalistischen Modernisierung angeboten?
Seitdem das Bedürfnis nach Emanzipation sich artikuliert hat, findet der Prozeß statt, der durch das kapitalistische System der Bedürfnisbefriedigung bestimmt ist. Der Begriff der Emanzipa-tion allein legt noch keinen Inhalt fest. Er erhält seinen spezi-fischen Inhalt jeweils durch das Interesse, das sich seiner an-nimmt. Wobei hinsichtlich dessen, was sich durchsetzt, der Be-deutung, die das Wort dann annimmt, sich nur die allgemeine Machtverteilung ausdrückt. Nicht die »wahrsten« oder ehrlich-sten oder dringendsten Interessen setzen sich durch. Diejenigen, die die meisten Mittel zur Durchsetzung ihres Interesses haben, nehmen sich des einmal artikulierten Bedürfnisses an. Sie ma-chen nun nicht nach der Verschwörertheorie ein sogenanntes falsches Bedürfnis daraus. Vielmehr wird der Inhalt, den das Wort bekommt, von ihrem Interesse bestimmt. Ein Prozeß, den wir auch mit »Sex« und »antiautoritär« erlebt haben. Da die Machtmittel der unterdrückten Frauen, die den Widerspruch zwi-schen zugewiesener und zumutbarer Rolle erkennen, schwächer sind als die von Kommerz und Staat, wird die Verbreitung des Emanzipationsgedankens vorläufig von den Interessen bestimmt, die die Mittel schon haben, um sich durchzusetzen. Das ist dann keine »falsche« Emanzipation. Emanzipation nimmt die Form an, die diesen starken Interessen entspricht.
Da ist etwa der Buchmarkt, auf dem Frauen sich artikulieren. Für engagierte Frauenrechtlerinnen war das Buch ein Mittel, den Gedanken zu verbreiten. Sehr bald gab es andere, die das Thema aufschnappten wie den Maxi-Look, bzw. Verleger, die sich Frauen kauften, die so unemanzipiert waren, das Geschäft an-derer zu machen.
Moderne Frauenromane tauchen schon in Heftchen-Verlagen auf, ein bißchen sozialkritisch, spannend, privat und mehr oder weniger unterhaltsam, nur jetzt mit dem Aufhänger der Männer-beschimpfung. Als deutscher Pionier auf diesem Gebiet sei der Lübbe-Verlag erwähnt, Herausgeber der Bastei-Heftchen von

Jerry Cotton und anderen Spielarten der Millionenverblödung. Der Schinken heißt »Der Männlichkeitswahn«, verfaßt von *Christiane van Briessen* und folgt — vom Anhängen an einen Erfolgstitel bis zur Nähkästchenplauderei und Eintopfgerüchten aus allem, was das Herz zerreißt — allen Gesetzen der Trivialliteratur.

Und wahrscheinlich werden emanzipationslustige Frauen auch zu Charakteren der Groschenromane. Illustrierte modernisieren das Heimchen am Herd; ein Waschmittel hat das Etikett »Der Mann denkt, die Frau lenkt«. Zum Ausschneiden und Ankleben.

Es gibt die Emanzipation für Großbürgerfrauen, die einen Lebensinhalt oder eine Beschäftigung suchen. Das kann Arbeit oder ein Wohltätigkeitsverein sein, dessen Aufwand im Unternehmen des Mannes abschreibbar ist. Es gibt Aufrufe zur Arbeit, die mit dem Postulat begründet werden, die Frau solle sich etwas kaufen, das der Mann ihr nicht schenkt. Für gelernte Arbeitskräfte gibts einen wirtschaftlichen Bedarf.

Für das Fernsehvolk gibts Spielmaterial und Ablenkung, Vilar am Bildschirm, etwas, worüber man sich empört und wodurch das Interesse höherer Schichten zu dem aller gemacht wird, zum alle betreffenden Skandal, wie die Entführung eines Mannes, der sieben Millionen besitzt.

Dann gibts den neuen Frauenberuf der »Emanzen« und den alten Frauenberuf, Frauenromane zu schreiben. Schließlich kann man sich (wie hier) mit der Emanzipation ein Arbeitsgebiet erobern, auf dem man von der männlichen Konkurrenz relativ unbehelligt bleibt.

Und es ist auch eine Emanzipation, wenn ideologische Werbekampagnen den Frauen jetzt fleißig einreden, sie seien so unausgefüllt und beschränkt — eben Nur's, Nur-Hausfrauen. Wenn keine Kindergärten, Kantinen, Ganztagsschulen und arbeitssparende Wohnungen gebaut werden, könnte die freiwillige Doppelrolle das Nationaleinkommen schonen.

Aus dem Hörerbrief an eine fortschrittliche Frauensendung: »Ich habe 2 Kinder im Alter von 4 und 10 Jahren und einen relativ großen Haushalt mit Garten zu versorgen, wohne überdies außerhalb von München und gehöre last not least zu jenen beklagenswerten Geschöpfen weiblichen Geschlechts, die das 40. Lebensjahr bereits erreicht haben ... Leider kann ich auch keine hilfreiche Oma oder Tante, der ich die Beaufsichtigung meiner Kinder übertragen könnte, aufweisen ... Meine ältere Tochter besucht das Gymnasium und erwartet, wenn sie ... nach Hause kommt, ein ausreichendes Mittagessen und anschließend (und das erwartet auch ihr Lehrer) die produktive Hilfe der Mutter bei den Schularbeiten ...

Ich darf Ihnen versichern, daß ich das ehrliche Bemühen Ihrer Autorinnen um eine Lösung dieses (Doppelrollen-Verf.) Problems nicht verkenne — nur glaube ich nicht, daß jenen Frauen, die den Beruf der ›Nur-Hausfrau und Mutter‹ ausüben, geholfen ist, wenn man ihnen suggeriert, wie scheinbar unausgefüllt, unbefriedigend und letztlich unwertig ihr sicher nicht immer selbsterstrebtes Los ist???«

O. F. Gmelin schreibt im *Neuen Forum* (Sept./Okt. 1971) zur Ökonomie der Hauswirtschaft: »Der aus Struktur und Organisationsform der Gesellschaft abzuleitende Zustand der Ausbeutung der Frau unterscheidet sich von den Formen der Ausbeutung der Männer: er schlägt sich nieder in der aufs Ganze gesehen rechtlosen Stellung der Frau in der bürgerlichen Ehe, die ökonomisch ein vorkapitalistisches Verhältnis darstellt: die Frau ist zum Einsatz ihrer Arbeitsenergien verpflichtet; die Arbeitszeit ist nach Stunden nicht begrenzt; es erfolgt keine Entlohnung gemäß Arbeitszeit und Qualifikation. Nach Paragraph 1356 des bundesdeutschen Familienrechts geht die Haushaltsführung zu Lasten der Frau: ›Die Frau ist berechtigt, erwerbstätig zu sein, soweit dies mit ihren Pflichten in Ehe und Familie vereinbar ist.‹

Heiratet ein Mann seine Haushälterin, so verringert sich das Nationaleinkommen, weil die Putz-, Küchen- und Hauswirtschaftsarbeit der Ehefrau nicht bezahlt, nicht belegt und auch nicht abgerechnet werden muß ... Es wird verkannt, daß die hauswirtschaftliche Tätigkeit eine absolut notwendige Arbeit ist ... Tatsächlich liegt in der möglichen Automation die besondere Chance einer historisch erst jetzt realistischen Strategie der Emanzipation.« Die Tendenzen und Möglichkeiten dafür beschreibt Gmelin anhand der Planungen und Forschungsprogramme in Skandinavien, wo die Entwicklung diesbezüglich viel weiter ist. »Nur durch eine Rationalität, ... die die Rolle der Hausfrau abschafft, die durch weitgehend automatisierte Hauswirtschaft und gezielt veränderte Wohntechnologie der Ideologie der Doppelrolle den Boden entzieht«, kann die bestehende Arbeitsteilung überwunden werden. Da das nicht geleistet wird, interpretiert er den »Kampf der Nur-Hausfrau gegen die Technologie« als Kampf »um die Erhaltung ihres Arbeitsplatzes«.

Die politischen Parteien haben ein einleuchtendes Interesse an der Politisierung der Frau. FDP und SPD wollen das »Kontingentdenken« aufgeben, um die Frau nicht weiter durch ihr Frau-Sein zu definieren. Vielmehr soll sie als vollwertiger Mensch eben für Politik interessiert werden.

Tendieren doch die Waschmittelwerbopfer aufgrund des einen Interesses, das in die vier Wände kommt, zu einer Angst und einem Konservatismus, die die Durchsetzung des Wahlrechts der Frauen für die fortschrittlicheren Parteien zum Bumerang machen. Von den 50% Wählern, die weiblich sind, tendiert der überwiegende Teil zu konservativen Parteien.

Da die Mittelstandsfrauen meist irgendeine Ausbildung haben, ist ihre Integration in die Wirtschaft besonders interessant. (Die Arbeiterfrau geht ja nicht aus Emanzipations-, sondern aus wirtschaftlichen Gründen arbeiten. Ihr Reservoir ist teilweise ausgeschöpft, und teilweise hat die Wirtschaft mit dem Import von ausländischen Arbeitskräften eine billigere Expansionsmöglichkeit. Die Eigenheimideologie bindet sie eher ans Haus. In einer Umfrage sprach sich der überwiegende Teil von Selbständigen und Akademikern für die Berufstätigkeit der Frau aus, bei den Arbeitern waren 70% dagegen.)

Außer den weiblichen Arbeitskräften braucht der Staat aber auch die Keimzelle, in der Rollen tradiert werden, Autorität eingeübt und die Eingliederung in die Gesellschaft vorbereitet wird. All dies wird in Deutschland noch überwiegend der Familie überlassen. Im Gegensatz zu Skandinavien, wofür *Gmelin* auch die Rechnung aufgestellt hat, daß soziale Einrichtungen, die der Frau volle Arbeit in der Wirtschaft ermöglichen, das Volkseinkommen um Millionen erhöhen und durchaus effektiver sind als die »Vermögensverschleuderung« durch Hausarbeit.

Eine Möglichkeit, die Reservearmee von Arbeitskräften einzusetzen, ohne die adäquaten Leistungen im sozialen Bereich in Angriff zu nehmen, bietet der Halbtagsjob. Er erhält die Familie, die Arbeitskraft zu Hause und in einem Beruf, der die Frau aufgeschlossener macht, erhöht den Konsum und erspart Horte und Kindergärten. Außerdem können diese Arbeitskräfte bei Krisen relativ leicht »abgestoßen« werden. Zumindest als Interesse der Regierungsparteien zeichnet sich die Tendenz zur Halbtagsarbeit in der Bundesrepublik ab. In einer Plenardebatte beschäftigte sich der Bundestag mit der Frage der »Rollenvariabilität in Ehe und Familie« und legte einen Erfahrungsbericht zur Teilzeitbeschäftigung und langfristigen Beurlaubung von Beamtinnen vor. In der *Frankfurter Rundschau* vom 5. 2. 1972 heißt es:

»Der Erfahrungsbericht, den die Bundesregierung dem Bundestag vorlegte, ist entgegen früheren Erwartungen außerordentlich positiv ausgefallen. Die Möglichkeit der Teilzeitbeschäftigung wurde von den Beamtinnen vielfach genutzt, vor allem bei der Bundespost, die unter allen Behörden weitaus die meisten weiblichen Beamten beschäftigt ... Soweit bisher die Erfahrungen reichen, haben von der Teilzeitarbeitsmöglichkeit keineswegs nur die einzelnen Beamtinnen profitiert, sondern auch der Staat selbst. Die Beurlaubungs- und Teilzeitarbeitsmöglichkeiten führen nämlich dazu, daß viele Beamtinnen ihren ursprünglichen Gedanken aufgeben, wegen ihrer Verpflichtungen gegenüber dem Ehemann und den Kindern ganz aus dem Dienst auszuscheiden. Jetzt setzen sie ein späteres Wiederaufnehmen der Vollbeschäftigung als Beamtin in ihren Lebens- und Arbeitsplan ein. So bleiben dem Staat die Arbeitskräfte, die ja schließlich mit Steuergeldern ausgebildet wurden, länger erhalten ... Die Bundesregierung (hat) jetzt sogar eine Weiterentwicklung der Teilzeitarbeit im Beamtenstand vorgeschlagen ... Die Rechte auf Teilzeitarbeit oder langfristige Beurlaubung sollen künftig ... auch für ihre männlichen Kollegen (gelten).«

Die Eingliederung der Frau in die Gesellschaft ermuntert zu Modellen von Partnerschaftsehe und Rollenverteilung, was Geldverdienen und Haushalt betrifft.

Meist hat die Frau keine höhere Position als der Mann. Wenn z. B. in Berufen mit geringem Bedarf nur einer Arbeit bekommt, wird das in den meisten Fällen der Mann sein. In Amerika und Skandinavien hat sich auch gezeigt, daß größere Familienverbände die Bereitwilligkeit zu entfremdeter Arbeit erhöhen, soziale Kontrolle installieren und die Fähigkeit zum Teamwork fördern.

Eine deutsche Illustrierte veröffentlichte als besonders denunzierenden Gag den Ehevertrag zwischen Jacky und Onassis — Besuchszeiten, Entgelt, gegenseitige Verpflichtungen. Dies konnte doch wohl nicht die wahre Liebe sein, ließ man durchblicken. Dabei entsprach der Vertrag genau den kapitalistischen Realitäten von Kauf und Wartung des Schmuckstücks. Was die hohe Dame denunziert, ist nicht ihre falsche Vorstellung von Liebe oder die Meinung, Gefühle seien edler als Verträge, die Realitäten ausdrücken. Es ist der Widerspruch, mit dem alle Romantik behaftet ist — da Gefühle in der verwerteten kapitalrünstigen Welt keinen Platz haben und diese Verhältnisse als menschliche Verhältnisse überhaupt gesehen werden, können sich Sehnsüchte nur in der Vergangenheit ansiedeln, in alten Illusionen. Die Sehnsüchte als legitim und in der modernen Welt als möglich anzuerkennen, hieße die entmenschten Verhältnisse aufheben, in denen die Menschen sich gegenseitig nur als Waren oder Besitzer von Waren begegnen.

Emanzipation heißt in der bürgerlichen Philosphie und Kultur Befreiung des Menschen zur Menschlichkeit — und nicht zur Tüchtigkeit (was noch von Produktivität unterschieden werden muß). Was jetzt als Modernisierung eingeleitet wird, ist zuerst einmal der Kampf um die Anerkennung, die Geltung in einer nicht emanzipierten, nicht am Menschen orientierten Gesellschaft. Erst dann, wenn dieser Kampf erfolgreich ist, hat auch die Frau das Instrumentarium, sich von dem Wert und dem Maßstab dieser Anerkennung zu emanzipieren, in der politischen Emanzipation, die diese Normen selbst in Frage stellt.

Unsere bisherige Entfaltung

Entfaltet, ausgebildet und verwirklicht sind die kapitalistischen Produktionsverhältnisse. Das Personal ist ein Produktionsfaktor und wie alle anderen Produktionsfaktoren eine Investition; die Kosten müssen möglichst niedrig gehalten werden.

Die Verlagerung von Industrien in den Süden Italiens verbilligt die Produkte, da der Preis der Arbeitskraft niedriger ist als im Norden, wo die Forderungen der Arbeiter die Kosten für das Produkt steigern und die Konkurrenzfähigkeit, besonders gegenüber Japan, dem Land mit den billigsten Arbeitskräften, gefährden. Japaner sind besonders billig, Italiener und Jugoslawen kosten etwas mehr, liegen aber preislich noch weit unter den Deutschen. Rechnet man die Kosten für Aufzucht und Unterbringung hinzu, so ist die Effizienz bei der Verwertung von südländischen Männern weitaus höher als bei der Verwendung von deutschen Frauen für die expandierende Wirtschaft. »Das Eindämmen des Bevölkerungswachstums ist einer der wesentlichen Faktoren für eine gesunde wirtschaftliche Entwicklung unseres Planeten«, läßt die Weltbank zu Fragen der Bevölkerungspolitik verlauten (Frankfurter Rundschau, 21. 8. 71).

Am gesündesten entwickelte sich die Wirtschaft unseres Planeten, wenn es nur noch arbeitsfähige, hochintelligente und reibungslos funktionierende Produktionsfaktoren gäbe, Fachidioten aus der Retorte. Wenn man noch die Menschen ohne Boden und Reichtum abschaffen kann, wäre die Produktion und die Bevölkerungspolitik kein Problem mehr.

Als eine Lüftungsfirma mit der Anzeige warb: »Der Arbeiter ist eine Modifikation des Menschen — seine besondere Konstitution (Muskelkraft) befähigt ihn, am Produktionsprozeß teilzunehmen«, und anschließend Colt-Lüftungsanlagen zur optimalen Verwertbarkeit dieser Modifikation des Menschen empfahl, da wurde in der fortschrittlichen Presse empörte Kritik geübt — an dem Stil der Anzeige, nicht an ihrem Wahrheitsgehalt.

Ein Supermarkt wirbt für seine Produkte mit dem Slogan: »Bei uns steht der Mensch im Mittelpunkt« — eine Behauptung mit Anziehungskraft.

Identität und Selbstbestimmung

Herr A. antwortet auf die Frage »Wer sind Sie?«: Ich bin Dr. Soundso von der Firma X., B. sagt: Mayer, Angestellter der Firma Y., C. nennt sich Frau Mayer, und D. benennt sich als Frau Soundso, Gattin des Dr.... Der Geschlechtsunterschied zeigt sich in verschiedenen Identitätsbestimmungen. Der eine bestimmt sich nach seiner Funktion, ist oder hat sie, die andere ist vermählt mit einer Funktion. Das ist die Arbeitsteilung, die Erziehung bestimmt. Der Mann hat einen Zweck in »der« Gesellschaft, die Frau regeneriert ihn. Der Junge ist funktional, das Mädchen emotional orientiert. Vor lauter wichtigen Funktionen kommt der Mann zu keinem Gefühl. Das liefert arbeitsteilig das Weib. Drum ist er auf sie angewiesen, und sie auf ihn. Sie kann sich ihren Lebensunterhalt nicht verdienen, und er nicht das Lebendigsein.

Oder wie es die Lehrerin im Aufklärungsunterricht weitergibt: Das Mädchen sucht Zärtlichkeit, der Junge sucht Geschlechtsverkehr. Der Junge soll befriedigt werden. Wenn das Mädchen nicht gut im Bett ist, geht er zu einer anderen; der Mann ist polygam, die Frau monogam. Politik ist Männersache. (Dokumentiert in einem Fernsehfilm des Bayerischen Rundfunks, »Christian und Christiane oder die Erziehung zu Mann und Frau« von Enzio Cramon u. Juliane Schuhler, gesendet am 6. 12. 71).

Mann

Gefragt wird hier nach dem »Mann« — nicht nach Uwe, Peter oder Klaus. Was ist ein Mann? Stark, sicher, hart, klug, tüchtig, vernünftig, entschieden u.v.a.m.

Sonstige Berichte? Lauter unglückliche oder arme oder neurotische oder vereinsamte Menschen, die sich hinaufarbeiten zum Platz an der Sonne. Wohlstand und Glückspille und Potenzmittel und Herzknacks mit 30, kaputte Ehen, Resignation und der Traum vom privaten Glück im Kitschbild. Die Motivation für den

Leistungskampf läßt nach, sogar die Achtung fürs Eigentum (Münchner Abendzeitung: 800 DM Lösegeld für einen Pudel; biedere Hausfrauen als Ladendiebe).

Jeder hat so seine privaten Sorgen. Das Interesse an der Umwelt ist das an Entspannung. Die Wahrnehmungskanäle werden vom Verpackungsmaterial geschult. Unterricht in Verbraucheraufklärung wird organisiert. Alle reden vom Leistungsdruck. Aktivität als Ellenbogenkampf und Genuß als passiver Konsum.

Und dann noch männlich, vital, stark, entschieden und hart? Das kann nur noch Supermann, der herzensgute Faschist.

Aus dem Brief eines Homosexuellen an ein Mädchen: »Dein Freund präsentiert ja einen gewissen Typus, der einem immer wieder zu schaffen macht. Wie satt ich auch diese Typen habe... diese Härte, Unbestechlichkeit, Intransigenz, Virilität — da frage ich mich, ob mich dieses Heroische, Großspurige im Kleinen und Bescheidenen nicht oft übertölpelt, verblendet hat. Stell Dir vor! Ich wollte wohl auch so sein insgeheim — bis ich eingesehen habe, daß ich es Gott sei Dank nicht sein kann, aber es gibt sie ja weiterhin, besonders unter den Intellektuellen und den Deutschen.«

Nüchternheit und Vernunft heißt hier nichts mehr wollen und sich weiterentwickeln zur perfekteren Charaktermaske und optimalen Effizienz. Doch das funktioniert nicht mehr richtig.

Dieses Stückgut Exhumanum bricht schlicht auseinander, hält nicht durch, kippt aus den scheinbar rationalen Gleisen, auf die den Mann sein Idol stellt. Des Mannes einst deklarierte Selbstverwirklichung hat ihn nicht klüger, erlebnisfähiger, genüßlicher, freundlicher, freier, lustiger, unabhängiger oder gar humaner gemacht. Sie hat ihn nur soweit wirklich gemacht, wie es sein Funktionieren für den Profit anderer erlaubt. Von seinem Eros, seiner Intelligenz, seinem Geschlecht und seiner Würde ist so wenig übriggeblieben, daß wir darüber in Büchern aus früheren Jahrhunderten nachlesen müssen, daß wir überlebte Kultur tanken müssen, die dann schwärmerisch wird, um das Unbehagen artikulieren zu können. Die Gleichung heißt eher: Je mehr Männlichkeit, desto lebloser, starrer und beziehungsloser.

Extreme der Entpersönlichung in diesem Prozeß beschreibt *Riesman* (Die einsame Masse). Die Männer sind nicht mehr stark, sie haben nicht einmal mehr Aggressionen. Jede Handlung, jede Regung, jeder Einkauf und jede Geste geschieht nur um der Anerkennung, der »Beliebtheit« in der sozialen Gruppe willen. Der freiwillige, bewußte Verkehr mit den anderen Menschen, die eigene Entscheidung und jedes Verhältnis zu sich selbst und eigenen Interessen ist unterbunden. Männlichkeit ist nur noch ein Schein. Wenn der Mann sich aber mit seiner Rolle identifiziert, sind Fehler, Launen, blinde Flecke nicht erlaubt. Spielt er die Rolle nicht, oder hält er nicht durch, gibt er auch nicht mehr den Beschützer ab. Verantwortung für ein unselbständiges, ihm überantwortetes Weib kann er nicht mehr übernehmen. Ohne den bewußten Schritt muß er eigentlich seine gesamte Situation dauernd leugnen oder verklären.

Die Autorität des Mannes ist nicht mehr naturgegeben, sondern muß sich zweck- und sachrational ausweisen. Zugleich kommt die Frau auch im »häuslichen« Arbeitsgebiet immer mehr mit der Außenwelt in Berührung — von Verbraucherfragen bis zu Schulproblemen.

Nicht nur die Tätigkeitsbereiche werden demokratisiert; auch die Kompensationen werden unterhöhlt. Die Frau wird der verzichtenden Regenerierungsrolle nicht gerecht. Die Unterwerfung des Mannes unter das Diktat der Männlichkeit vollzieht sich auf Kosten der sozialen Intelligenz und der Lebenslust. Sie bedingt nicht mehr aktive Weiterentwicklung.

In einem Roman von Bernard Kops heißt das: »Alle Frauen wollen Männer sein, und alle Männer sind wie Kinder.« Ein Kommentar zur Funktionalisierung der Frau und zu Regression des männlichen Gefühlslebens. Die Saga der von Frauen beherrschten armen, hörigen, unterdrückten Männer — das amerikanische Klischee der fünfziger Jahre, von *Esther Vilar* nach Deutschland importiert, ist noch immer aufregend.

Nachdem das Festhalten am Individualismus und am Ideal der Selbständigkeit ungefähr das gleiche heißt wie allein, egozentrisch, verlassen und asozial sein, verleitet es dazu, sich bei aller Frustration weiter an Ehe, Normen, konservative Vorschriften und sonstige Haltegriffe anzuklammern — als kulturpessimistischer Kompromiß mit dem untergehenden Abendland. Die Übereinstimmung mit dem Selbstverständnis wird dann notwendig käuflich erworben: Virilität, Tapferkeit, Mut, Individualismus, Abenteuer, Marlboro, Stuyvesant, Porsche ... Das Warenangebot ist reich, und es ist leider wahr, daß auch der Penis bald nichts anderes mehr ist als ein Phallussymbol.

Vor dem Hintergrund des Wandels von der freien Konkurrenz zur monopolistischen Ordnung kann für Mitarbeiter fortschrittlicher Unternehmen auch zu Hause das Team an die Stelle von Autorität und Unterwerfung treten. Statt Verantwortung als Einzelne zu tragen, sollen Mann und Frau gleichberechtigt und fair ihre Pflichten erfüllen.

Die Partnerschaftsehe ist die Symbiose von Eigenschaftsträgern des Lebens, das es zu bewältigen gilt, die sich nach praktischen Gesichtspunkten optimal ergänzen.

Wenn keiner mehr störende oder widerspruchsvolle Leidenschaften entwickelt, kann das Programm mit höchster Effizienz ablaufen. Spielplätze für Gefühle, die der Orwellschen Umschulung noch nicht nachkommen, können nach romantischen oder infantilen Maßstäben angelegt werden — jedenfalls nach toleranten. Entsprechend den vielfältigen Richtlinien für Besitz und Gebrauch bestimmter Eigenschaften gestaltet sich der Warenverkehr am Persönlichkeitsmarkt immer rationeller. Persönliches Treffen — Brief — Telefon — Kartei — Computer.

Im Gegensatz zum Kind oder Sklaven oder Leibeigenen ist es keineswegs so, daß der Frau überhaupt keine Eigenpersönlichkeit zugesprochen wird und daß sie sich naiv den natürlichen Bindungen unterwirft. Sie ist in einer Umwelt unterworfen worden, die alle Kriterien für Individuation schon entwickelt hatte. Die Grenzen waren offen; die Eindeutigkeit der feudalen Welt war aufgehoben. Nur wurde ihr die Wahlmöglichkeit, die Entscheidungsfähigkeit, die Selbstbestimmung vorenthalten, indem sie schlicht eingesperrt wurde. Die Unterwerfung des Menschen unter die Natur war schon beendet. Die Frau wurde nur von der Außenwelt ferngehalten. Es war keine »natürliche« Unterwerfung. Sie hätte nur »natürlich« sein können, wenn die Frau kein Mensch gewesen wäre, wenn sie als Tier oder Ding zur Entwicklung gar nicht ausgerüstet gewesen wäre, was ja auch in der Rechtfertigung der ihr zudiktierten Rolle behauptet wurde. Für den Haushalt war sie ein Ding, und deswegen in der Theorie das Tier, das Junge wirft. Da ihre Erziehung sie nicht für ein unabhängiges Leben ausrüstet, bleibt ihr auch heute zunächst meist nichts anderes übrig, als sich abhängig zu machen. Der Mann wird ihr Werkzeug zur Ernährung, so wie sie sein Heim-chen wird, sobald er sich zwischen Funktion und Privatem aufteilen muß.

Nun wird aus obigen Gründen sein Schutz unzulänglich, und aus noch weiter oben erwähnten Gründen wird sie mehr und mehr mit Außenweltproblemen konfrontiert. Bei Fragen des Verbrauchs, der Mode, der Kindererziehung und der Schule usw. ist sie gezwungen, Entscheidungen zu treffen. Die noch verbliebenen familiären Aufgaben weisen sowohl über die vier Wände als auch über den vom Mann beaufsichtigten Bereich hinaus. Die Frau muß eigene Wege finden und nur noch deswegen bei einem bestimmten Punkt aufhören, weil eine irrationale Verselbständigung des Frauenbilds Grenzen setzt.

Da es auch für sie keinen heilen Vater und kein einheitliches Männerbild mehr gibt, ist ihre nur noch traditionell, nicht zweckrational bestimmte Rolle nicht von anonymen Zwängen wie beim Mann determiniert. Ihre Unterwerfung unter einen Mächtigen spielt sich unmittelbarer und persönlicher ab. Ihre Erziehung ist die zur Wartung des persönlichen Bereichs. Ihre Schwäche und Emotionalität wird ihr unter Bedingungen der Arbeitsteilung erlaubt — sie lernt weder zu denken noch Ziele zu verfolgen oder Ansprüche an sich zu stellen. Das feudale Relikt der Gefühle, die dem Mann ausgetrieben werden, ist nicht ihr verfügbar, sondern nur dem Mann.

Diese konservierte Gefühlswelt macht sie ohnmächtig gegenüber der Außenwelt und so lieb, menschlich und erholsam für ihre Benutzung durch den Mann. Obwohl es natürlich eine längst bekannte Tatsache ist, daß Frauen ihre Fähigkeit und die Schwäche des Mannes sehr wohl kennen und diesen mit all seiner Rationalität um den Finger wickeln. Das gehört zu ihrer Rolle und wird in Kabaretts, bei Partys und im Intimbereich vom Mann gern gesehen — bei seinen »ernsten« Tätigkeiten hat er horrende

Angst davor. Es widerspricht schließlich der Zweckrationalität, die seine Welt und seine antierotische Vernunft prägt. Die Frau ist die Spielwiese. In allen entscheidenden Bereichen hat sie zu gehorchen. Insofern freilich der zerbröckelnde Mann seine Autorität verliert, kann sie ihm keine entspannende und gute Gattin mehr sein, weil für den verunsicherten Mann ein gehorchendes Kleinkind zu wenig ist. Er braucht, je nachdem, eine gefügige Sklavin, einen Psychiater und/oder eine Nebenfrau. Wenn die Frau sich unabhängig von seinem — ohnehin schwächer werdenden Schutz macht, bekommt sie Entscheidungschancen für ihr Leben. Sie ist aber andererseits all den Ängsten ausgesetzt, die den Mann in die rigide männliche Rolle drängen. Nur steht ihr nicht wie ihm eine Rolle zur Verfügung, die sie panzern und bis zu einem gewissen Maß stabilisieren würde. Bestenfalls geraten ihre Kollegen in Panik und kann sie Jüngelchen, die nach Männlichkeit suchen, bemuttern. Sie kann sich also nicht wie der Mann in tradierte Verhaltensweisen flüchten. Sie muß die Entwicklung vorantreiben, ohne sich an vertrauten Mustern orientieren zu können.

Das spezifisch weiblich-passive Wesen ist sowieso eine Mär. Erstens ist die kindererziehende, kochende, Mann pflegende Frau durchaus nicht passiv. Passiv ist sie nur hinsichtlich der Außenwelt und in Relation zur Aktivität des Mannes. Sie ist in ihren Bereichen und auf ihre Weise aktiv, und sie ist der Kompetenz des Mannes soweit unterworfen, als sie nur über seine Instanz in die Öffentlichkeit kommt.

Wenn die Frau nicht als Arbeitskraft ihre Rolle erhält, ereilt sie die Sterilisierung zum Konsumstück. Gewohnheit, Propaganda und Einsperrung, die ihr die Umwelt nur als Klischee ins Haus liefert, verpacken sie zu einer Ware, die auch nicht jene Sinnlichkeit vortäuschen kann, die den Mann ergänzt. Außerdem wirkt seine stereotype Art, mit Menschen zu verkehren, auf sie zurück. Da es ja eine der großen Ängste der Männer ist, bei berufstätigen Frauen die regenerierende Unmittelbarkeit zu verlieren, sei darauf hingewiesen, daß auch die häusliche Umwelt die Frau in dem Maße sterilisiert, wie andere Lustobjekte schon steril sind. Die frustrierte Frau sucht nach Orientierung, doch die Chance der Selbstbestimmung ist in ihrem Minibereich noch geringer. Erdrückend ist — nicht zuletzt dank dem Mann, der Orientierung an ihn und all den Triebversprechen, mit denen die Werbung ihn ihr abspenstig macht —, daß sie in der Konkurrenz mit toten Kosmetikpuppen steht und es nicht in ihrer Macht liegt, sich gegen diese Konkurrenz zu behaupten. Aber daß diese Konkurrenz beeindruckt, daß Frauen überhaupt dazu kommen, nicht die Nachbarin, nicht Menschen, sondern Illustriertenweiber zu betrachten, ist schon wieder ein Problem der Familie, der Ersatzidentitäten, der Männlichkeits- und Fraulichkeitsgebote. Die Männer bringen es auch nicht mehr fertig, ihre Frauen zu erziehen. Solange sie versuchen, ihre Streicheleinheiten nach den Normen zu verteilen, die zu ihrer Männlichkeit gehören, messen sie die Frauen an diesen Normen, die ihnen ständig sinnliche Versprechen liefern. Durch diese und andere Mechanismen werden die Sinnesorgane von der Werbung erzogen. Die Kosmetik ist nicht mehr Accessoire einer Frau. Vielmehr wird das Plastik-Frauenidol der Lockreiz aller Waren.

Die Ehe ist auch nicht mehr, was sie mal war. Die Frau lebt mit sehr großem Risiko. Wenn sie sich nur auf ihren Mann einstellt, sind ihre einzige Versicherung die Kinder, und die haben in den meisten Fällen lediglich die Frauen, nicht aber die Männer daran gehindert, auf und davonzulaufen. Auch in einem solchen Fall ist der Unterschied zwischen den Möglichkeiten der Frau und den Rechten des Mannes aufregend. Was beim Scheidungsrecht renoviert wird, ist so halbherzig wie Jahns Abtreibung. Innerhalb der Ehe bleibt die Frau Besitz nach Recht und Ordnung. Sie kann selbst nichts zu ihrer Versorgung tun (außer arbeiten gehen) und ist abhängig von der Leistung, der Laune und dem Wohlwollen des Mannes. Selbstverständlich ist nichts mehr. Ihr Haushalt bietet ihm längst nicht alles, was er braucht. Sie muß, wenn sie die Ehe-Karriere wählt, schon recht viel an der Ehe »gestalten«, damit Öde, Langeweile und Psychoterror erträglich bleiben.

Die Frauen, die sich bewegen, tun das von sich aus, wenn eklatantes Unrecht und das Bewußtsein davon sie mobilisieren. Wenn sie sich aber bewegen, sind sie auch risikobereiter. Sie haben keine Familie zu versorgen und sind weniger als der Mann an Leistungszwang und Existenzangst gebunden. In jedem Fall verlassen sie ihre Rolle. Die alten Bestätigungen bekommen sie nicht mehr. Die Männer verhalten sich einer notwendig gewordenen Rollenveränderung gegenüber eher passiv. Sie befreien sich nicht, sondern es bröckelt ab.

Natürlich kann sich die Frau eines Packers zur Packerin emanzipieren. Das bereitet keine großen Schwierigkeiten, und eigentlich ist sie als Hausfrau doch besser dran. Wenn die Frau eines Privilegierten sich gegenüber dem Mann emanzipiert und in dieser Absicht eine privilegierte Position anstrebt, trifft sie auf viele Sperren und Vorurteile. Wenn sie sich zu einer Stellung emporarbeitet, die so privilegiert wie die des Mannes ist, wird ihn das in Frage stellen.

Wenn auch das Fernziel der Emanzipation nicht die Berufstätigkeit unter gleichen Ausbeutungsverhältnissen sein kann, so ist sie doch der Schritt, mit dem sie sich den gleichberechtigten Zugang zur Gesellschaft verschafft. Gänzlich wird dies wohl nicht möglich sein, solange die Ehe besteht, die den Besitz der Frau zum Inhalt hat. Und die Ehe wird solange bestehen wie unser Grundgesetz. Wenn die Frau antizipiert und nicht heiratet, dann darf sie auch keine Kinder haben, denn sonst entfällt bei Tod oder Trennung jedes Recht auf Versorgung und jeder Anspruch auf die Verantwortung des Mannes gegenüber den gemeinsam gezeugten Kindern.

Oder es setzt schon wieder eine Emanzipation voraus, die von allen Ängsten und Zwängen und Versorgungsschwierigkeiten absehen kann — eine sehr unemanzipierte Erwartung, da sie sich über die Realität und die nächsten paar Jahrhunderte hinwegsetzt.

bringt nicht nur die Instrumentalisierung der Frau mit sich, sondern verändert auch radikal den zwischenmenschlichen Bereich. Nun wird sich keine Frau, die ihre Situation nicht unerträglich findet, wirklich emanzipieren wollen. Wohl könnte sie dem neuen Leitbild folgen, um Marktwert zu haben, doch sind die meisten Frauen nicht so idealistisch gedrillt, daß sie ohne persönlichen Anlaß von einer Idee fasziniert sind, nur weil diese konsequenter oder fundierter sein soll. Es ist etwas im Gange, wenn Frauen mündig werden. Gerade Frauen, die einmal etwas gelernt haben, sind empfindlich gegenüber Entwürdigung, Mißachtung und Ohnmacht oder Benachteiligung zu Hause oder am Arbeitsplatz. Hat sie Kontakte und Zufuhrmöglichkeiten, Erfolgserlebnisse und auch das Geld, um Lebensunterhalt, Wünsche und Einfälle zu finanzieren, dann muß sie von den Männern fordern oder ihnen ermöglichen, sich zu emanzipieren. Ihr Anspruch auf Initiative, Sex und eigenen Kopf und Bauch und ihre Aufkündigung der masochistischen Dauerstellung sind schon Herausforderungen der Sozialordnung. Die Verringerung ihrer Ansprüche wirkt sich vorerst so aus, daß sie gemäß ihrer traditionellen Orientierung in Dienstleistungsberufen landet oder die Männer verunsichert.

Ihre »Weiblichkeit«, die sie zur Fürsorgerin für andere macht, ist ja eigentlich die Orientierung an emotioneller Wahrnehmung bzw. die noch nicht vollzogene Abstraktion von Erfahrung. Das macht ihren sogenannten »Instinkt« aus, die Lebenshilfe für den Mann. Und den engeren Realitätsbezug, der sich als soziale Intelligenz bewährt.

Aber da sie im Beruf überall hintangesetzt wird und es noch schwerer hat als der Mann, sich durchzusetzen, füllt sie meist noch die untergeordneten Berufe auf und steht weiter in der zweiten Reihe. Doch stärkt sie durch wirtschaftliche Unabhängigkeit ihr Selbstbewußtsein und ist nicht von Selbstverwirklichungsanspruch belastet, der jede Solidarisierung blockiert. Und sie kann anfangen zu entscheiden, wo sie hingehört, ohne großen Unterschied zu den anderen Befehlsempfängern am Arbeitsplatz.

Dann ist sie aber nicht mehr als Frau schlechthin definiert. Jetzt befindet sie sich in der gleichen Situation wie die anderen Arbeitnehmer. Ein gutes Beispiel: wenn der für andere, also abhängige arbeitende Mann, der sich, auch wenn er nichts davon hat, mit individueller »Leistung« identifiziert, auch die Frau nach solcher »Leistung« mißt, verachtet er sie, wenn sie eine ihrer wenigen echten Chancen wahrnimmt, um in höhere Positionen zu kommen. Weder die Nutte noch die »zweckfreie« Promiskuität verletzt den Mann so sehr, wie eine Frau, die sich hochschläft. Obwohl das eigentlich auf einer realistischen Einschätzung von Interesse und Potential beruht. (Sie ahnt oder weiß, daß individuelle Leistung zwar effektiv fürs Unternehmen ist, aber keine Chance der Entfaltung ihrer produktiven Fähigkeiten bietet.) Welche subjektiven Motivationen bewegen Frauen, sich selbständig zu machen?

An der Männerrolle ist nicht so sehr problematisch, daß Männer nicht ihren Mann stehen können, sondern daß sie auch noch im Privatleben mit einer Maske herumlaufen müssen, die Männlichkeit vortäuscht und Kontaktaufnahmen erschwert. Was für ihn wiederum so anstrengend ist, daß er entweder aggressiv wird oder sich eine Ersatzmutter sucht oder eine Partnerin, die ihn von der Männlichkeit befreit. Auch dies motiviert die Frau, sich umzusehen, um ihm etwas von dem bieten zu können, was er bei Freunden, Freundinnen oder in der Arbeit sucht. In einigen Emanzipationsarbeitskreisen konnte man beobachten, daß die Frauen, die gekommen waren, weil sie allein, unausgefüllt oder vernachlässigt waren, den Arbeitskreis alsbald wieder verließen, da es mit dem Mann wieder klappte. Überhaupt ist es höchst fragwürdig, ob mit erhobenem moralischen Zeigefinger eine Emanzipation gefördert werden kann, wenn es dem subjektiven Bedürfnis nicht entspricht. Gebote, die von einem geschlossenen System und nicht von sinnlicher Erfahrung abgeleitet werden, bestätigen die Unmündigkeit. Für die einen gibts Tante Irene, für die anderen Emanzipationstheorien. Also Unterwerfung. Wobei die Befreiung davon und von den Bedingungen, die zu solchen Geboten führen, kein bloßes Frauenproblem, sondern ein allgemeines ist.

Widersprüche

Auch wenn die Frau nun theoretisch so unabhängig ist, daß sie nicht »Besitz« eines Mannes werden muß, so hat sie, emanzipiert zum kapitalistischen Existenzkampf kein häusliches Refugium im Hintergrund, das es ihr ermöglicht, diesen Kampf täglich neu zu beginnen. Wenn sie das Bedürfnis nach dem anderen Geschlecht anwandelt, wird sie mit der »Normalität« konfrontiert.[1]
1. Ein junger Mann, der längere Zeit in einem afrikanischen Staat lebte und dort mit Eingeborenenfrauen verkehrte, die offenbar eine nützlichere Einstellung zur Sexualität hatten als er selbst, entdeckte, daß die sexuelle Ungehemmtheit langweilig sei. Mit ihr ginge alles Aufregende verloren; der Geschlechtsverkehr habe nichts Prickelndes mehr an sich.
2. Ein anderer Mann, der in »harmonischer« Ehe lebte und der Hingabe seiner Frau sicher war, konnte es sich nicht versagen, immer wieder junge attraktive Mädchen anzusprechen und einzuladen, wobei er sich damit begnügte, sie so weit zu bringen, daß sie bereit waren, mit ihm zu schlafen. Dann machte er die Einladung wieder rückgängig.
3. Ein anderer junger Mann, dessen sexuelles Verhalten durchaus nicht »abweichend« war, stieß zufällig auf eine Frau, die den Geschlechtsverkehr ebenso vergnüglich fand wie er selbst, und

1 Verena Wipf, Zürich, Von der Problematik des normalen sexuellen Verhaltens, Zeitschrift »Psychologische Menschenkenntnis«, 5. Jahrgang, Nov. 1968, paper des Arbeitskreises Familiensoziologie & Politik, Aktionsrat Berlin

reagierte darauf mit Impotenz, da ihm durch die selbstverständliche Bereitschaft der Frau der Wind aus den Segeln genommen wurde: Er konnte in diesem Fall nicht der Führende sein und kapitulierte deshalb.

4. Ein anderer junger Mann warb mit allen ihm zur Verfügung stehenden Mitteln um eine Frau, die eigentlich wenig für ihn übrig hatte. Er führte sie aus, machte ihr Komplimente, schmeichelte ihr und schlug ihr die Heirat vor. Als die Frau schließlich nach langem Widerstreben auf ihn einging, war er wie verwandelt. Er gab nun den Ton im Haus an, knauserte mit dem Geld und bürdete der Frau zusätzliche Arbeit auf, indem er verlangte, daß sie neben dem Haushalt ihren früheren Beruf weiterhin ausüben sollte.

5. Ein anderer Mann verlangte, daß seine Frau nur schwarze Unterwäsche trage, da diese ihn besonders geil machte, und ließ es sich nicht nehmen, seine Frau vor dem Geschlechtsverkehr selbst nach einem umständlichen Zeremoniell auszuziehen.

7. Ein anderer Mann, der auf eine Unzahl von erotischen Abenteuern zurückblicken konnte, suchte sich für die Ehe ein keusches, unberührtes Mädchen . . .

Die Liste dieser Fälle, die alle mehr oder weniger von Normalität zeugen, könnte beliebig verlängert werden. Der gemeinsame Nenner ist leicht formulierbar: Der Mann erobert die Frau . . .

Der plötzlich ausgebrochene »Klassenkampf« zwischen den Geschlechtern deutet zunächst nur an, daß Männlein und Weiblein nicht mehr zusammenkommen. Auch das Aufbegehren der Frau und das Schuldbewußtsein der Männer, die jetzt am liebsten überlaufen wollen[1], ist nicht zufällig.

Während einerseits die Mädchen als Folge einer wirtschaftlichen Unabhängigkeit, der Möglichkeit zu eigenen Interessen auch an die Möglichkeit der Partnerwahl, an mehrere Männer und an den Spaß am Sex kommen, stoßen sie auf bestimmte Grenzen, die sie zwingen, Lebenstüchtigkeit und Erotik zu vermitteln. Ebenso gewinnt für Männer, die sich von ihren Leitbildern emanzipieren, die »Schwäche«, nicht alles wissen und können zu müssen, an Anziehungskraft.

Durch jahrhundertelange Erziehung wurde die biologische Anlage der Frau auf passiv-emotional und die des Mannes auf aktiv-funktional getrimmt. Wenn das ein Widerspruch ist, dann prinzipiell kein antagonistischer. Wenn die Männer die Frauen bekämpfen und vice versa, dann deutet das darauf hin, daß dieser Widerspruch zwischen emotional-passiver (passiv im Sinne von aufnahmefähig, empfangsbereit) und funktional-aktiver Orientierung ein antagonistischer wird. Der bloße Widerspruch birgt die Möglichkeit eines fruchtbaren Spannungsverhältnisses.

---

1 So gab der Herausgeber des Wiener *Neuen Forum,* Günter Nenning, einer Nummer über Emanzipation den Titel: Wir Männer sind Schweine. Überhaupt gibt es in der Diskussion schon viel Selbsterkenntnis, in der die Männer sich ihrer Härte schämen und von ihr loskommen wollen.

Mit der Erotik als Luxus oder als Handelsobjekt steht es wie mit der sozialen Integration der Kunst. Die Nervenenden und Wahrnehmungskanäle verderben bzw. entwickeln sich nicht. Die Augen werden angeleitet und stimuliert von der Verpackungsindustrie, die mit ihrer Ästhetik nicht die Wahrnehmungskanäle, sondern das Kapitel emanzipiert. Eigenschaften und Fähigkeiten werden auf Waren übergehen und verschaffen diesen sinnlichen Reiz. Nach dem Ende der antiautoritären Emanzipationsbewegung der politisch und kulturell motivierten Studenten haben sich zwei zusammengehörende Momente voneinander isoliert. Die individuelle Emanzipation wurde idealistisch und scheiterte, weil sie die Wahrnehmungskanäle beleben wollte, ohne die Gesellschaft zu verändern. Die Sensibilisierung durch Drogen führte zur abstrakten und irrealen Negation der Gesellschaft. Die Dogmatiker wiederum, die auf individuelle Emanzipation verzichteten, flüchteten sich in die proletarische Ersatzidentität.

Was übrigblieb waren Experimente mit kollektiven Lebensformen, die allerdings nicht immer die Entwicklung der einzelnen förderten.

Offensichtlich ist beides nötig — die Lebensbejahung, um Politik zu machen, und die politische Perspektive, um das Leben bejahen zu können. Der gesellschaftlichen Befreiung der Abhängigen steht ein individualistisches Selbstverständnis entgegen. Der Individualist kann sich nicht als gesellschaftliches Wesen realisieren.

Zur Identität gehört etwas, womit man sich identifiziert. Wenn Identifizierung nur abstrakt, über mehrere Instanzen des Denkens vermittelt wird, kann sie kaum sinnlich erfahren werden und verringert die Reaktions- und Lernfähigkeit. Sie wird zur äußeren Norm. Unmittelbares Engagement aus der Erfahrung der eigenen Situation heraus bringt gesellschaftliche und persönliche Realisierung eher zur Deckung. Demokratisierung und staatsbürgerliche Tugenden wie Zivilcourage und persönliches Engagement können sich in einer Konkurrenzgesellschaft, in der es letztlich an Identifikationsmöglichkeiten fehlt, nicht entfalten. In allen Bereichen der Gesellschaft verweist das wiederum auf den Widerspruch zwischen angeblichem Allgemeininteresse und konkretem Interessengegensatz. Im Unterschied zum öffentlichen Bereich ist im privaten Bereich der konkurrierende Individualismus meist nicht real begründet, sondern die Folge einer Übertragung. In ihm ist Solidarisierung möglich. Ohne den Bezug zum Berufsbereich führt sie aber in die Isolierung. Die Illusion, die Trennung von privatem und beruflichem Bereich schon jetzt überwinden zu können, führt dann dazu, daß man entweder die ganze Welt und die Unternehmer mitliebt und scheitert oder den Freundeskreis, der in derselben Lage ist, bekämpft.

Die gleichberechtigte Frau bringt zwar im Hinblick auf die Probleme, die den Mann als gesellschaftliches Wesen belasten und prägen, die Voraussetzung zur Partnerschaft mit, sie ermöglicht und fordert damit aber zugleich seine Befreiung von den individualistischen Illusionen. Er braucht ein neues Verständnis, um sich begreifen zu können und um ein Selbstbewußtsein entwikkeln zu können, das ihm Lebenslust und Beweglichkeit gibt und es ihm erspart, Rollen zu spielen. Erst dann kann er eine gleichberechtigte Frau ertragen, womöglich sogar schätzen.

Die emanzipierte, nicht mehr ausbeutbare und nicht mehr zuverlässige regenerierende Frau erscheint sonst für unemanzipierte Männer in einer neuen Rolle, die nach ihren Erwartungen unweiblich ist und die bestraft und mißachtet wird, weil sie das nicht liefert, was Weiblichkeit zu liefern hat. Sie wird zur Bedrohung. Doch moralische Verurteilungen und Forderungen helfen hier nicht weiter. Sie hat für ihn tatsächlich kein Geschlecht, denn sie liefert nicht jene Ergänzung, die er aufgrund seiner einseitigen Funktionalität beim anderen Geschlecht suchen muß.

Der Mann kann, wenn er darin einen Ausweg sieht, seine »Rückseite« entwickeln — unzulänglich, unperfekt und unsicher zu sein, ohne unbedingte Kompetenz, ohne schlagende Antworten auf alle Probleme. Nach dem herrschenden Verständnis ist dies Verweiblichung.

Ob es zu seinem Selbstbild paßt oder nicht — der Mann braucht genausoviel Solidarität wie jeder andere Mensch. Genausoviel Bestätigung, Unterstützung, Wärme, Lebenshilfe. Doch er ist für den persönlichen Umgang, für die Offenheit und für ein Leben ohne geschlossene Systeme kaum geübt. Das Mädchen lernt mehr durch Kontakte; er erlernt seine Rolle eher dadurch, daß er sich mit einem kulturellen Stereotyp identifiziert.

Politische oder menschliche Emanzipation?

Das sind reflektierte und bekannte Probleme, die allerdings vom Proletarierfetischismus verdrängt wurden. Ich wärme sie auf, weil der Dogmatismus als Flucht aus dem Identitätsproblem proletarisierter Bürgerlicher nicht gerade eine verlockende Lösung ist. Wir können das bürgerliche Erbe der Individuation nicht wegwerfen, gerade im Spätkapitalismus nicht, der alle Voraussetzungen zur totalen Regression mitbringt.

Die Befreiung der Arbeiterklasse kann wohl wirklich nur das Werk der Arbeiter sein. Aber auch hierbei setzt der feudale Überbau in Kultur und allen Institutionen lähmende Sperren und Grenzen. Auch in der Sowjetunion und in der DDR hält sich noch ein feudaler Überbau. In den Parteien schafften Kleinbürger ihre Kritikfähigkeit ab, aus Angst, sie sei kleinbürgerlich. So fanden Führerprinzip und Bürokratismus besonders wenig Widerstand. Vielleicht kann der Prozeß, der diese Hindernisse beseitigt, nicht ausschließlich durch die Veränderung der Produktionsverhältnisse in Gang kommen.

Dagegen motivierte der Kampf gegen Unsicherheit, Angst, Spießigkeit, Mißachtung der eigenen Person und Bewertung nach Besitz jenen Klassenverrat, der Bürgerkinder zu Marx, zur sozialistischen Idee und in Ansätzen zur Veränderung ihrer eigenen Rolle bringt. Nun spielen aber auf der Suche nach Alternativen die verinnerlichte Autoritätsgläubigkeit, der Idealismus, daß die Antwort total und absolut sein müsse, und der Leistungsdruck

161

einen Streich. Man versagt sich im politischen Kampf alle Lüste und Bedürfnisse und betet neue restriktive Verhaltensnormen an. Oder aber man sucht gegen Leistung, Zwang und Tätigkeit eine Spielwiese einzutauschen, auf der das Leben ausschließlich nach den Gesetzen der Lust verläuft. Die Bürgerkinder werden wieder in die Flucht nach Hause, in die Idyllen geschlagen. Gesellschaftliche Kritik geht in Anpassung über. Es soll Unternehmer geben, die sich speziell auf das Hippie-Lumpenproletariat eingestellt haben, weil dieses mit mäßigen Lohnforderungen, Disziplin und ohne gewerkschaftliche Organisierung eine ideale Reservearmee darstellt.

Bei dem großen Sprung weg vom »bürgerlichen« Arbeitsbereich, bei der Arbeit für den Klassenkampf muß als Preis gleich die Revolution winken — quasi als persönliche Belohnung für den idealistischen Einsatz. Wie bei der Karriere. Wenn der Einsatz nicht den höheren Posten verschafft — große Frustration.

Es ist keine moralische Frage, ob man das Kleinbürgertum akzeptiert oder negiert, sondern eine sachliche. Und es ist auch Ausdruck der Identitätskrise, daß auf der Suche nach Neubestimmung der Proletarierfetischismus wieder fröhliche Urständ feiert.

Ungeachtet der faschistoiden Tradition des Kleinbürgertums kommen neue Linke, Fragestellungen nach Emanzipation und wichtige Verunsicherungen meist aus dieser Schicht. Es ist widersinniger Dogmatismus, wenn aufgrund des üblichen Klangs, den das Wort hat, die Kleinbürger sich selbst abzuschaffen versuchen, indem sie ihre Stellung, ihre Rolle, ihre Voraussetzungen und ihre Chancen negieren und nach einem Wunschbild die Normen einer fiktiven Proletariermoral aufstellen. Diese Normen kennzeichnen eine neue Form der Selbstunterdrückung. So wie man sich früher keinen kitschigen Film ansah, verachtet man jetzt Kunst. Kitsch ist proletarisch und Kunst bürgerlich und Kammermusik hören repressiv . . .

In Dänemark werden angeblich aus psychologischen Erwägungen, jedenfalls innerhalb des Trends zur »Rollenvariabilität«, männliche Kindergärtner ausgebildet. Es melden sich mehr Männer, als offene Praktikantenstellen vorhanden sind. Für die Männer scheinen soziale und humanistische Motive, die Ablehnung von Funktionalisierung überhaupt, für die Wahl des Berufs maßgebend zu werden.

Während die Frauen sich in der Oberwelt Bewußtsein und Aktivität aneignen, lernen im Underground die Männer Beschaulichkeit und Sensibilität. Vorläufig jeweils als Negation desjenigen Bereichs, aus dem man sich befreien muß.

Im übrigen gelangt bereits eine Leiterin des bayerischen Mütterwerks zu der Erkenntnis, daß es notwendig ist, die Kleinfamilie zu öffnen, um die anstehenden Probleme zu lösen.

Wenn sich in Anerkennung der gegebenen sozialen Grenzen nun aber die Kleinfamilie öffnet und Herr und Knecht nach dem Modell von Krupp und Krause zu Partnern werden, dann halten auch Leistungsdruck und Konkurrenz um den Besitz von Geld und Liebesobjekten Einzug in den Unterleib. Um überhaupt zusammenzukommen, müßten die männlichen Krauses mitsamt den weiblichen Krauses den Glauben an Herrn und Frau Krupp samt ihren Idealen, Auslagefenstern und illustrierten Lebenshilfen aufgeben.

In aufgeklärten Kreisen hat sich mehr geändert. Das Vokabular hat sich verändert. Er leidet nicht mehr mit der Seele; er hat psychische Probleme. Man sucht nicht die ewige Liebe; nur die Sexualversorgung muß gesichert sein — für die Gesundheit und überhaupt. Sie soll nicht auch keineswegs unterwerfen; nur seinen Standpunkt darf sie verstehen müssen. Auch opfern braucht sie sich nicht, aber jedenfalls soll sie die richtige Frau für ihn sein. Die Vokabulardifferenz differenziert die Probleme, doch meist übersetzt sich doch alles noch in die trauten Kitschgeschichten, wo er seine Haltung wahrt, indem er von ihrer, nur ihm zuströmenden Energie lebt.

Man wird sich jetzt fragen, wieso ich all die Experimente und Erfahrungen der völlig neuen Lebensformen nicht berücksichtige. Ich verstehe sie als Provokation. Aber aufgrund der Unemanzipiertheit von Idealismus und Deutschtum führen sie in die entpolitisierte oder entpersönlichte Sackgasse, auf der Suche nach einer fertigen Identität, nach Regeln, die befolgt werden können. Dabei fallen Beweglichkeit, realistische Selbstwahrnehmung und gesellschaftliche Realisierung unter den Tisch und machen der Führbarkeit Platz.
Die »Korrektur« am eigenen verinnerlichten Kapitalismus geht immer nur so weit, wie es die äußere Beschränkung erlaubt. Das Engagement direkt am »Grundwiderspruch«, eine Negation der bestehenden Verhältnisse, die diese nicht anerkennt, sondern verleugnet, führt zu Verbiesterung und Kontaktlosigkeit und dazu, daß sich das Proletariat noch immer nicht von den Intellektuellen das Bewußtsein verschreiben lassen will.
Die alles antizipierende Befreiung von Leistungsdruck und Rollen in der Drogenszene ist der Realität nicht gewachsen und liefert die Individuen erst recht aus.
Idealismus und Askese gegenüber aktuellen Problemen lassen fertige Rezepte als Persönlichkeitsersatz erwarten und machen unfähig, mit der Offenheit, mit dem Prozeß zu leben.

Ungeachtet materieller Belohnungen und schillernder Ersatzidentitäten lassen die »kapitalistischen« Individuen ahnen, daß sie viel komplexer sind, als es ihre Charaktermasken vordefinieren; daß sie unberechenbarer, schwieriger und ungehorsamer sind, als es die Einsichten von Psychologie, Soziologie, Anthropologie etc. erwarten lassen. Noch muß sich sowohl die Werbemethodik als auch die Emanzipationstheorie dauernd verändern. Die Anpassung ist nicht das Gegenteil vom Experiment, und das Erklärungsmodell der »Integration« aller Suchereien erlaubt weiterhin nur Teilantworten. Fragen, Bewegungen und Interessen rund um das Thema Emanzipation sind nicht endgültig bestimmt. Unter »Verwirklichung« und »Kommunikationsbedürfnis« wird vieles verstanden. Freilich — »Selbstverwirklichung«, das klingt nach der bei Geburt eingepflanzten Seele, die nur den weichen fruchtigen Rasen braucht, um sich autonom wie eine Blume zu entfalten. Wenn man »kommunikatives Wesen« sagt, klingt das nach Tratschgelegenheiten in der Freizeit. Aber sehr langsam und bedächtig scheint das gesellschaftliche Wesen Mensch, auch wenn es kommunikatives genannt wird, auf den objektiven Zusammenschluß durch das Kapital dadurch zu reagieren, daß es die vorhandenen Bedürfnisse und Fähigkeiten mittels der bewußten Hinwendung zur Sozietät realisiert. Zumindest verhindern die Restchen von Individualismus nicht die Interessengemeinschaft derer, die in ihrer Funktion mehr Gemeinsames haben, als der Scheinindividualismus via Freizeitidentität an Trennendem einflüstert.

Identitätsprobleme haben alle, nur sind sie für die, die Macht haben, nicht so schwerwiegend. Bei den Arbeitern sind andere Probleme vordringlich; die Packerin wurde von ihrem spezifisch Weiblichen gegenüber dem Packer weitaus mehr befreit als die Sekretärinnen, Assistentinnen, Friseusen und Verkäuferinnen u. a.

Im Kampf um Emanzipation und in Fragen individueller Entwicklung sind offensichtlich die Frauen aktiver als die Männer (als Frauenrechtlerinnen oder als Erzieherinnen). Die Frauen, deren Rolle problematisch geworden ist, haben auch in dieser Gesellschaftsordnung noch viel vor sich. Aber das Nachholen des bewußten Handelns als Individuum verführt sie nicht, sich an Heldengefühlen individualistischer Leistung zu begeilen, wenn sie nur ein Fünftel dessen verdienen, was an ihnen verdient wird. Die Männer in ihrer Abstraktion von sich und dem, was sie bestimmt, sind wesentlich schwerer aus der Umklammerung ihrer ständig bestätigten und bezahlten Charaktermaske zu lösen.

Zumindest diejenigen, die in mitteleuropäischen Großstädten aufwachsen, finden in Tradition, in nationaler oder familiärer Bindung Muster für ihr Selbstbild, für eine selbstverständliche emotionale Identifikation. Eine reale Basis hat heute weder die traditionelle noch die Ersatz-Identiät. Ihren Stützcharakter und das krampfhafte Festhalten an ihr muß man trotzdem akzeptieren – besonders dann, wenn man sie aufheben will. Ob Mann oder Frau, zumindest diejenigen, die sich für Emanzipation interessieren, sträuben sich alle gegen die oktroyierten beengenden Rollen und suchen nach Handlungs- und Identifikationsmöglichkeiten. Aber weil auch die Emanzipation keine individualistische Leistung ist, läßt sich vielleicht in freundschaftlicher Zusammenarbeit erreichen, daß die Frauen nicht Bewußtwerden mit den Nebelschleiern individueller Größe und allen Folgen des Einzelkampfs gleichsetzen und die Männer ihre Entkrampfung nicht mit der Selbstauslieferung, der Ohnmacht, den Frustrationen und den Demütigungen von Lebensuntüchtigen bezahlen müssen.

Der Realität entsprechend dort als Verkäufer agieren, wo man sich verkauft, und dort, wo es geht, Objekt- und Warenbeziehungen auflösen ... Immerhin gilt doch für die individuelle und sachliche Protest-Motivation vieler Betroffener, daß Emanzipation, Politik, Lebenslust und Lernen und sachlich notwendiges und persönlich gewolltes Engagement sich nicht ausschließen oder behindern. Weiter weiß ich noch nicht, aber ich habe noch Hoffnung.

Vielleicht kann man sich, je nach Konstellation, gegenseitig unterstützen, um vom jeweiligen bürgerlichen, linken, rechten und aufrechten Sollen und Müssen zum Können und Wollen zu kommen — und zur realistischen Einschätzung der wirklichen Zwänge.

Anita Albus

NEUE PSYCHOANALYTISCHE THEORIEN DER WEIB-LICHEN SEXUALITÄT

Anita Albus, geboren 1942. Studium an der Folkwang-Schule, Mitglied des SDS. Beteiligt an der Organisation antiautoritärer Kindergärten. Veröffentlichungen: Kinderbücher, Illustrationen in Zeitschriften, Beiträge zur Konsumtheorie in: Befreiung des Alltags. München 1970.

Über Psychoanalyse weiß heute ein jeder Bescheid. Worte wie »Verdrängung«, »unbewußt«, »Über-Ich« oder »Ich-Ideal« sind in den allgemeinen Sprachgebrauch eingegangen. Aber diese Adaption kommt einer Entstellung gleich — durch das Selbstverständliche, das diese Begriffe hinfort auszeichnet. Denn gerade das so Selbstverständliche ist der Psychoanalyse nicht selbstverständlich. Der Versuch, heutzutage über psychoanalytische Theorien zu diskutieren, begegnet seiner Schwierigkeit in eben dieser Geläufigkeit psychoanalytischer Begriffe. Das Wort »unbewußt« beispielsweise hat schon vor den Entdeckungen der Psychoanalyse existiert, seine Bedeutung und damit seine Abgrenzung gegenüber »unterbewußt« hat es erst durch sie erlangt. Das Gemeinverständnis jedoch hat diese Unterscheidung wieder aufgehoben; »unbewußt« und »unterbewußt« sind wieder zu Synonymen geworden. Die scheinbare Bereitwilligkeit, Psychoanalytisches zu rezipieren, hat sich inzwischen als tödliche Umarmung erwiesen. Die im folgenden verwendeten psychoanalytischen Begriffe können hier freilich nicht durch eine grundsätzliche und umfassende Begriffsklärung vor den zahlreichen Mißverständnissen abgesichert werden[1].

Zum Verhältnis von Frauenemanzipation und Psychoanalyse

»Während sie unablässig über den Einfluß der Gesellschaft aufs Individuum reden, vergessen sie, daß nicht nur das Individuum, sondern schon die Kategorie der Individualität ein Produkt der Gesellschaft ist . . . Überhaupt von gesellschaftlichen Einflüssen zu reden, ist fragwürdig: bloße Wiederholung der ideologischen Vorstellung der individualistischen Gesellschaft von

---

1 Arbeiten wie »Die Interpretation« von P. Ricoeur, »Nach Freud« von J. B. Pontalis und »Das Vokabular der Psychoanalyse« von Pontalis und Laplanche sind geeignet, zur Klärung beizutragen.

sich selber[1].« Die Kritik, die hier die Revisionisten der Psychoanalyse meint, trifft nicht minder die Theorien zur Frauenemanzipation. Ihnen ist vor allem eines gemeinsam: das Mißverhältnis zur Psychoanalyse im allgemeinen und zu bestimmten Schlüsselbegriffen im besonderen. Die Einschätzung der Psychoanalyse umfaßt Varianten von pauschaler Ablehnung (*Germaine Greer:* »Psychologischer Humbug«), Verständnislosigkeit und Verwunderung (*Simone de Beauvoir:* »Die überbewertete Sexualität«) und scheinbare Anerkennung unter Ausklammerung der Theorien zur Weiblichkeit, zu allererst der des Penisneids (z. B. *Kate Millett*). Sie alle bedienen sich der nämlichen Argumentation. »Wenn, was unwahrscheinlich ist, der Penisneid überhaupt eine Bedeutung hat« (so *K. Millett*), dann nur als der Neid auf die gesellschaftliche Vorrangstellung des Mannes. Noch unschuldsvoller beteuert *Simone de Beauvoir:* »Das männliche Organ: dieser Auswuchs, dieser dünne Fleischzipfel wird beim Mädchen nur Gleichgültigkeit oder sogar Widerwillen auslösen; wo bei dem kleinen Mädchen eine Begehrlichkeit auftaucht, kann diese nur aus einer vorweggenommenen Wertung der Männlichkeit stammen[2].«

Aussagen auf solch vordergründiger Ebene müssen, da sie den eigentlich psychoanalytischen Bereich des Unbewußten unberücksichtigt lassen, sich auf das Augenscheinliche, auf den »social context« *(Naomi Weisstein)* berufen. Die Verwechslung der Ebenen, die allen Schattierungen von Ablehnung gemeinsam ist, scheint nicht zufällig zu sein. Die vordergründigste unter den möglichen Absichten, die der Verwechslung zugrunde liegen, mag der Wille sein, alles auszuschalten, was die Emanzipation der Frau von vornherein behindern könnte. Warum aber wird gerade die Psychoanalyse als ein solches Hindernis angesehen? Es ist nicht daran zu zweifeln, daß die Wege, welche die

---

1 Th. W. Adorno, Die revidierte Psychoanalyse, In: Sociologica II, Frankfurt 1962, S. 100
2 Simone de Beauvoir, Das andere Geschlecht, Reinbek 1968, S. 53

Psychoanalyse besonders in Amerika gegangen ist, genügend Gründe zur Ablehnung liefern. »Sie ahnen nicht, daß wir ihnen die Pest bringen«, soll *Freud* bei seiner Ankunft in New York gesagt haben — nicht ahnend, daß im Gegenteil Amerika Freuds Theorien verpesten würde, und nicht nur Amerika! Doch nicht um notwendige Kritik an dieser Entwicklung handelt es sich hier, sondern um ein bezeichnendes Mißverständnis und seine Folgen. In der Tat ist die Psychoanalyse hinderlich und kann nur mißverstanden werden, wenn man befürchten muß, daß durch sie Fragen aufgeworfen werden, deren Beantwortung dem eigenen Konzept die Voraussetzungen entziehen könnte. Die Frage etwa nach den Ursachen der Frauenbewegung wird in den Schriften und Aufrufen der »Women's Lib« nicht gestellt — so selbstverständlich erscheint es ihnen, daß ein Übermaß an Unterdrückung ihren Widerstand herausgefordert habe. So irreführend diese Voraussetzung ist, so illusionär sind zwangsläufig auch die Thesen, die daraus abgeleitet werden:
— daß der Mann der Feind der Frau sei,
— daß die Stellung der Frauen in dieser Gesellschaft die der Neger sei,
— daß die Frau etwas in sich bewahrt habe, das der Unterdrückung entgangen sei, etwas, wodurch sie befähigt sei, die Gesellschaft und den Mann zu befreien.

Wär die Frau durch Jahrtausende hindurch nur Objekt, so soll sie jetzt — und zunächst nur sie — Subjekt der Geschichte werden. Diese Forderung wird getragen von der Hoffnung auf eine ausgleichende Gerechtigkeit, die das Erlittene wieder gutzumachen habe. Solche Logik steht freilich jenseits der Geschichte.

Auch wenn die Feministinnen in Unkenntnis ihrer eigenen Bedingungen unhaltbare Thesen aufstellen, so kommt ihnen doch wesentliche Bedeutung zu durch ihre radikale Aufkündigung der geläufigen Definitionen von dem, was männlich und weiblich sei.

Psychoanalytische Theorien zur Weiblichkeit

Zwei konträre Auffassungen bestimmen die psychoanalytische Theorie der Weiblichkeit. Da auch die neueren Schriften zu diesem Thema auf sie zurückgehen, ist es nützlich, sich die verschiedenen Lehrmeinungen in Erinnerung zu rufen.

Freud (J. Lampl-de-Groot, H. Deutsch, R. Mack-Brunswick, M. Bonaparte)

Die frühen Phasen der Libidoentwicklung machen beide Geschlechter in gleicher Weise durch.
Das kleine Mädchen ist eigentlich ein kleiner Mann, die Klitoris ist das dem Penis homologe Organ, das Liebesobjekt des Mädchens und des Knaben ist die Mutter.
Das Mädchen wendet sich von der Mutter ab:
1. weil die Mutter ihr nicht genügend Milch (= Liebe) gegeben hat,
2. aus Eifersucht auf andere Geschwister,
3. infolge des mütterlichen Onanieverbotes,
4. weil das Mädchen die Mutter für seinen Penismangel verantwortlich macht, nachdem der Anblick des Genitales des anderen Geschlechts den Kastrationskomplex eröffnet hat.
»Durch den Vergleich mit dem soviel besser ausgestatteten Knaben in seiner Selbstliebe gekränkt, verzichtet es auf die masturbatorische Befriedigung an der Klitoris und verdrängt dabei nicht selten ein gutes Stück seiner Sexualstrebungen überhaupt.«
»Der Penisneid des Mädchens wird auch im günstigsten Fall nicht ohne schweren psychischen Aufwand überwunden.«
Ihre Liebe hatte der phallischen Mutter gegolten; mit der Entdeckung, daß die Mutter kastriert ist, kann sie als Liebesobjekt aufgegeben werden.
Die Wendung zum Vater wird mit Hilfe passiver Triebregungen vollzogen.
Das Mädchen erwartet vom Vater den Penis, den die Mutter ihm nicht gab. Dieser Wunsch verwandelt sich in die Sehnsucht nach einem Kind vom Vater.
So bildet sich die weibliche Sexualität fortwährend als Funktion phallischer Merkmale heraus.
Während die Kastrationsdrohung den Knaben zwingt, die ödipale Einstellung aufzugeben, bereitet beim Mädchen der Kastrationskomplex den Ödipuskomplex erst vor. Das Mädchen verbleibt in ihm unbestimmt lange, baut ihn nur spät und dann unvollkommen ab. »Es läuft in die Ödipussituation wie in einen Hafen ein.«
Die Bildung des Über-Ichs der Frau kann nicht die Stärke und Unabhängigkeit erreichen, die ihm seine kulturelle Bedeutung verleihen.
Mit der Wendung zur Weiblichkeit soll die Klitoris ihre Empfindlichkeit und ihre Bedeutung an die Vagina abtreten, ein Prozeß,

der erst in der Pubertät stattfindet. Bis dahin bleibt die Vagina unentdeckt.

Jeanne Lampl-de-Groot: Die Weiblichkeit ist ganz und gar mit der Passivität identifiziert, die Männlichkeit mit der Aktivität. Bei der passiven, rein weiblichen Frau kommt es nicht zur Über-Ichbildung.

Helene Deutsch: Der Prototyp der weiblichen Genitalität ist die Oralität (Mund-Vagina). Die Vagina bleibt bis zum Koitus unentdeckt. Anstelle der aktiv-phallischen Tendenzen tritt mit Wendung zum Vater die Phantasie auf: Ich will kastriert werden. Der feminine Masochismus gehört zum anatomischen Schicksal der Frau; er kann aber auch die Ursache der Frigidität werden durch die Ängste, die er für das Ich erweckt. Der Orgasmus ist maskulin, die weibliche Frau kommt nicht zum orgastischen Höhepunkt.

Marie Bonaparte: Die Frau kann mit einem in seiner Entwicklung zum Stillstand gekommenen männlichen Organismus verglichen werden, einem Zwischenstadium zwischen Kind und Mann. Die Klitoris ist ein verstümmelter Phallus. Die konstitutionelle Bisexualität der Frau ist das Haupthindernis zu einer normalen Entwicklung ihrer Sexualität.

Ruth Mack-Brunswick: Der Wunsch nach dem Kind ist älter als der Penisneid; er steht im Zusammenhang mit der omnipotenten Mutter, die bis zur Entdeckung, daß sie kastriert ist, als aktiv-phallisch wahrgenommen wird. Die Mehrzahl der Frauen bleibt an die Mutter fixiert.

Melanie Klein, Ernest Jones (K. Horney, J. Müller)

Von Anfang an privilegiert das Mädchen das Leibesinnere und die Vagina.

Der Ödipuskomplex installiert sich von der oralen Phase an. Durch die frühen oralen Frustrationen wendet sich das Mädchen von der mütterlichen Brust ab und will sich den Penis des Vaters als Objekt oraler Befriedigung einverleiben.

Das Mädchen wünscht sich den Penis nicht als männliches Attribut; der Peniswunsch ist nicht eine Äußerung des Kastrationskomplexes, sondern die grundlegende Äußerung der Ödipusstrebungen, Ausdruck eines zunächst oralen, dann genital-vaginalen Wunsches.

Der väterliche Penis wird als von der Mutter in ihrem Körperinneren festgehalten erlebt. Das Mädchen richtet seine sadistischen Attacken gegen den Körper der Mutter, um ihr das begehrte Objekt zu entreißen. Deshalb fürchtet sie ihre Rache. Die Angst um das Genital ist beim Mädchen aufs Leibesinnere konzentriert. Die Befürchtung, es sei beschädigt, läßt sich durch keine Realitätsprüfung auflösen. So wird die Vagina zugunsten der Klitoris verdrängt. Die Erogenität und die Ängste werden nach außen verschoben.

Das Mädchen beneidet den Knaben um seinen Penis, weil er *sichtbar* intakt ist, und weil er eine geeignete Waffe ist, um die sadistischen Impulse gegen den mütterlichen Körper zu befriedigen.

Das Mädchen hat als Sexualrivalin und als Gegenstand ihres Sadismus die gleiche Person: die Mutter, von der sie zugleich abhängig ist. Sie zu zerstören wäre verhängnisvoll. Deshalb ist der Sadismus beim Mädchen mit mehr Angst verbunden und mehr nach innen gekehrt als beim Knaben.

Der Groll gegen den Vater wegen der Zurückweisung libidinöser Wünsche kann zur Folge haben, daß auch der Penis Aggressionsobjekt wird. Die Projektion der Aggressionen auf den Penis lassen diesen als gefährlich und grausam erscheinen. Die Introjektion dieses Penis konstituiert den Kern des väterlichen Über-Ichs bei beiden Geschlechtern. Der an diese Phase gebundene Sadismus bedingt ein unerbittliches Über-Ich.

Die Ambivalenz in bezug auf den Penis kann die Frau dazu führen, daß sie beim Koitus sich den Penis mit der Phantasie einverleibt, daß der »gute« Penis den »bösen«, introjizierten Penis zerstört.

Die Schuldgefühle gegen die Mutter bewirken die Wiedergutmachungsversuche: ihr den Penis wiederzugeben, der Mutter zu ersetzen, was man ihr geraubt hat.

Die Sexualität des Mädchens ist von vornherein weiblich und wird durch die Konflikte, die die weibliche Haltung mit sich bringt, zu phallischer Männlichkeit gedrängt. Die phallische Phase ist ein neurotischer Kompromiß zwischen Libido und Angst.

Peniswunsch und Mutterhaß hängen unlösbar zusammen. Die Situation des Mädchens ist der des Knaben analog: In der Ödipussituation muß der Knabe auf seinen Penis verzichten oder auf seinen inzestuösen Wunsch, das Mädchen auf seine Vagina oder auf den Vater. Beide haben den Wunsch, den gleichgeschlechtlichen Elternteil zu kastrieren, und fürchten, ihrerseits kastriert zu werden. Das Über-Ich des Mädchens ist mächtiger als das des Knaben.

Der Wunsch sich den Penis einzuverleiben und ein Kind daraus zu machen, ist keine Kompensation für einen Penismangel, sondern weiblicher Wunsch schlechthin.

Josine Müller: Die Vagina ist das erste libidinös besetzte Sexualorgan. Die Besetzung der Klitoris ist sekundär und defensiv. Der Penisneid hängt mit der narzißtischen Kränkung zusammen, die daraus resultiert, daß die genitalen Triebe nicht befriedigt werden konnten und verdrängt wurden.

Karen Horney: Die unentdeckte Vagina ist eine verleugnete Vagina. Die Flucht vor der Weiblichkeit ist eine Abwehr gegen die Gefahren des Ödipuskomplexes.

Literaturhinweise

Sigmund Freud: Gesammelte Werke, Band 5, 8, 12, 13, 14, 15, 16
J. Lampl-de-Groot: Zu den Problemen der Weiblichkeit. Int. Zeitschr. f. Ps.A. XIX 1933;
Zur Entwicklungsgeschichte des Ödipuskomplexes der Frau, Int. Zeitschr. f. Ps.A., 1927
Helene Deutsch: Der feminine Masochismus und seine Bezie-

hung zur Frigidität, Int. Zeitschr. f. Ps.A., 1930, Die Psychologie der Frau, Bern 1948;
Frigidity in Women, Journ. of. Amer. Ps.A., 1961
Marie Bonaparte: Passivität, Masochismus und Weiblichkeit, Int. Zeitschr. f. Ps.A., 1934
Ruth Mack-Brunswick: The Preoedipal Phase of the Libido Development, Psa. Quart. IX, 1940
Melanie Klein: Die Psychoanalyse des Kindes, Wien 1932
Ernest Jones: Über die Frühstadien der weiblichen Sexualentwicklung, Int. Zeitschr. f. Ps.A. XXI, 1935; Die phallische Phase, Int. Zeitschr. f. Ps.A. XIX, 1933
Karen Horney: Die Flucht aus der Weiblichkeit, Int. Zeitschr. f. Ps.A. XII, 1926;
Zur Genese des weiblichen Kastrationskomplexes, Int. Zeitschrift f. Ps.A. IX, 1923;
Die Angst vor der Frau, Int. Zeitschr. f. Ps.A. XVIII, 1932;
Die Verleugnung der Vagina, Int. Zeitschr. f. Ps.A. 1933
Josine Müller: Ein Beitrag zur Frage der Libidoentwicklung des Mädchens in der genitalen Phase, Int. Zeitschr. f. Ps.A. XVII, 1931.

Die Unzulänglichkeit seines Verständnisses des Weiblichen hat *Freud* selbst immer wieder betont. Angesichts der ungelösten Rätsel, welche die Weiblichkeit ihm aufgab, bezeichnete er sie als einen »schwarzen Kontinent«. Gleichwohl hat er unbeirrt durch die »konzentrischen« Theorien von *M. Klein* und *E. Jones* seine »phallozentrische« Perspektive beibehalten. Seither wurden zwar einzelne Untersuchungen zum Thema Weiblichkeit angestellt, der grundlegende Widerspruch zwischen *Freud* und *Jones* aber wurde von seiten der Psychoanalyse lange Zeit übergangen. Den Versuch, diesen Widerspruch zu klären, hat erst eine andere Generation von Analytikern unternommen. Die Ergebnisse ihrer Untersuchungen wurden erstmals 1964 in Frankreich veröffentlicht[1]. Einig in ihrer Weigerung, die Frau als einen verfehlten Mann anzusehen, widmeten sie ihr Buch *Ernest Jones*, nicht ohne jedoch die Theorien *Freuds* mit einzubeziehen. Gerade indem sie den Widerspruch unaufgelöst stehen lassen, machen sie deutlich, daß er bestimmend ist für die psychosexuelle Entwicklung der Frau.

---

1 *Janine Chasseguet-Smirgel*, La Sexualité Féminine, Recherches psychoanalytiques nouvelles avec *C. J. Luquet-Parat, M. Torok, C. David, B. Grunberger, J. McDougall.* Paris 1964; Zitate nach der Taschenbuchausgabe, Paris 1970

Neue psychoanalytische Theorien zur Sexualität der Frau

Ausgehend von dem Material ihrer klinischen Erfahrungen stellen die Autoren der »Recherches Nouvelles« noch einmal grundsätzlich die Frage nach der Bedeutung der verschiedenen Aspekte weiblicher Sexualität. Einen besonderen Rang nimmt dabei der Penisneid ein, wie die — oft im Wortlaut wiedergegebenen — Diskurse der Analysanden veranschaulichen. Dieses Reden wörtlich zu nehmen hieße aber, den Penisneid einer biologischen Inferiorität der Frau zuordnen. Demgegenüber gilt es zu verstehen, welcher Wunsch sich hinter dem Neid verbirgt.

Die Bedeutung des Penisneids. M. Torok[1] geht davon aus, daß die Frau nicht den Penis selbst besitzen will. Vielmehr verweist sie auf die magischen Fähigkeiten, die die Frau dem männlichen Organ zuschreibt: Der Penisneid ist immer der Neid auf einen idealisierten Penis. »Sicherlich ist es kein Zufall, daß es gerade der Penis ist, der mit all den Werten besetzt wird, deren sich das Mädchen beraubt fühlt: Nichts könnte sich besser eignen zur Darstellung des Unerreichbaren als das Geschlecht, das man nicht hat. Das Verbot, das genau jene Erfahrungen einfriert, die den eigenen Körper, das eigene Geschlecht betreffen, wird hier zur phantastischen Symbolisierung[2].« Die Verdrängung, welche die Idealisierung bedingt, geschieht zugunsten der Mutter. »Im Penisneid verdichtet sich eine umfassende unbewußte Rede, die sich an die mütterliche Imago wendet[3].« Diese Rede kommt einem Gelöbnis gleich, einem Versprechen, die mütterlichen Privilegien unangetastet zu lassen und alles aus sich zu verbannen, was die Mutter mißbilligt. »Die von der Mutter in der analen Phase ausgeübte Herrschaft wird vom Kind als Manifestation ihres Interesses an dem Besitz der Exkremente interpretiert, und zwar bereits während diese sich noch im Körper befinden[4].« Damit fällt nicht nur

---

1 A. a. O., S. 203
2 A. a. O., S. 210
3 A. a. O., S. 210
4 A. a. O., S. 212

die Schließmuskelbeherrschung, sondern auch das Körperinnere in den Bereich der mütterlichen Kontrolle. Eine ungeheure Aggressivität der Mutter gegenüber ist die Folge, und deshalb muß diese um so mehr von der eigenen Lauterkeit überzeugt werden. Zur Verdrängung prägenitaler, analer Konflikte tritt noch eine partielle oder vollständige Hemmung der Masturbation, des Orgasmus und der Begleitphantasien.

Die frühzeitige Entdeckung und Verdrängung der Vagina wurde schon von *Klein, Jones, Müller* und *Horney* beschrieben. *M. Torok* fügt hinzu, daß die Entdeckung des Geschlechts des Jungen oft mit der Erinnerung an verdrängte orgastische Erfahrungen verbunden ist. Auf die Verdopplung des Subjekts bei der Masturbation hat *Ferenczi* aufmerksam gemacht: Das Subjekt identifiziert sich mit beiden Partnern zugleich und verwirklicht so autark den Koitus. Dieses »Ich-Mich« beinhaltet auch die Möglichkeit, sich aus der Abhängigkeit der Mutter zu befreien. »Dieser Versuch muß aber fehlschlagen, wenn die mütterliche Imago die Masturbation verbietet[1].« Nicht um ein verbales Verbot geht es hier, sondern um eben diese anale Mutter, die ihren Despotismus auf alle entsprechenden Gebiete ausdehnt. Eine Mutter, der allein die Herrschaft über das Kind Befriedigung verschafft, muß eifersüchtig darauf bedacht sein, daß sich das Kind ihr nicht entzieht. »Das Verbot der Masturbation hat eben diese Wirkung: das Kind an den mütterlichen Körper zu ketten und seinen eigenen vitalen Bedürfnissen Fesseln anzulegen[2].« Für das kleine Mädchen bedeutet dies, einen Teil seiner selbst (seines Körpers: Hand, Penis, Fäces) lebenslänglich der Mutter zu übereignen und ihn — in dem Glauben, er sei für die Mutter lebensnotwendig — nicht wiedererlangen zu können. »So lebt das Mädchen in einem ausweglosen Dilemma: Entweder identifiziert sie sich mit einer inhaltsleeren Mutter, die auf gefährliche Weise aggressiv ist und die es nötig hat, sich durch die Inbesitznahme des Kindes zu vervollständigen, oder sie bleibt der nichtige Appen-

---

1 A. a. O., S. 217
2 A. a. O., S. 217

dix eines unvollständigen Körpers[1].« Der Weg zur Wiederherstellung des Bildes vom eigenen Körper, das bislang voller Lücken (den Resultaten mißlungener Identifikationen) war, führt über die Enthemmung der masturbatorischen Phantasien und Gesten. Das dem Kind geraubte Vermögen, sich mit den Darstellern der Urszene zu identifizieren, gilt es wiederherzustellen.

Die inhaltsleere Mutter und das Scheitern einer Identifikation mit ihr sind Leitmotive in den Fallgeschichten *Maria Toroks*. »Der einzige Ausweg aus der Sackgasse der Identifikationen öffnet sich auf die Errichtung eines unerreichbaren phallischen Ideals hin (das mythische Bild eines idealisierten Vaters). Die Überlagerung von Herrschaft und Rivalität in ein und demselben Objekt blockierten den Ausgang der analen Phase und nötigten das Mädchen, seine Bedürfnisse zu verneinen. So konstituiert sich die Frau als analer Appendix der Mutter und später als Phallus ihres Ehegatten[2].«

Der Mann andererseits braucht die Objektivierung in einem Fetisch (dem Penis), »um seinen zweifelhaften Wunsch ignorieren zu können: den Platz der Mutter in der analen Urszene einzunehmen. Die neidvolle und schuldige Frau ist eine Stütze zur Projektion der eigenen Wünsche. Sie ist dieser weibliche, vom Manne nicht übernommene Teil, den er mit allen Mitteln beherrschen und kontrollieren muß. Als Vehikel zur Projektion, kontrolliert und unterdrückt, ist sie gezwungen, in Unterwerfung zu leben, *nicht mit einem Partner des anderen Geschlechts, sondern mit einem Repräsentanten der mütterlichen analen Imago[3]*.«

Das so folgenreiche Drama der frühen Mutter-Kind-Beziehung beginnt bereits mit den unbewußten Erwartungen der Mutter schon vor der Geburt des Kindes. *B. Grunberger* hält allein die Gleichgeschlechtlichkeit von Mutter und Tochter schon für einen maßgeblichen Faktor in der Entwicklung des kleinen Mädchens. Die Beziehung der Mutter zu ihrer Tochter sei

---

1 A. a. O., S. 217
2 A. a. O., S. 243
3 A. a. O., S. 246

immer eine wesentlich zwiespältigere als die zu ihrem Sohn. Die gleichgeschlechtliche Mutter kann für das Mädchen nie ein solch befriedigendes Sexualobjekt sein wie für den Jungen. Weit davon entfernt, damit eine biologische Determinante ins Spiel zu bringen, beschreibt *Grunberger* diese Ambivalenz als die Folge der Einstellung der Mutter zu ihrem eigenen Körper und als die Wirkung ihrer unbewußten Erwartungen und Wünsche.

Die Abhängigkeit, in die hinein das Kind geboren wird, ist für beide, ob Junge oder Mädchen, entscheidend. Aus der Ohnmacht und den unvermeidlichen Frustrationen entsteht die Feindseligkeit, die das Kind auf die Mutter projiziert. So kommt es, daß »auch die beste und zärtlichste Mutter im Unbewußten des Kindes ein erschreckendes Bild hinterläßt«[1], das Bild der aktiven, phallischen und omnipotenten Mutter. »Die primäre Ohnmacht bewirkt, daß das gute Bild der allmächtigen, schützenden Mutter (die Fee) nie das Bild der erschreckenden Omnipotenz der bösen Mutter (der Hexe) verdecken kann[2].« Um wieviel erschreckender muß dann die mütterliche Imago für das Mädchen sein, wenn es dem Verlangen der Mutter weniger entspricht als der Junge. Die nicht ausreichende Zuwendung der Mutter versucht das Mädchen durch Narzißmus zu ergänzen. Aber eben dieser Narzißmus macht die Frau abhängig von ihren Objekten.

»Der Junge nimmt eines Tages wahr, daß diese allmächtige Mutter tatsächlich keinen Penis hat und daß er, das Kind, ein Organ hat, das der Mutter fehlt[3].« Der Triumph über die omnipotente Mutter, die narzißtische Befriedigung bedeutet die Möglichkeit eines Auswegs aus seiner frühen Beziehung zur Mutter. War die Mutter jedoch übermächtig, so wird der Junge den narzißtischen Wert seines Penis ständig unter Beweis stellen müssen. Er wird von seinem Triumph über sie nie wirklich überzeugt sein, und noch als Erwachsener wird er niemals ganz sicher sein, ob die Frau

---

1 A. a. O., S. 171
2 A. a. O., S. 171
3 A. a. O., S. 171 f.

nicht doch einen Penis hat. Der Penis, den der Ejakulator präcox in der Scheide der Frau zu finden fürchtet, ist nicht nur der des Vaters, wie *Jones* gezeigt hat, sondern auch der zerstörerisch anale Penis der omnipotenten Mutter.

Wenn aber der kleine Junge durch das Verhalten der Mutter nicht traumatisiert worden ist, »so wird er von dem Besitz seines Penis genügend überzeugt sein, um nicht den einmal erlebten Triumph ständig wiederholen zu müssen«[1]. Das Mädchen hingegen hat »keinen eigenen und ausschließlichen narzißtischen Wert, den es der omnipotenten Mutter entgegensetzen könnte«[2].

Das ist *J. Chasseguet-Smirgel* zufolge der Anlaß des Peniswunsches: Das Mädchen möchte sich mit Hilfe des Penis von der Allmacht der Mutter befreien. Je mehr das Mädchen von der gefürchteten Mutter traumatisiert wurde, desto heftiger wird ihr Wunsch sein, über einen Penis zu verfügen. »Die narzißtische Wunde und der Penisneid sind unmittelbar voneinander abhängig[2].« Wenn es also nicht um den Erwerb des männlichen Penisorgans geht, sondern um die Überwindung einer narzißtischen Kränkung, so muß man zwischen dem Penis als dem triebhaften Faktor und dem Phallus als dem narzißtischen Faktor unterscheiden. »Das Phallische stellt im Unbewußten die dialektischen Bewegungen der Triebentwicklung dar, die sich unter dem Zeichen der Integrität entwickeln, für die der pränatale Zustand das Muster abgibt. Der Phallus — der seine ursprüngliche Penisform beibehält — kann seine rein triebhaften Qualitäten verlieren und ausschließlich mit narzißtischen Bedeutungen ausgestattet werden. Einen Phallus haben heißt dann nicht ein Mann oder eine Frau sein, sondern ein *vollständiges* Wesen. Vom narzißtischen Standpunkt aus heißt das, ›das sein, was man ist‹.«[3]

Die Gleichsetzung Frau = kastrierter Mann rechnet *Grunberger* der analen Phase zu: »Der Mensch mit

---

1 A. a. O., S. 174
2 A. a. O., S. 177
3 Béla Grunberger, Über das Phallische, Psyche XVII, 1964, S. 614, 608

analem Charakter erkennt als wirklich nur das, was genau meßbar, vergleichbar und also *sichtbar* ist. Das anatomische Substrat der weiblichen Sexualität aber ist mehr oder weniger verborgen, was auf der analen Entwicklungsstufe heißt, es ist nicht vorhanden. In bezug auf den Penisneid der Frau ist es unerläßlich, zwischen allen jenen Bedeutungen zu unterscheiden, die dem Penis und dem Phallus zukommen. Wenn man jeden Penisneid als eine Abwehr der Weiblichkeit deutet, riskiert man, die Bedeutung des Wunsches nach narzißtischer Integrität zu verkennen, jenes Wunsches nach Vollständigkeit, der ja im Unbewußten beider Geschlechter oft durch das Bild des Phallischen ausgedrückt wird. Dieses Bild drückt im Unbewußten auch die vollendete Weiblichkeit aus[1].« Alles, was als Gelingen interpretiert wird, repräsentiert im Unbewußten der Phallus. Er ist »das Symbol der Macht auf allen Ebenen, der Macht als dem Erbe des Mannes — nachdem er die der Mutter gebrochen hat«[2]. »Im Moment des Objektwechsels weiß das Mädchen, das die phallische Imago der Mutter beibehält, dennoch, daß der Vater der einzige reale Besitzer des Penis ist. Der Objektwechsel und damit die ödipale Situation finden erst dann statt, wenn das phallische Bild der Mutter zum Bild jener Mutter geworden ist, die den Vater seines Penis beraubt hat.«[3] Um endlich doch zu erlangen, was die Mutter dem Mädchen versagte, wendet es sich dem Vater zu. Er soll das uneingeschränkt gute Objekt sein und all die narzißtische Befriedigung gewähren, die in der ersten Objektbeziehung nicht möglich war. Damit diese vergebliche Hoffnung sich erfülle, schließt das Mädchen alles aus, was mit der Idealisierung des Vaters und seines Penis unvereinbar ist. Das zweite Objekt muß um jeden Preis erhalten bleiben, um die Enttäuschung aus den Erfahrungen mit dem ersten Objekt wettzumachen. Der Preis aber ist eine Aufspaltung der libidinösen und aggressiven Besetzungen auf je ein gutes und ein böses Elternteil. Alle positiven

---

1 A. a. O., S. 616
2 Recherches Nouvelles, S. 179
3 A. a. O., S. 179

Aspekte kommen dem Vater zu, alle negativen der Mutter. Ein Prozeß, der sich vor allem deshalb als verhängnisvoll erweist, weil alle sadistischen Impulse gegen den bewunderten Vater abgewehrt werden müssen. Die Verdrängung und Gegenbesetzung der analsadistischen Triebkomponente kennzeichnet die Beziehung des kleinen Mädchens zu seinem Vater. Gleichzeitig werden die Gegenidentifikationen mit dem ersten Objekt, d. h. mit seinen schlechten Aspekten, aufrechterhalten.

Aus der Verdrängung der sadistischen Impulse gegen den Vater resultieren die »spezifischen weiblichen Schuldgefühle«, die *J. Chasseguet-Smirgel* so nennt, da ihnen nichts in der Entwicklung des Jungen korrespondiert. Die Idealisierung des Vaters macht es unmöglich, ihn zugleich auch sexuell zu begehren, denn der Wunsch, sich den Penis einzuverleiben, bringt zwangsläufig die analsadistischen Tendenzen mit ins Spiel. Diese notwendige Triebkomponente der Sexualität muß aber verdrängt bleiben, um das Objekt für sich zu erhalten. Der Wunsch, sich den Penis einzuverleiben und zu behalten, ist *J. Chasseguet-Smirgel* zufolge nicht regressiv — wie *Freud* glaubte —, sondern hat seine Entsprechung in dem unbewußten Wunsch des Mannes, beim Koitus mit dem ganzen Körper in den Schoß der Mutter zurückzukehren[1]. Die Vorstellung, sich den Penis einzuverleiben und in sich zu behalten, scheitert daran, daß die Urszene vom Mädchen als ein sadistischer Akt aufgefaßt wurde, in dessen Verlauf die Mutter den Vater kastrierte. »Den Vater begehren heißt dann die kastrierende Mutter sein, die sich den Penis einverleibt und in sich behält[2].« Die Vagina erhält so in der unbewußten Vorstellung des Mädchens eine anal-sphinkterielle und zerstörerische Funktion. Die mit Schuld und Angst belegten sadistischen Impulse lassen später für die erwachsene Frau nur einen Kompromiß zwischen Triebbefriedigung und Abwehr zu. In einem Fall, den *J. Chasseguet-Smirgel* beschreibt, besteht dieser Kompromiß in einer

1 Siehe *Ferenczi*, Versuch einer Genitaltheorie.
2 Recherches nouvelles, S. 157

Wendung der Aggressivität gegen den eigenen, mit dem väterlichen Penis identifizierten Körper und der Projektion der zerstörerischen Vagina nach außen, auf bestimmte Bereiche der Umwelt, die jene Frau als Höhle erlebt, in der sie verschwindet. So erleidet sie selbst, was sie dem Vater anzutun fürchtet. Sie ist nicht mehr das destruktive Aufnahmeorgan (contenant), die Vagina, sondern der von Destruktion bedrohte Inhalt (contenu), der Penis. Die zugrunde liegende Vorstellung aber lautet: Ich bin das Loch, in dem mein Vater (sein Penis) verschlungen wird.

Eine erotische Besetzung der Vagina wird durch die Schuldgefühle und die Ängste im Zusammenhang mit dem Einverleiben des Penis verhindert.

Auf einem Symposion zum Thema »Frigidität«, das im Jahre 1961 stattfand, vertrat *H. Deutsch* die These, der Orgasmus sei eine Sphinkter-Aktivität rein männlicher Natur. Die *weibliche* Frau könne folglich nicht zum Orgasmus kommen. Zurecht verweist *J. Chasseguet-Smirgel* auf den absurden Schluß, der aus dieser Gleichsetzung von Schließmuskelbeherrschung und Männlichkeit gezogen werden müßte: die »weibliche« Frau habe keinen Anus. Eine Schlußfolgerung, die jedoch weniger absurd ist, als es im ersten Moment scheint. Vor nicht allzu langer Zeit galt es noch als unschicklich, daß Frauen »Geschäfte machten«, oder vom Geld auch nur redeten. Das Klischee von der anmutigen Frau, die nicht flucht noch sonst sich ungeschliffen verhält und die zugleich in ihrem Denken unlogisch und ungenau ist, entspricht diesem Verbot der Analität. Der Mann, der die Furcht vor der Macht seiner Mutter und insbesondere vor ihrem analen Penis, nicht überwunden hat, wird zum Komplizen eines Verbots, das am stärksten in der Frau selbst verankert ist. Die Hemmung der Analität der »weiblichen Natur« zuzurechnen, bedeutet aber nicht nur, sich auf einen fragwürdigen Begriff zu stützen, sondern kommt einer Kastration der Frau und der Verewigung ihrer Schuldgefühle gleich.

»Die spezifischen Schuldgefühle des Mädchens in bezug auf seinen Vater betreffen nicht nur ihre Sexualität; sie beziehen sich auf jeden Vorgang, der im Unbewußten die Bedeutung eines phallischen Erwerbs hat, gleichgültig, um welchen Bereich es sich auch handelt. Da im Unbewußten das Funktionieren des Intellekts mit dem Besitz des Penis gleichgesetzt wird, bedeutet für die Frau eine Verwirklichung auf intellektueller Ebene, daß sie den Penis des Vaters gefangenhält, und ihn damit zugleich der Mutter raubt[1].« Jede Selbstverwirklichung, die ihr narzißtische Befriedigung verschafft, erscheint der Frau als Usurpation der väterlichen Macht. Indem sie die so erworbene »Männlichkeit« in den Dienst eines anderen stellt, hofft sie, den unbewußt kastrierten Partner zu versöhnen und somit auch ihre Ängste und Schuldgefühle zu beschwichtigen. Was sie erst dem Vater raubte, stellt sie ihm bzw. den jeweiligen Vaterobjekten, wieder zur Verfügung: sie identifiziert sich mit dem väterlichen Penis. Sie wird die rechte Hand ihres Vaters, ihres Mannes, ihres Geliebten, wird ein Teil von ihnen. Das macht sie unmittelbar abhängig von dem Objekt, das sie ergänzt. Diese Situation der Frau als Teilobjekt, als Hilfspenis, beschreibt *J. Chasseguet-Smirgel* als den häufigen Ausgang eines Konfliktes, der im Zusammenhang einer Gegenidentifikation mit der kastrierenden Mutter steht. Auch gewisse Aspekte des femininen Masochismus sind mit dieser Einstellung verbunden. »Die Frau verdeckt die Vorstellung des entwendeten Penis durch das Trugbild des sich selbst ganz und gar hingebenden; sie schlägt ihrem Partner vor, mit ihr zu verfahren, wie sie selbst es phantasmatisch mit dem Penis tut[2].« Ihre Abhängigkeit vom Objekt bewirkt auch die Beeinflußbarkeit ihres Über-Ichs, dessen Gesetze an den jeweiligen Sexualpartner gebunden sind. So austauschbar die Inhalte ihrer Überichforderungen dementsprechend sind, so beharrlich haben zahlreiche Frauen das Gebot verinnerlicht welches heißt: Du sollst nicht dein eigenes Gesetz haben, dein Gesetz sei immer das des Partners.

Die Frau hingegen, die ihre kindlichen Allmachtsphantasien nicht aufgegeben hat, bedarf der Objekte nur

---

1 A. a. O., S. 161
2 A. a. O., S. 199

um der Bewunderung willen, die sie ihr entgegen-
bringen. Da sie ihren Objekten alle Libido entzog, um
sie ihrem eigenen Selbst zuzuwenden, folgt die narzißtische Frau, sich selbst mit dem autonomen Phallus
identifizierend, einzig ihrem eigenen Gebot: Schön
sein, um begehrt zu werden. Der unwiderstehliche
Reiz solcher Frauen geht nicht nur von ihrer »makel-
losen Schönheit« aus. Ihre Ausstrahlung ist vielmehr
untrennbar von ihrer Unzugänglichkeit, »wie der Reiz,
den gewisse Tiere auf uns ausüben, die sich nicht um
uns zu kümmern scheinen«[1]. *Fritz Wittels* bezeichnete
diese Art Schönheit als pathologische, d. h. als quasi
irreversibles, phallisches Konversionssymptom. »Ich
will gefallen, den Mann anziehen — diese Idee ist zur
Organsprache konvertiert und auf die Oberfläche des
Körpers geschrieben. Wir wissen, daß die Kastration
dahintersteckt, daß in tausend Symptomen um den Besitz des Penis gekämpft wird. Das Symptom macht den
Penis auf narzißtischem Wege entbehrlich, indem es
ihn allegorisiert[2].« Die Frau erigiert als allmächtiger
Phallus, und eben dieser Verkörperung gilt insgeheim
die Bewunderung des Mannes. »Dieser Typ phallischer
Identifikation ist verwandt mit dem Mannequin
(= kleiner Mann), der Ballerina, dem Vamp[3].« Das
Versprechen ihrer Schönheit können solche Frauen
nicht einlösen. Ihre Unzugänglichkeit impliziert, daß
nichts in sie eindringen kann, daß sie, um ihre Autonomie nicht zu gefährden, sich niemals wirklich »hingeben«. »Sie entwickeln häufig sadistische Tendenzen,
und dem richtigen hysterischen Mechanismus gemäß
wissen sie nicht einmal, was sie ihren Liebhabern
antun[4].« Sie kastrieren den Mann, um zu verhindern,
daß er ihnen zu nahe kommt.
»Wenn das erwünschte Eindringen des Penis tatsächlich als etwas vorgestellt wird, das eine Beein-
trächtigung der körperlichen Unversehrtheit und der
Integrität des Ich mit sich bringt, wenn der Penis das

1 *S. Freud,* Zur Einführung des Narzißmus, GW Bd. X, S. 155
2 *Fritz Wittels,* Mona Lisa und weibl. Schönheit, Imago XX,
1934
3 Recherches Nouvelles, S. 189
4 *F. Wittels,* a. a. O.

Sinnbild der unangemessenen phallischen Macht geblieben ist (und der im Verhältnis zu dem kleinen Mädchen disproportionierte, der zu große Penis, den es begehrt, ist der Erbe der überfallenden, zerstörerischen, zerstückelnden und destrukturierenden Macht des Phallus der Urmutter), dann wird die genitale Beziehung, das Eindringen, als unerträglicher Wunsch empfunden, als nicht akzeptabel für das Ich, als unvereinbar mit der fundamentalen narzißtischen Abwehr und dem Selbsterhaltungstrieb[1].« In diesem Falle hat der Penisneid Abwehrfunktion; es ist wichtig, selbst einen Penis zu besitzen — damit kein anderer eindringen kann. Das Mädchen wendet sich nur scheinbar an seinen Vater, ihr Peniswunsch bleibt an die phallisch-mütterliche Imago gebunden, während der Vater die Rolle eines Muttersubstitutes einnimmt. Von einem Objektwechsel im eigentlichen Sinne kann also nicht die Rede sein, da es nur zu einer Verschiebung der Besetzungen von der Mutter auf den Vater kommt. »Das Mädchen versucht, der gefährlichen phallischen Mutter zu entfliehen, indem es eine Beziehung zum Vater etabliert. Doch dieser Abwehrmechanismus versagt, weil die beiden Objekte ungenügend differenziert worden sind und die Projektionen erhalten bleiben[2].« Bar jeder Möglichkeit, den Vater zu idealisieren, belegt ihn das Mädchen mit den nämlichen Inhalten, die die »böse« Mutter kennzeichneten. So ist auch für die passiv-homosexuelle Haltung der »schlechte« Charakter des ersten Objekts ausschlaggebend.

Es gilt allerdings jene Frau, die eine »homosexuelle« Beziehung zum *Manne* eingeht, und die manifest homosexuelle Frau zu unterscheiden, die den Vater und alle Männer als Objekt libidinöser Besetzung ausgeschlossen zu haben scheint. Daß der Vater überhaupt je von ihr begehrt wurde, ist für die homosexuelle Frau nicht vorstellbar. Nur der Haß ist ihr bewußt. Der Vater ist in der Kindheit als zurückweisend und brutal erlebt worden. Aber die Gewalttätigkeit ist nur die eine Hälfte des Bildes; die andere, nicht minder

---

1 Recherches Nouvelles, S. 135
2 A. a. O., S. 183

bedeutsam ist die seiner Ohnmacht, seiner Impotenz und Unwirksamkeit als Mann, die ihn in den Augen des Mädchens verächtlich macht. Seine körperliche Nähe erweckt Furcht und Ekel. »Das Zeichen des Vaters ist nicht mehr der Phallus, sondern jedes Objekt und jeder Akt in bezug auf die fäkalen Stoffe[1].« Durch die Projektion der schlechten Aspekte des ersten Objekts auf den Vater ist die Mutter als konfliktfreies Objekt wiederhergestellt. Sie erscheint nicht nur als diejenige, die jede Annäherung an den Vater verbietet, sondern sie ermutigt auch den vom Mädchen zugegebenen Widerwillen gegen den Vater, als sei dies ein ihr angebotenes Geschenk. In der Vorstellung des Mädchens teilt sie insgeheim auch die Verachtung für ihn.

Der Vater muß als Objekt verloren bleiben, aber wie bei der Melancholie wird er ins eigene Ich introjiziert. Deshalb wird das Ich von nun an vom Über-Ich wie das verlassene Objekt beurteilt. Der Objektverlust wird zum Ichverlust. »Das verworfene Liebesobjekt wird introjiziert, um nie wieder verlassen zu werden; es existiert nur ein einziger Mann in der Welt der homosexuellen Frau; kein anderes männliches Objekt wird je seinen Platz einnehmen[2].« Dem Bewußtsein ganz und gar unzugänglich, bleibt für die Frau die äußerst ambivalente Identifikation mit dem Vater um so wirkungsvoller. Die sadistischen Attacken des Über-Ichs aufs Subjekt werden zum Teil auf den Vater und auf alle Männer rückprojiziert. Die homosexuelle Frau glaubt sich deshalb vom Manne verfolgt, von Mord und Vergewaltigung bedroht. Einzig die Gegenwart der Mutter bietet Schutz vor den Gefahren des Lebens. Zugleich glaubt das Mädchen die Mutter selbst ständig bedroht. In seiner Phantasie wird sie das Opfer tödlicher Unfälle oder Ziel grausamer Angriffe. Diese Vorstellungen — magisches Mittel zur Beherrschung von gefährlichen Impulsen des Subjekts — verpflichten das Mädchen, ständig bei der Mutter zu bleiben, vermeintlich um sie zu beschützen. Vor allem die

---

1 A. a. O., S. 262
2 A. a. O., S. 275

sexuelle Bedrohung durch den Vater glaubt es von ihr fernhalten zu müssen. Denn so schön und verführerisch die Mutter auch erlebt wird, so ist sie doch in den Augen des Mädchens ohne sexuelle Bedürfnisse. Sie wird als dem Kind gegenüber wenig einfühlsam, in gewissem Grade als kalt und distanziert empfunden — ein Verhalten, das vom Mädchen als berechtigter Ausdruck einer Enttäuschung interpretiert wird, zu der es selbst den Anlaß gibt. Es wähnt sich nicht wert, von ihr geliebt zu werden. Die unbewußte Identifikation mit dem »widerlichen« und »schmutzigen« väterlichen Phallus muß die so »reine« Mutter zweifellos mißbilligen. Die Bewunderung für diese Mutter, die unerreichbar ist und all das verkörpert, was das Mädchen nicht sein kann, ist nur auf bewußter Ebene so uneingeschränkt. »Die ambivalenten Gefühle gegenüber der Mutter, ob sie nun in der Übertragung sichtbar werden oder direkt an Kindheitserinnerungen anknüpfen, werden als Attacken gegen die einzige Quelle der Sicherheit erlebt und implizieren so die Gefahr, einem Objekt entrissen zu werden, mit dem man auf fast symbiotische Weise verbunden ist[1].« Die Erinnerung an die »andere« Mutter ist deshalb nur schwer zugänglich. Das verdrängte Bild ist das einer Person, »die eine rigide Kontrolle ausübt, pedantisch auf Ordnung bedacht und peinlich genau in den Vorkehrungen, die die Gesundheit und Sauberkeit betreffen[2].« Insgeheim glaubt sich das Mädchen von ihr beraubt und entleert. Es versteht das Gebot der rigorosen Sauberkeit, das sich auf sein Körperinneres wie auf sein Äußeres erstreckt, als eine Verwerfung des Körpers selbst. »Die Unmöglichkeit, was auch immer an Gutem oder Wertvollem in sich zu behalten, ist zu einem Teil die Antwort auf die unbewußte Forderung der Mutter, alles zurückzuerstatten, den introjizierten Vater ebenso wie die eigene Weiblichkeit[3].«

Diese Konflikte bewußt zu machen, gelingt in der Analyse nur über die Phantasien der Liebe zum Kör-

---

1 A. a. O., S. 283
2 A. a. O., S. 282
3 A. a. O., S. 292

per des anderen, »der detaillierten Beschreibung aller Zärtlichkeiten, Liebkosungen und der minuziösen Entdeckung des weiblichen Körpers. Wenn sie bereit ist zu verstehen, daß diese leidenschaftliche Würdigung des Körpers des anderen alle Liebe enthält, die sie unbewußt für ihren eigenen Körper wünscht, so wohnt man einer Explosion von Ängsten bei, und der Erinnerung an das Verhalten der Mutter in bezug auf den Körper des Mädchens und dessen Funktionen[1].« Die homosexuelle Frau versucht ihren eigenen Körper durch den Körper einer anderen Frau zu begreifen; deren Lust ist die ihre, durch sie gelingt es ihr, auf magische Weise an der Weiblichkeit teilzuhaben. Die sexuelle Beziehung, die sie mit einer anderen Frau eingeht, bedeutet auch einen heimlichen Triumph über die Mutter, die einzige Möglichkeit, ihr doch noch zu entkommen, auch wenn diese neue Beziehung letztlich in die alten Konflikte und Ängste mündet. »Die homosexuelle Beziehung richtet eine schützende Barriere auf, die wirksam ist, so zerbrechlich sie auch sein mag[2].« Ihr Triumph liegt darin, daß sie von der Freundin in allem akzeptiert wird, was in der Beziehung zur Mutter keine Anerkennung fand: Die Sexualität wie auch die anal-erotischen Manifestationen.

Doch die Beruhigung, die diese Freundschaft gewährt, hält nicht lange an. Die phobischen Ängste um die geliebte Person bezeugen dieselbe Ambivalenz, die schon die Beziehung zur Mutter kennzeichnete. »Im permanenten Kampf versucht die homosexuelle Frau ihre zerbrechliche Identität, die nicht die ihre ist, zu bewahren. Hinter dem Versuch, den anderen zu ergänzen, verbirgt sich die Phantasie, sich selbst auf Kosten des anderen zu ergänzen. In einer Umkehrung der Mutter-Kind-Beziehung etabliert sich das Glücksspiel, in dessen Verlauf sie sich zwingt, ihre Partnerin darauf zu reduzieren, die Rolle des Teilobjekts zu spielen, das nur sie manipulieren kann. Offensichtlich fürchtet sie sich selbst als Teilobjekt wiederzufinden. Würde sie

---

1 A. a. O., S. 283
2 A. a. O., S. 308

ihre Partnerin verlassen, so riskierte sie alles zu verlieren[1].« Alles, das heißt, nicht nur die Frau, die sie liebt, sondern mit ihr auch sich selbst. Die Unfähigkeit, allein zu sein, gründet in den panischen Ängsten, die selbst die zeitlich begrenzte Abwesenheit der Freundin schon auszulösen vermag. — Ein Entsetzen, das sich durch den Eindruck des totalen Verlusts der Körperbeherrschung einstellt. Dieses Gefühl, verloren zu sein, sich aufzulösen in ein Nichts, kann nur die Verletzung, die sie sich selbst zufügt, wieder aufheben. Einzig der Schmerz läßt sie die Grenzen ihres Körpers wiederfinden. »Hinter der Phantasie vom Verlust des introjizierten Vaters liegt die Angst, auf einen nahezu indifferenten Zustand zu regredieren, wo einzig die Gegenwart der Mutter die Differenz zwischen dem Selbst und der äußeren Welt wiederherstellen kann[2].«

»In der homosexuellen Beziehung sind also verschiedene Bedeutungen verborgen. Als das kleine Mädchen sich gezwungen sah, den Vater als Liebesobjekt aufzugeben, fand es nicht einfach sein erstes Liebesobjekt wieder, sondern glitt zurück von einer Dreierbeziehung zu einer *dem Anschein nach* binären Beziehung. Im Schutze dieser Regression hat sich das Mädchen des begehrten Objektes bemächtigt: des väterlichen Phallus. Man kann sagen, sein Ich ›schmückt‹ sich von nun an mit diesem Objekt, von dem es immer den Eindruck hat, es gestohlen zu haben. Zwar befindet es sich in einer der frühen Mutter-Kind-Beziehung genau nachempfundenen Quasi-Verschmelzung, doch mit dem Unterschied, daß das phallische Wirkungsvermögen des väterlichen Penis nicht mehr im Besitz der Mutter ist. Es ist das Erbteil des Mädchens geworden, die von nun an in ständiger Angst lebt, es wieder zu verlieren. In gewisser Weise geborgen durch die Identifikation mit dem väterlichen Phallus, den sie als Mittler zwischen sich selbst und die Mutter stellt, braucht sie zugleich nicht mehr um die Herstellung der symbiotischen Einheit zu bangen. Um so mehr, als sie jetzt glaubt, *alles*

---

1 A. a. O., S. 309
2 A. a. O., S. 298

zu verbergen, was für die Mutter wesentlich ist. Sie
ist in der Lage, der Mutter zu bieten, was diese von ihr
erwartet. Sie ist ›Phallus‹ für die Mutter, jedoch mit
analen Qualitäten, die nur die Mutter manipulieren
kann. In dem entscheidenden Augenblick, in dem sie
sie für eine andere Frau *verläßt,* ist die Kastration der
Mutter vollbracht. Einer anderen, ihrem Ersatz, wird
sie sich als Inkarnation all dessen anbieten, was dieser
fehlt! Aber da beginnt das Drama von neuem[1].«

Strukturierung in der Analyse als Preisgabe früher Weiblichkeit

Was die Autoren der »Recherches« beschreiben, bestätigt die Thesen von *E. Jones* und verneint sie zugleich. Sie bestätigen die Bedeutsamkeit der frühreifen
weiblichen Sexualität, das heißt die Vermischung von
anal-oralen Trieben mit der Vaginal-Lust. Die Unmöglichkeit jedoch, diese Lust aufrechtzuerhalten —
ihr folgen hieße das Objekt zerstören —, läßt das
Mädchen sich für das Aufgeben seines Geschlechtes
entscheiden, um das Objekt zu erhalten[2] — eine Konsequenz, die die Symmetrie des Schemas sprengt, das
Jones für die weibliche und männliche Entwicklung
aufgestellt hat.
Solange die Frau ihre Objekte nicht aufgibt, bleibt
ihr Ich so fragmentarisch wie das Bild vom eigenen
Körper und wie die Realität selbst. Sie kann Weiblichkeit und Lust nur dann als Anspruch geltend machen, wenn sie ihr unmittelbares Verhältnis zur Lust
aufgibt und zugleich mittels *sprachlicher* (gesellschaftlicher) Strukturierung erneuern läßt. Verbliebe sie im
Bann ihrer »archaischen« Wünsche, so wäre sie unfähig, diese an irgendeinem Objekt festzumachen. Jede
Identifizierung hat zur Bedingung, daß die Einheit mit
dem frühen Objekt aufgegeben wird: daß Unbewußtes
und Vorstellung auseinandertreten. Wenn *Maria Torok*

1 A. a. O., S. 309
2 Dies nicht nur als »neurotischer« Ausgang eines Konflikts,
wie die Häufigkeit der Frigidität belegt.

sagt, die Frau müsse in der Analyse das »verlorene Vermögen der Identifikation mit den Darstellern der Urszene« wiederfinden, dann folgt daraus: sie muß ihre Urobjekte aufgeben, sie muß *verdrängen*. Dieses scheinbare Paradoxon findet bei *Jacques Lacan*[1] und seinen Schülern (so bei *Michèle Montrelay*[2]) seine umfassende Deutung. »Bei einer Psychoanalyse der Frau besteht das Wesentliche nicht darin, die Sexualität bewußter zu machen. Das gesprochene Wort des Analytikers erhält eine ganz andere Funktion. Es legt nicht mehr aus, sondern strukturiert die Weiblichkeit durch die bloße Tatsache der Artikulation. Wenn die Kastrationsvorstellung verbal eingesetzt wird, dann läßt sie die Sexualität in die Rede übergehen[3].« Diese Art der Interpretation ist nicht so sehr Deutung und Kommentar, sie ist vielmehr signifikante Artikulation. Die Worte des Analytikers sind nicht mit den Phantasiebildern des Analysanden identisch, sondern haben sich an deren Stelle gesetzt. Sie sind andere Worte — von Wunsch und Verständnis des Analytikers mitbestimmte Signifikanten. »Die Rede des Analytikers ist nicht Spiegel, sondern Metapher der Rede des Patienten[4].« Die Lust, die das gesprochene Wort des Anderen, die verfremdende Interpretation des Gemeinten, doch Unartikulierbaren auslöst, manifestiert sich in einem Lachen. Sie überkommt den Analysanden im selben Augenblick, in dem die Metapher das Unartikulierbare ausdrückt und dadurch verwandelt. Die Lust bezeugt die metaphorische Erfüllung der Triebe, die, ausgeschlossen aus dem Bereich des Symbolischen, unlösbar an die Angst gebunden waren. »Die Lust tritt im gleichen Augenblick auf, in dem die Metapher hervorgebracht wird; mit ihrem Sinn selbst identifiziert sie sich. Worin besteht dann dieser der Bedeutung beraubte Sinn? Wir können ihn als Maß des leeren, von der Verdrängung hervorgerufenen Raumes bestimmen. Die Metapher, die sich gibt, als wäre sie nicht das, was

---

1 Jacques Lacan, Ecrits, Paris 1966
2 Michèle Montrelay, Recherches sur la féminité, in: Critique, Juli 1970
3 Montrelay, a. a. O., S. 669, 670
4 Montrelay, a. a. O., S. 670

gesagt worden ist, höhlt diesen Raum aus und bezeichnet ihn[1].«

Dieser Vorgang in der Analyse kommt einer Verdrängung der »Weiblichkeit« gleich. Was darin verlorengeht, ist der Sinn der frühreifen Sexualität. Dieser Verlust konstituiert die *symbolische* Kastration der Frau. Die konzentrischen Repräsentanten — die vagino-oralen Urbilder — durch andere, *phallische* Repräsentanten. Die Befriedigung und die Vorstellung von der eigenen Weiblichkeit werden phallisch interpretiert. »So gesehen läßt sich vielleicht eine bestimmte kulturelle und soziale Funktion der Psychoanalyse interpretieren. Erinnern wir uns, daß die Freudsche Theorie der Sexualität aufgrund von Problemen der Frau und der Weiblichkeit erstellt wurde. Man könnte also fragen, ob sich die Psychoanalyse nicht artikuliert hat, um diese Art ›schwarzer Flut‹ der Weiblichkeit zu verdrängen (im Sinne der Symbolisierung der Vorstellung), die vielleicht besonders im letzten Jahrhundert die soziale und kulturelle Ordnung zu verseuchen drohte. Gleichzeitig würde man verstehen, warum Jones von Freud absichtlich verschwiegen wurde: Mußten die Versuche, die Weiblichkeit ›zum Sprechen zu bringen‹, nicht gerade die Verdrängung kompromittieren, welche *Freud* endlich *gelungen* war?«[2] Die Rede der Psychoanalyse und der Psychoanalytiker ist die »väterliche« Rede, welche die »wahre« Weiblichkeit gemäß dominanter Gesetze und Ideale strukturiert. Jene solchermaßen konstituierte Lust wird demnach nicht durch die Aufhebung von Hemmungen ausgelöst — nicht die Wiederkehr des Verdrängten verrät sich im bezeichnenden Lachen, sondern der Vorgang der Verdrängung selbst.

Lust als Verdrängung

M. Montrelay bestimmt die widersprüchlichen Variationen weiblicher Lust nicht nach Kriterien der Inten-

1 A. a. O., S. 670
2 A. a. O., S. 670

sität, des Ergebnisses (Orgasmus oder nicht), der Wirkung (Befriedigung oder Angst) oder von auslösenden Körperstellen, sondern nach ihrer Funktion in der psychischen Ökonomie. Sie unterscheidet zwei Typen sexueller Lust: die frühreife und die »sublimierte« (das heißt durch die Metapher erzeugte). Die Aktualisierung archaischer Lust, der Beziehung zum eigenen Geschlecht, bereitet auch beim heterosexuellen Liebesspiel Verlustangst. Demgegenüber setzen alle Formen sublimierter Lust, auch wenn sie inzestuösen Charakter haben, die Strukturierung der Weiblichkeit durch verdrängende Signifikanten voraus. Zugleich wird im sublimierten Sexualakt die Verdrängung früher Triebhaftigkeit, der *Einsatz* (die Preisgabe) frühreifer Weiblichkeit wiederholt und verstärkt: »Vom Penis, seinem Stoßen, seiner taktmäßigen Bewegung, von den Liebesgesten kann man sagen, daß in ihnen die elementarste, die reinste Form der signifikanten Artikulation hervortritt, und zwar die einer Abfolge oder Reihe von Schlägen. Wenn diese Reihe einen Sinn annimmt, als Lust von der Frau erlebt wird, geschieht dann dies nicht in dem Maße, in dem diese Reihe — die als radikal anders als die Weiblichkeit erfahren wird — *an ihre* Stelle tritt und von daher die Szene der Kastration umschreibt?«[1]

Kein Organ ist an sich mit bestimmten Vorstellungen identisch. Das Bild der vaginalen Aushöhlung und die Empfindung, daß etwas von außen Kommendes eingesaugt wird, sind erst Produkte der symbolischen *Arbeit* des Penis. Erst durch die Verdrängung wird die Vagina ausgehöhlt. Die erworbene Lust weist der Frau ihren Ort im gesellschaftlichen Zeichensystem zu.

Die Sublimierung steigert die Metapher bis zum Orgasmus und verleiht dem Orgasmus die Bedeutsamkeit der Metapher. »Diese im Augenblick der Lust immer wieder erneuerte und weißglühende Metapher explodiert vor lauter Signifikanz ... (Der Höhepunkt der Lust) kennzeichnet den Augenblick, da der Diskurs, der unter der Einwirkung *seiner eigenen Kraft* explodiert, fortschreitend zerbricht, sich auflöst, auseinan-

---

1 A. a. O., S. 672

derfällt . . ., sich selbst artikuliert. Der Orgasmus im Diskurs führt uns zu jenem Punkt, wo die weibliche Befriedigung als *Schrift* zu bestimmen ist[1].«

Notwendig symbolisierte Kastration

Für *Lacan* wird die Verdrängung aber nicht erst durch das Wechselspiel von artikulierten Phantasiebildern und metaphorischer Strukturierung ermöglicht, sondern bereits durch die ersten Wörter der Mutter als »Verlängerung« ihres Körpers. Die mütterliche Rede verspricht die uneingeschränkte Befriedigung und lenkt zugleich von ihr ab, ist also in diesem Sinne *kastrierend*. Sie macht ein »unmittelbares und ungestörtes Verhältnis zur Welt und zur Lust unmöglich[2].«

Im Laufe der Zeit erhalten die Wörter der Mutter vor dem Hintergrund väterlicher Repräsentanz symbolische Bedeutung. Der unmittelbar kastrierende Sinn der Wörter, der Körper der Mutter als Versprechen und Entzug der Befriedigung, verwandelt sich in die bewußte Kastrationsvorstellung: der bedrohte, beziehungsweise im Falle des Mädchens weggenommene Penis. Solche Strukturierung schafft und trennt überhaupt erst *bewußte* und *unbewußte* (Kastrations-)Vorstellungen. Die unbewußte Wirkung der Symbolisierung ist die Überbesetzung der Wörter, die jetzt die unbewußte Vorstellung konstituieren. Sie zeugt vom Einsatz (der Preisgabe) der unmittelbaren Befriedigung mittels der Symbolisierung, der phallischen Repräsentanz, durch welche die Mutter allererst begrenzt wird. Die unbegrenzte Macht der mütterlichen Wörter teilt sich den repräsentierenden Wörtern mit, die ständig wiederkehren und deren Überbesetzung die Lesart des Unbewußten ist. »Das Begehren besteht in der Vorstellung des fehlenden Objekts (der Mutter); das heißt, das Objekt wird ausschließlich in der Form von Wörtern ›genossen‹. Diesen Wunsch befriedigen heißt hingegen, den Wörtern zugunsten der Wirklichkeit ihre

---

1 A. a. O., S. 674
2 A. a. O., S. 660

Besetzung entziehen; oder anders gesagt, die Mutter genießen läuft darauf hinaus, den — auf unbestimmte Zeit überbotenen — Einsatz wiederzuerlangen, der für gewöhnlich die Vorstellung gewährleistet[1].«

In Fallstudien weiblicher Patienten, auf die *Michèle Montrelay* sich bezieht, wird deutlich, daß die unbewußte Kastrationsvorstellung nur unzulänglich oder gar nicht eingesetzt hat. Kastrationsvorstellungen, von denen die Frau (nicht jedoch die Weiblichkeit) so oder so überwältigt wird, dringen als gesellschaftlich unabdingbar mit der »Gewalt des Wirklichen« ein, ohne die vagino-oralen Triebe zu strukturieren. Nicht verdrängt, sondern nur verleugnet, können diese Bilder der *verworfenen* Weiblichkeit nur von außen wiederkehren — etwa in der Vorstellung, verschlungen zu werden[2]. Sofern es der Frau gelingt, der Kastrationsdrohung den unbewußten Sinn zu entziehen, ist die Weiblichkeit ein blinder Fleck in den symbolischen Prozessen, die *M. Montrelay* in Anlehnung an *Lacan* als (primäre) Verdrängung bezeichnet. Der Körper der Mutter war es, »der in der ersten Lebenszeit die Substanz der Wörter, der Organisator der Wünsche war und in der Folge auch den Stoff der Urverdrängung bildete. Indem sich die Frau als mütterlicher Körper (und auch als Phallus)[3] wiedererlangt, kann sie den ersten Einsatz der Vorstellung nicht mehr verdrängen oder ›verlieren‹. Wie in der Tragödie wird die Vorstellung vom Ruin bedroht. Doch am Ursprung dieser Bedrohung herrschen unterschiedliche Prozesse: Für Ödipus ergab sich die Rückerstattung des Einsatzes aus dem Wagnis, sie wurde *trotz* eines Verbotes vollzogen; im Gegensatz dazu wird der Frau nichts untersagt, kein Satz, kein Gesetz verbietet die Rückgewinnung des Einsatzes, da für sie die Wirklichkeit, die sich aufdrängt und an die Stelle der Verdrängung und des Begehrens tritt, diejenige des eigenen Körpers ist[4].«

---

1 Montrelay, a. a. O., S. 661
2 Siehe: Die Fallstudien bei J *Chasseguet-Smirgel*
3 »Wenn das Begehren der Mutter der Phallus *ist,* dann will das Kind der Phallus sein, um es zu befriedigen.« *J. Lacan:* Die Bedeutung des Phallus. In: Ecrits, Paris 1966, S. 693
4 *M. Montrelay,* a. a. O., S. 664

Die Sexualität der Frau ist geeignet, am Rande der Verdrängung zu bleiben — außerhalb der Kastrationsvorstellung. Aber eben dies wird ihr zum Verhängnis, denn würde sie den Einsatz nicht verschieben, nicht doch noch etwas preisgeben, so käme das dem totalen Verlust der Realität gleich. Was sie alsdann aufgibt, ist das Begehren nach dem anderen Geschlecht (dem Vater, dem männlichen Partner), das sie nicht stabilisieren kann; sobald es sich einstellte, müßte sie es gleich wieder aufgeben, was einer symbolischen Kastration *des Mannes* gleichkommt.

Die absolute Verwerfung der Kastration jedoch ist zur Psychose verdammt (in diesem Sinne läßt sich vielleicht auch das Phänomen der intensiven vaginalen Orgasmen von Psychotikerinnen verstehen[1]). Als Beispiel für die Weiblichkeit, die ganz und gar außerhalb der Verdrängung bleibt, liest sich heute ein Märchen wie das vom »Catherlieschen«[2]. Es ist dies die Geschichte eines unaufhaltsamen Verlustes der Realität, der einzig deshalb keine Angst erregt, weil die Unvernunft hier die Wirklichkeit besiegt.

»Als Catherlieschen im Felde war, sprach's mit sich selbst: ›Eß ich, eh ich schneid, oder schlaf ich, eh ich schneid? Hei, ich will ehr essen!‹ Da aß Catherlieschen und ward überm Essen schläfrig und fing an zu schneiden, und schnitt halb träumend alle seine Kleider entzwei, Schürze, Rock und Hemd. Wie Catherlieschen nach langem Schlaf wieder erwachte, stand es halb nackigt da und sprach zu sich selber: ›Bin ich's, oder bin ich's nicht? Ach, ich bin's nicht?‹ Unterdessen ward's Nacht; da lief Catherlieschen ins Dorf hinein, klopfte an ihres Mannes Fenster und rief: ›Friederchen?‹ — ›Was ist denn?‹ — ›Möcht gern wissen, ob Catherlieschen drinnen ist?‹ — ›Ja, ja‹, antwortete der Frieder, ›es wird wohl drin liegen und schlafen.‹ Sprach sie: ›Gut, dann bin ich gewiß schon zu Haus‹, und lief fort.« Anders als im Märchen von der klugen Else, einer anderen Wahnsinnigen, endet die Geschichte von Catherlieschen nicht an dieser Stelle, sondern damit, daß ihr Anblick solches Entsetzen auslöst, daß der Mann, der sie ansieht, zusammen mit dem lahmen Pfarrer, den er auf dem Rücken trägt, die Flucht ergreift: »Und beide eilten fort, und der Pfarrer konnte vor großer Angst mit seinem lahmen Fuße gerader laufen als der Mann, der ihn gehockt hatte, mit seinen gesunden Beinen.«

1 Siehe *H. Deutsch, M. Montrelay, Lily Fleck*
2 Das Märchen vom Frieder und dem Catherlieschen, Grimm's Märchen.

Im Versuch, die frühreife Weiblichkeit, das durch strukturierte Sprache nicht Bestimmbare, ihrer Theorie zu integrieren, entwickeln die Autoren der »Recherches Nouvelles« das Thema der »Konzentrizität«. M. *Montrelay* versucht, die voranalytischen vagino-oralen Bilder auf den umschreibenden Begriff einer unersättlichen Mündung oder »Öffnung« zu bringen, einem einzig auf sich selbst bezogenen Organ, das endlos verschlingen und absorbieren will. »Wenn dieses unersättliche Loch-Organ tatsächlich im Zentrum der frühkindlichen (weiblichen) Sexualität steht, wenn es jede psychische Bewegung — entsprechend zirkulärer und geschlossener Bilder — nach innen krümmt, dann setzt es das Verhältnis der Frau zur Kastration und zum Gesetz aufs Spiel, denn absorbieren, (auf)nehmen, umschließen heißt die Welt auf die archaischsten Trieb->Gesetze< reduzieren[1].«

Sofern die Frau den eigenen Körper nicht verdrängt, ihn also ausschließlich narzißtisch besetzt, unterscheidet sie nicht zwischen ihrem Körper und jenem, der das erste Objekt war. Der eigene Körper wird nicht zur Symbolisierung aufs Spiel gesetzt und ist daher nicht vorstellbar. Seine ungreifbare Präsenz bereitet Angst. Sie kann so überwältigend werden, daß die Frau, um sie erträglich zu machen, den Verlust (die symbolische Kastration) des eigenen Körpers simuliert — etwa in assoziativen Selbstaussagen wie: »Es gibt nichts mehr, Loch, Leere . . .«[2]. Solche Aussagen sind nicht symbolische, sondern *imaginäre* Kastrationsvorstellungen. »Es wird ein Mangel vorgetäuscht, und damit der Verlust irgendeines Einsatzes[3].« Solche Täuschung entspricht genau der sozialen Erwartung von der Selbstwahrnehmung der Frau, nämlich der Vorstellung, die Frau erfahre ihre Vagina als ein Nicht-Haben, als Penismangel. Die Frau spielt nun aber die Abwesenheit des Penis nur vor. »Indem sie vollstän-

---

1 *M. Montrelay,* a. a. O., S. 664
2 A. a. O., S. 665
3 A. a. O., S. 665

dig ihr eigener Phallus bleibt, wird sich die Frau also mit diesem Mangel travestieren und die Kastrationsdimension zur Augentäuschung erheben[1].« Zu solchen inszenierten Täuschungen gehört auch der Penisneid, selbst wenn er nicht manifest ist. Da die Weiblichkeit einerseits nicht verdrängt werden muß, andererseits aber als unverdrängte sich nicht entfalten kann, muß sie durch Simulierungen zurückgeworfen werden. »Zwei heterogene Territorien ko-existieren innerhalb des weiblichen Unbewußten: dasjenige der Vorstellung und dasjenige, das ›schwarzer Kontinent‹ bleibt[2].« Die Frau spielt gewissermaßen die Frau. Sie verkleidet sich mit sich selbst, um vorzutäuschen, daß sie den Penis nicht hat. So bewahrt sie ihren Körper vor Symbolisierung — und somit als das, wovon sie glaubt, daß die Mutter es begehre: den Phallus. Jede in Erscheinung tretende Weiblichkeit ist *Maske*[3]. Ihr Sinn ist es vorzutäuschen, nichts verberge sich hinter ihr. Sie ist maskierte Maske. »Es gilt zu beachten, daß es der Endzweck einer derartigen Maskerade ist, nichts zu sagen. Absolut *nichts*. Um dieses Nichts zu produzieren, travestiert sich die Frau mit ihrem eigenen Körper[4].«

Die männliche Kastrationsfurcht — die unbewußte und bewußte Symbolisierung der Angst, die volle Befriedigung zu verlieren — wird von der Ahnung in Frage gestellt, auch der kastrierte, d. h. der nicht verdrängte weibliche Körper könne begehren. Diese Erschütterung der Furcht wird vom Mann als Bedrohung erfahren. Denn der Gedanke, sich gewissermaßen umsonst gefürchtet zu haben, bedroht die männliche Urverdrängung. So verstanden ist jeder weibliche Körper ängstigend, da er nie gänzlich strukturiert werden kann. Einerseits verbürgt der nackte weibliche Körper die kulturell sinnvolle Kastrationsdrohung (insofern er mit der Metapher des Mangels betrachtet wird), andererseits löst er Angst aus (da er augenscheinlich

---

1 A. a. O., S. 665
2 A. a. O., S. 665
3 Siehe hierzu: *Joan Riviere*, Weiblichkeit als Maske, Almanach d. Ps. A., 1930
4 *M. Montrelay*, a. a. O., S. 666

den fleischlichen Mangel mit dem Begehren vereint).
»Von daher rührt die männliche Zensur: die Versagungen, die Verbote, die Verachtung, die seit Jahrhunderten auf der Frau lasten, mögen wohl absurd
und willkürlich sein; entscheidend ist jedoch, daß nicht
darin das Wesentliche liegt, sondern in der Tatsache,
mit sicherem Streich die Preisgabe der Befriedigung
zu erzwingen. Alsdann kann der Skandal ein Ende
haben: Das weibliche Geschlecht bezeugt die symbolische Kastration[1].«

---

1 A. a. O., S. 667

Rita Mühlbauer

STRATEGIEMODELLE DER NEUEN FRAUENBEWEGUNG

Rita Mühlbauer, geboren 1941. Studierte Graphik und Malerei an der Akademie der bildenden Künste in München. 1967 bis 1968 Mitglied des Hochschulbundes Sozialistischer Kunststudenten und der Basisgruppe Frauenemanzipation. 1971 bis 1972 Mitinitiatorin der Münchner Aktion 218. Planerisch-gestaltende Tätigkeit in einer Arbeitsgemeinschaft für visuelle Kommunikation. Comics und Illustrationen in Zeitschriften. Kinderbücher.

Die neue Frauenbewegung. Exemplarische Entwicklungen und Gruppen in der BRD und den USA

»Frauen aller Länder vereinigt euch — wir haben nichts zu verlieren als unsere Männer!«[1]
Die neue Frauenbewegung ist die erste radikale. Noch nie zuvor stellten Frauen kollektiv und lautstark die traditionelle Geschlechtsrollenteilung samt herrschendem System von Grund auf in Frage. Alle Gruppen, wie sehr sie sich auch unterscheiden mögen, sprechen von Revolution. Mißtrauisch gegenüber allen scheinbaren Evidenzen und Fundamenten der »patriarchalischen« Gesellschaft lehnen einige unter ihnen selbst heterosexuelle Beziehungen ab.
Die Schriften der radikalen Frauen sind irritierende Mixturen von Klassenkampftheorien und Konzepten des alten und neuen Feminismus, von Analysen der Rassendiskriminierung (z. B. der Schwarzen) und der Geschichte der Unterdrückung der Frau, von puritanischer Einstellung und propagierter sexueller Freizügigkeit, von hohem theoretischen Anspruch und Wissenschaftsfeindlichkeit. Die veränderten historischen Bedingungen finden in diesen Schriften ihren verzerrten Ausdruck. Dahinter verbergen sich Unsicherheit und Legitimationsbedürfnis.
Zwei Tendenzen treten besonders deutlich in den Vordergrund. Radikale Frauen mit *sozialistischem Selbstverständnis* suchen die Ursache der Unterdrückung der Frau in der spezifischen Produktionsform des Kapitalismus: in privater Aneignung gesellschaftlicher Arbeit. Die radikalen *Feministinnen* sehen ihren Hauptfeind im männlichen Chauvinismus. Entsprechend divergieren Organisation, Praxis- und Strategievorstellungen.
Noch nie war eine Frauenbewegung so populär. Die Massenmedien zeigen auf den ersten Blick ein erstaunliches Interesse an der »Befreiung der Frau«. Sie kümmern sich um jede Aktion, sofern sie nur irgendwelche provokative oder verblüffende Aspekte hat. Verhalten, Demonstrationstechniken, Stil von Sprache und Kleidung einerseits und Kriterien der Auswahl und

---

1 Notes from the First Year, New York, Juni 1968, S. 15

Wiedergabe durch die Medien andererseits sind sowohl weitgehend komplementär als auch ähnlich strukturiert. Es ist nicht mehr eindeutig bestimmbar, wer auf wen einwirkt bzw. reagiert. Trotz der oft feindseligen Haltung radikaler Gruppen gegenüber Presse, Zeitschriften und Fernsehen sind die Strategien und Taktiken von der Disposition zur mediengerechten Aktion geprägt.

Die geläufige Unterscheidung von bürgerlicher und proletarischer Frauenbewegung taugt nicht mehr für die Analyse der neuen Emanzipationsbestrebungen. Als Hilfskonstruktion dient sie allenfalls linken Fraktionen zur Identitätsfindung. Das Auseinanderklaffen von Theorie und Praxis bzw. von Selbstverständnis und realer Effizienz ist ein konstitutives Problem aller radikalen Gruppen. Obwohl oder gerade weil die neue Frauenbewegung — wie die Jugendprotestbewegung allgemein — sich vorwiegend ungeniert in Uralt-Begriffen mitteilt und zumeist bei ohnehin überfälligen Reformen ansetzt, sollten wir nicht übersehen, daß ihre Voraussetzung die Umstrukturierung der westlichen Konsumgesellschaften ist. Warum taucht sie in den sechziger Jahren auf? Warum nicht früher? Und warum fast ausschließlich in den USA und Westeuropa? Die Anfänge der neuen Frauenbewegung gehen auf die Jahre 1966/67 zurück. Die Gründerinnen der ersten »autonomen« Emanzipationsgruppen in den USA hatten zumeist politische Erfahrungen in der Bürgerrechts- und Friedensmarschbewegung oder bei der Universitätsrevolte gesammelt. Unter ähnlichen Voraussetzungen entstanden etwas später entsprechende Gruppen in den westeuropäischen Ländern.

Die ersten spektakulären Aktionen

Im folgenden sollen einige in Eigenart und Angriffsziel typische Aktionen der frühen deutschen und amerikanischen Gruppen dargestellt werden. Die hier angeführten beiden amerikanischen Aktionen mit ihren wirkungsvollen Demonstrationstechniken dienen heute noch europäischen Feministinnen als Vorbild.

TRADITIONAL WOMENHOOD IS DEAD!

Im Januar 1968 inszenierten radikale Frauen in Washington eine Leichenprozession.

Anlaß war die *Jeanette-Rankin-Brigade,* der erste überregionale Anti-Vietnam-Marsch, der von Frauen unterschiedlicher politischer Ausrichtung gemeinsam organisiert wurde. Der amerikanische Kongreß sollte am Tag seiner Eröffnung mit einer starken Frauen-opposition konfrontiert werden. Die Frauen traten in ihren klassischen Rollen auf, als Ehefrauen, Mütter und Witwen, die ihr gewähltes Parlament auffordern, ein sinnloses Morden zu beenden. Sie verließen sich auf die Macht, die man ihnen scheinbar in dieser Gesellschaft ließ, »nämlich die Macht der Frauen und Mütter«[1]. In Wirklichkeit kamen sie als Machtlose.

Eine Gruppe radikaler Frauen, die mitmarschierte, machte klar: Die gefühlvolle Menschlichkeit, wie sie die tradierte Geschlechtsrolle den Frauen zuspricht, ist nur die Kehrseite organisierter Gefühlsrohheit. Unter-würfig hätschelt und provoziert sie das, wogegen sie protestiert: männliche Aggressivität und Militarismus. Sie ist von ihren Unterdrückern geprägt.

Um dies den Anwesenden zu verdeutlichen, begrub jene Gruppe eine überlebensgroße Puppe mit aus-druckslosem Gesicht und blonden Locken samt weib-lichen Utensilien wie Lockenwickler, Rabattmarken, Büstenhalter, Haarspray und Strumpfhalter. »Nach-dem sie dreitausend Jahre die Sache der Gewalt ge-stützt und allen Kriegern geholfen hatte, sich so richtig tüchtig zu fühlen«[2], fand die traditionelle Weiblich-keit auf dem Heldenfriedhof von Arlington — neben der traditionellen Männlichkeit — ihre letzte Ruhe. Der Situation wurde mittels effektvoller Kostüme, ei-ner Trommlertruppe und Fackelschein symbolische Bedeutsamkeit verliehen. Spottlieder wurden gesun-gen, Pamphlete und Flugblätter verteilt. Die Grabrede, die *Kathie Amatniek* hielt, umschrieb die perfide Rolle des Mannes und deren Auswirkung auf das Verhalten der »alten Dame«.

---

1 Notes from the First Year, Kathie Amatniek, S. 24
2 A. a. O., Shulamith Firestone, S. 22

Kathie Amatniek fuhr fort: Die »alte Henne« sei, kurz bevor sie ihr Leben aushauchte, sehr erbost gewesen — als sie hörte, daß sich ihre radikalen Schwestern zu einer machtvollen Organisation zusammenschließen wollten, um die männliche Ausbeutung zu beenden. Die radikalen Frauen hätten erkannt, daß es keinen Krieg in Vietnam gäbe, wenn alle Frauen solidarisch Widerstand leisten würden. Erst wenn Frauen nicht mehr »servile«, sondern »vollwertige menschliche Wesen« seien, sei für alle ein Leben ohne Unterdrückung und Ressentiments möglich. Liebe zwischen Mann und Frau könne es unter den gegebenen Bedingungen nicht geben.

Was hier zu Grabe getragen wurde, war freilich nicht nur ein Symbol der traditionellen Weiblichkeit schlechthin, sondern auch die amerikanische »Mom«.

Die radikalen Frauen funktionierten eine traditionelle Demonstration um. Aus dem Appell an den Kongreß wurde ein Appell an die Frauen. Die Aktivistinnen nutzten ein politisches Tagesproblem (Vietnamkrieg), um einen bisher verdrängten Konflikt virulent zu machen. Der Konflikt war latent, aber nicht veröffentlicht. Er wurde verleugnet. Deshalb mußte bei bestehenden Öffentlichkeiten und Institutionen angesetzt werden.

Die Beerdigungsaktion führte zu einer Polarisierung innerhalb der sich konstituierenden Frauenbewegung in den USA. Bestimmte Gruppen verharrten in der Tradition der liberalen Bürgerrechtsbewegung, andere organisierten sich nach revolutionärem Muster.

NO MORE MISS AMERICA!

Trotz »mediengerechter« Form fand das Begräbnis der *traditional womenhood* nicht die erwünschte Beachtung in der amerikanischen Öffentlichkeit. Weitaus aufsehenerregender war die Störung der Miß-Amerika-Wahl in Atlantic City im September 1968. Die Massenmedien berichteten ausführlich. Das *Women's Liberation Movement* wurde nun auch im Ausland zu einem Begriff.

Die Miß Amerika ist eine heilige Kuh der amerikanischen Gesellschaft. Der Rummel, der um sie veranstaltet wird, ist mit europäischen Mißwahlen nicht zu vergleichen. Miß Amerika ist ein Traumbild, »Berufsziel« für kleine Mädchen, so wie Mr. Präsident für kleine Jungs. Sie dient als Statussymbol, Orientierungshilfe und Ansporn.

Gegen dieses Image der Miß Amerika, »ein Image, das Frauen in allen Bereichen unterdrückt, in denen es vorgibt, sie zu repräsentieren«[1], protestierten die radikalen Frauen. Diesmal waren es schon weitaus mehr, und sie kamen aus allen Teilen der USA. Sie riefen Frauen »jeder politischen Überzeugung« auf, bei den geplanten Veranstaltungen mitzuwirken. Sie organisierten Streikposten, druckten Posters und verhöhnten im Straßentheater die Wahl zur Schönheitskönigin. Sie warfen Büstenhalter, Lockenwickler, künstliche Wimpern, Perücken und repräsentative Frauenzeitschriften in einen riesigen Abfalleimer und verbrannten sie. Schließlich krönten sie ein Schaf zur Miß Amerika.

In einem Flugblatt werden die repressiven Aspekte der Miß-Amerika-Wahl aufgezählt. Für die Demonstranten propagiert die Wahl ein »hirnloses Weibchen-Idol« und parodiert »eine Tierzuchtausstellung, in der die nervösen Tiere begutachtet werden und das beste seiner Art das blaue Band bekommt«. Ebenso werden die Frauen gezwungen, tagtäglich in einem permanenten Konkurrenzkampf um die Gunst der Männer zu buhlen. Die Wahl ist rassistisch, ein »Rassismus mit Rosen«. Eine farbige Miß Amerika gab es noch nie.

Miß Amerika »ist ein Mörder-Maskottchen«. Auf der alljährlichen Tournee nach Vietnam symbolisiert sie die »unbefleckte amerikanische Weiblichkeit, für die unsere Jungs kämpfen«. Außerdem ist sie »ein wandelnder Werbeslogan für die Finanziers der Wahl«. Der Pop-Kultur dient sie als »Wegwerf-Idol«, als Jugendkult, der das Altern diskriminiert. »Wer ist unbekannter als die Miß Amerika vom letzten Jahr?«

Der Wettbewerb verdichtet den »amerikanischen Mythos, der Männer und Frauen unterdrückt: Entweder du gewinnst oder du taugst nichts!« Konformität und Mittelmäßigkeit siegen in jedem Fall.

»Miß Amerika — Big Sister Watching You. Die Wahl ist Gehirnwäsche. Es wird versucht, ihr Image in unser Hirn zu bannen: um Frauen weiterhin zu Unterdrückten zu machen und

---

1 No More Miß America! / Sisterhood is Powerful, New York 1970, S. 521

Männer zu Unterdrückern; um uns alle immer mehr in einer Rolle zu versklaven, in der wir hohe Absätze, aber einen niederen Status haben; damit wir uns angesichts unserer eigenen Unterdrückung prostituieren. *No More Miß America!*«[1]

Um Mitternacht gelang es einer kleinen Anzahl von Frauen, die Wahl und die Fernsehübertragung mit Transparenten, Sprechchören, Schreien und Pfiffen erheblich zu stören. In einer Analyse der Aktion stellte *Carol Hanisch* fest, daß die zwei wichtigsten »unmittelbaren Ziele« des *Women's Liberation Movement,* erstens: das latente Bewußtsein der Frauen von ihrer Unterdrückung wecken; zweitens: Aufbau der *sisterhood*«[2], nicht konsequent angestrebt wurden. Hinderungsgrund sei eine antifeministische Einstellung der radikalen Frauen. Nicht »Miß Amerika und alle schönen Frauen sind unsere Feinde, sondern ein System, das die männliche Vorherrschaft für seine Zwecke so perfekt institutionalisiert hat«. Unter diesem Gesichtspunkt sind alle Frauen »Schwestern«. Denn alle Frauen »leiden«[3].
Ein Widerspruch, der die gesamte Frauenbewegung prägt, zeichnet sich hier bereits deutlich ab.
Sind alle Frauen von den gleichen Repressionen betroffen? Können sie als Klasse bzw. als Kaste bestimmt werden? Oder sind die soziokulturellen Differenzen relevanter als die Gemeinsamkeiten? Hat der proletarische Klassenkampf Priorität oder nicht?
Da die radikalen Gruppen nur in solchen Alternativen denken können, die reale Ambivalenz also nicht aushalten, sind diese Fragen nur rhetorisch: Sie bereiten das Bekenntnis vor. Feministinnen und Sozialistinnen spalten sich am Ende der antiautoritären Phase endgültig und denunzieren sich gegenseitig als »unpolitische« Reformisten.

---

1 A. a. O.
2 Voices from Women's Liberation, New York 1970, Carol Hanisch: What Can Be Learned, S. 132 f.
3 A. a. O., S. 135

Was sich im September 1968 in Frankfurt ereignete, verdeutlicht beispielhaft, unter welchen Bedingungen die ersten »autonomen« Frauengruppen zustandekamen. Bis auf wenige Ausnahmen entstanden die neuen Frauenbewegungen im Windschatten der Neuen Linken. Wo diese an Bedeutung gewann, rebellierten auch die Frauen als Frauen.

Der »Aktionsrat zur Befreiung der Frauen« (Berlin) konstituierte sich schon im Frühjahr 1968 — aus Protest gegen die Ignoranz der SDS-Genossen. Auf der 23. Delegierten-Konferenz des Sozialistischen Deutschen Studentenbundes stellte die Gruppe zum erstenmal öffentlich konkrete Forderungen an die Genossen. *Helke Sander* referierte als Delegierte vor versammelter SDS-Prominenz[1].

Sie warf den Antiautoritären vor, daß sie wie die KP-Fraktion, die Gewerkschaften und die bestehenden Parteien den Privatbereich von der sozialen Auseinandersetzung abtrennten.

»Diese Tabuierung hat zur Folge, daß das spezifische Ausbeutungsverhältnis, unter dem die Frauen stehen, verdrängt wird, wodurch gewährleistet wird, daß die Männer ihre alte, durch das Patriarchat gewonnene Identität noch nicht aufgeben müssen.« Der SDS ist ein »Spiegelbild gesamtgesellschaftlicher Verhältnisse«. Auch hier spielen die Frauen eine untergeordnete Rolle, tragen die ganze Last der Kindererziehung, sind für Küche und Bett zuständig.

»Wir verlangen, daß unsere Problematik hier inhaltlich diskutiert wird«, daß »jahrelang verdrängte Konflikte« bzw. der »Konflikt zwischen Anspruch und Wirklichkeit« endlich im Verband artikuliert werden.

Die Genossen vermeiden es zu fragen, warum die Frauen »zwar in der Lage sind, die Verbandspolitik mit zu vollziehen, aber nicht dazu in der Lage sind, sie auch zu bestimmen«. Der Verweis auf Frauen, die es geschafft haben, »innerhalb des Verbandes eine bestimmte Position« zu erklimmen, ist besonders repressiv. »Die so verstandene Emanzipation erstrebt nur Gleichheit in der Ungerechtigkeit, und zwar mit den von uns abgelehnten Mitteln des Konkurrenzkampfes und des Leistungsprinzips.« Dieser Status wird zumeist »mit einem weitgehenden Verzicht auf Glück erkauft«.

---

1 Helke Sander, Aktionsrat zur Befreiung der Frauen — Berlin, Referat September 1968

»Frauen suchen ihre Identität. Durch Beteiligung an Kampagnen, die ihre Konflikte nicht unmittelbar berühren, können sie sie nicht erlangen. Das wäre Scheinemanzipation. Sie können sie nur erlangen, wenn die ins Privatleben verdrängten gesellschaftlichen Konflikte artikuliert werden, damit sich dadurch die Frauen solidarisieren.«

Am leichtesten politisierbar sind, so Helke Sander, »Frauen mit Kindern«. Die merken nämlich, »daß ihnen ihre Privilegien nichts nützen. Sie sind am ehesten dazu in der Lage, den Abfallhaufen des gesellschaftlichen Lebens ans Licht zu ziehen, was gleichbedeutend damit ist, den Klassenkampf auch in die Ehe zu tragen und in die Verhältnisse«.

Der Aktionsrat zieht folgende Konsequenzen: »Wir wollen versuchen, schon innerhalb der bestehenden Gesellschaft Modelle einer utopischen Gesellschaft zu entwickeln. In dieser Gegengesellschaft müssen aber unsere eigenen Bedürfnisse endlich einen Platz finden.« Mit dem Hinweis auf die sozialistischen Staaten wird das Warten bis nach der Revolution abgelehnt. »Konzentration auf Erziehung« ist einmal »die Voraussetzung dafür, die eigenen Konflikte produktiv zu lösen«, zum anderen zielt sie darauf ab, »den Kindern durch Unterstützung ihrer eigenen emanzipatorischen Bemühungen die Kraft zum Widerstand zu geben, damit sie ihre eigenen Konflikte mit der Realität zugunsten einer veränderten Realität lösen können«.

Seit dem Frühjahr hat der Aktionsrat ohne Unterstützung der Genossen fünf Kinderläden eingerichtet. Weitere »sind im organisatorischen Vorstadium«. Gleichzeitig soll die »Politisierung des Privatlebens« vorangetrieben werden und allmählich zur »Aufhebung der bürgerlichen Trennung von Privatleben und gesellschaftlichem Leben« führen. Zu einem späteren Zeitpunkt sind die Schulen mit einzubeziehen. Weiterhin soll die Beschäftigung mit Theorie dahin führen, daß »in größeren Zusammenhängen argumentiert« werden kann.

Diese »gesellschaftlichen Bereiche«, die »den Angelpunkt bilden, die Machtstrukturen zu verewigen«, wurden von den Genossen bislang kaum beachtet. Die »Verbreiterung der Basis der Kinderläden« und die Beschäftigung mit Erziehung insgesamt sollen Priorität im politischen Kampf haben.

Das Verhalten der Genossen beweist, daß es an der Zeit ist, darüber nachzudenken. Sie sind voll Hemmungen, wie sie als Aggressionen an Unterlegenen auslassen müssen. »Warum sagt ihr nicht, daß ihr kaputt seid vom letzten Jahr, daß ihr nicht wißt, wie ihr den Streß länger ertragen könnt, euch in politischen Aktionen körperlich und geistig zu verausgaben, ohne einen Lustgewinn damit zu verbinden? Warum diskutiert ihr nicht, bevor ihr neue Kampagnen plant, darüber, wie man sie überhaupt ausführen soll? Warum kauft ihr denn alle den Reich? Warum sprecht ihr denn hier vom Klassenkampf und zu Hause von Orgasmusschwierigkeiten? Ist das kein Thema für den SDS?

Diese Verdrängungen wollen wir nicht mehr mitmachen ... Genossen, wenn ihr zu dieser Diskussion, die inhaltlich geführt werden muß, nicht bereit seid, dann müssen wir allerdings feststellen, daß der SDS nichts weiter ist als ein aufgeblasener konterrevolutionärer Hefeteig... Die Genossinnen werden dann die Konsequenzen zu ziehen wissen.«

Sie haben sie in der Tat gezogen. Als die zunächst verdutzten Kampfgefährten die anstehende Diskussion abwürgen wollten, hagelte es Tomaten. In einem Flugblatt[1] bedauerte der *Aktionsrat zur Befreiung der Frauen,* den Falschen bekleckert zu haben. *Hans Jürgen Krahl* hätte wenigstens zugegeben, daß er sich zuvor »über die Problematik der Emanzipation der Frauen im Verband keine Gedanken gemacht hat«. Anders die Genossen *Reiche* und *Gäng. Reiche* gab den Frauen den Rat, »zur Durchsetzung ihres berechtigten Anliegens den Genossen im Verband temporär den Geschlechtsverkehr zu verweigern« — als ob die Emanzipation nur ein Problem der Frauen sei. Und *Peter Gäng* verglich »in seinem Beitrag zur Emanzipationsdebatte die Situation der Genossinnen im SDS mit der Situation der Frauen in den befreiten Gebieten in China«, was die Frauen des Aktionsrats noch mehr empörte. Hatten sie sich doch eben wegen vieler »frustrierender Erfahrungen« im Verband »zu zeitweiliger Isolation und eigener Organisation« entschlossen!
Die Hoffnung des Aktionsrats auf »eine Neuorientierung der SDS-Politik« erfüllte sich nicht. Allerdings führte dieser Auftritt der Genossinnen zu einer fruchtbaren Verunsicherung sexueller Beziehungen in der Protestbewegung. Diese Aktion ermutigte viele Frauen in der BRD, neue Emanzipationsarbeitskreise zu bilden.
In den USA, in Frankreich, England, Holland und Skandinavien warfen die Aktivistinnen zwar keine Tomaten, aber die Auseinandersetzungen in den radikalen Gruppen verliefen ähnlich. Die linken »Eminenzen« verhielten sich derart borniert, daß die aufbegehrenden Frauen immer mehr zu der Überzeugung gelangten, daß diesem »männlichen Chauvinismus« nur über eine unabhängige Bewegung beizukommen sei.

---

1 Zur Behandlung der Emanzipationsdebatte auf der DK, Aktionsrat zur Befreiung der Frauen, September 1968.

Erst auf der Plattform sozialistischer Verbände, d. h. in einem Status, in dem die Frauen sich wenigstens partiell anerkannt sahen, waren sie in der Lage, ihre Erfahrungen und Interessen zu formulieren. Die Methoden, mit denen die Berliner Genossinnen den männlichen Autoritäten zu Leibe rückten, hatten sie von diesen gelernt. Sowohl die theoretischen als auch die handgreiflichen Argumente stammten aus dem Reservoir der Protestbewegung. Nur trafen die Tomaten diesmal diejenigen, die gemeint waren. Sie hatten keinen Symbolcharakter und sie waren zunächst nicht als Provokation für eine abstrakte Öffentlichkeit gedacht. Diese Frauen hatten für sich selbst gehandelt.

In der Resolution des Aktionsrats zur 23. DK hieß es auch: »Die klassenmäßige Aufteilung der Familie mit dem Mann als Bourgeois und der Frau als Prolet — Herr und Knecht — impliziert die objektive Funktion der Männer als Klassenfeind.« Von den Frauen selbst wurden diese Begriffe vage als »Hilfskonstruktionen« bezeichnet. Den meisten linken Theoretikern sträubten sich jedoch bei dieser Analogie die Haare. Sie kannten ihren Marx. Dieser falsche Theorieansatz sprach für sich.

Doch die Selbstsicherheit der Genossen trog. Auch für sie, nicht nur für die rebellierenden Frauen, war eine spezifische »Sprachlosigkeit« kennzeichnend. Es gab keine Theorie, mit der sie sich ohne Vorbehalte identifizieren konnten. Um ihr diffuses, aber reales Unbehagen sich und anderen verständlich zu machen, entlehnten sie dafür jeweils geeignete Konstrukte aus verschiedenen Theorien. Sie vermengten Versatzstücke von Marxismus, Anarchismus, Existentialismus, Psychoanalyse, Liberalismus, religiösem Utopismus, Pazifismus und Pop-Kultur. Die Orthodoxen unter ihnen begriffen nicht, daß die Neue Linke sich auf keine dieser tradierten Systeme berufen konnte. Die Neue Linke war vielmehr selbst schon Ausdruck und Resultat der fortgeschrittenen Auflösung des einheits- und sinnstiftenden Wertgefüges. Aber der erfahrene Leidensdruck war auch über die Umgangssprache kaum noch zu bestimmen und zu begründen.

Diese Schwierigkeiten hatten freilich die Frauen in

noch größerem Maße. Sie befanden sich auf der »Suche nach ihrer Identität«. Sie glaubten, ganz von vorn anfangen zu müssen. »Die Schwierigkeit besteht... darin, daß wir das Ziel der Emanzipation kennen, uns aber die theoretischen Mittel fehlen, mit denen wir es erreichen können; d. h. wir sind gezwungen, die Analyse völlig am Anfang beginnen zu lassen[1].« Sie drückten sich in »fremden« Begriffen, in einer »fremden« Sprache aus. Und die amerikanischen Feministinnen stellten empört fest: über die Sprache der Männer.

Während die europäischen Feministinnen schnell wieder zum Sprachgebrauch ihrer Genossen zurückkehrten, versuchten es die Amerikanerinnen weiterhin mit Vergleichen und Metaphern. Das Denken der Frauen in Analogien wies auf ihre Identitätslosigkeit hin. Sie sahen hier Parallelen mit den Proletariern, den Negern und Kolonisierten. Und die hatten wenigstens ihre »eigene« Geschichte. (Diesen Mangel versuchen die amerikanischen Feministinnen naiv mit einer »weiblichen Kultur« zu beheben.) Die verbale Radikalität, mit der dieses Dilemma betont wurde, sollte wie die reduzierte, signalartige Sprache der Werbung der Frauenbewegung Aufmerksamkeit verschaffen.

Die antiautoritäre Bewegung

»Traue niemandem über 30!« — Der antiautoritären Opposition gehörten vorwiegend Jugendliche an. Obwohl die Männer dominierten, beteiligte sich an ihren Aktionen von Anfang an eine große Anzahl von Frauen. Ihre Erfahrungen in der Jugendrevolte waren für die etwas später aufkommende Frauenbewegung konstitutiv.

Die antiautoritäre Bewegung entwickelte sich in den USA bereits schon in den Jahren 1960—1965. Ihren Höhepunkt erreichte sie aber in den meisten Ländern 1967 und 1968. Sie setzte sich aus unzähligen Organisationen, Grüppchen, Einzelgängern und Sympathisanten zusammen. Diese brachten vielfältige politische und kulturelle Anregungen in die Bewegung ein, die je nach Struktur und Geschichte der einzelnen Länder auf unterschiedliche Weise wirksam wurden. Zum Beispiel ist der Vietnamkrieg in der BRD nicht ein derart akuter Konflikt. Es gibt hier kein gewichtiges Rassenproblem oder eine riesige Hippiesubkultur wie in den USA.

---

1 Notes from the Second Year: Women's Liberation, New York 1970, Ti-Grace Atkinson, Radikaler Feminismus.

Dort wiederum spielte weder die sozialistische noch die philosophische Tradition eine solch große Rolle für die Artikulierung des Protests wie in der BRD, in Frankreich usw. — Die Revolten konstituierten sich vorwiegend in Hochschulen, Schulen, Betrieben, bestimmten Stadtteilen und Gettos. Der antiautoritäre Protest war mehr als nur eine Studentenrevolte.

So vielschichtig wie ihre Ursprünge und Zusammensetzung waren die Ansätze von Praxis und Theorie, die Organisations- und Aktionsformen und Zielvorstellungen. Es kristallisierten sich jedoch — sowohl international als auch innerhalb der Länder — viele vergleichbare Grundzüge heraus, die modellhaft dargestellt werden können. Die strukturellen Gemeinsamkeiten ergeben sich aus den spezifischen Lebensbedingungen in den industriell fortgeschrittendsten Gesellschaften. Dies gilt auch für die neue Frauenbewegung.

Die Neue Linke intendierte von Anfang an die Zerstörung der traditionellen autoritären Leitbilder. Dieser Anspruch war doppeldeutig. Die heftigen und hilflosen Reaktionen der Männer auf die ersten Emanzipationsversuche der Frauen verrieten Angst. Auf der einen Seite demonstrierten die männlichen Antiautoritären ihre Verachtung gegenüber dem gesellschaftlich sanktionierten männlichen Ideal, indem sie sich lange Haare wachsen ließen, »schlampige« phantasievolle Kleidung trugen, sich sanfter und verspielter gaben und eine bürgerliche Karriere ablehnten. Andererseits suchten sie sich heroische Idole, die noch an die tradierte, wenn nicht gar vorindustrielle Geschlechtsrolle gemahnten.

Reimut Reiche z. B. gab zum Auskurieren der historisch bedingten Ich-Schwäche und zur Lösung der Identitätskrisen der Protestierenden folgende Orientierungshilfe: »Am Beispiel der Vorbilder der Dritten Welt: In den imperialistischen Metropolen so listig und schweigsam sein wie der Vietkong in Vietnam, so tapfer sein wie Che in Bolivien, so weise sein wie Mao, und an diesen Leistungen seine eigenen Ich-Qualitäten zu messen und auszubilden[1].« Fehlt nur noch Castro, dessen Männlichkeitskult (Machismo) der Frühphase der kapitalistischen Naturbeherrschung entspricht. — Der fortschreitende Funktionsverlust der traditionellen Geschlechtsrollen in den entfalteten Konsumgesellschaften verunsicherte die radikalisierten Jugendlichen mindestens ebenso wie die »angepaßte« Bevölkerung. Nur brachen bei ihnen die Konflikte offen aus.

Judith Brown warf den protestierenden Studenten der Columbia-University vor, daß sie Sit-ins für »Guerilla-Spiele« hielten, sich dabei vorkämen wie »Eroberer« — sich also »in eine Dritte-Welt-Schlacht hineinphantasierten«. »Eine Menge Leute in *Movement* würden lieber wieder Belagerung in Columbia spielen als ihren Eltern sagen, daß sie sie am Arsch lecken sollen . . .«[2]

---

1 Reimut Reiche, Sexualität und Klassenkampf, Frankfurt/Main 1968, S. 148.
2 Toward a Female Liberation Movement, Boston 1968, Judith Brown, S. 25.

214

Die gesamte Bewegung war nie immun dagegen, das wieder auf-
zurichten, was sie bekämpfte. Vor allem die Männer waren aufgrund der psychischen Spannungen und des gesellschaftlichen
Drucks, dem sie noch immer ausgesetzt waren, für einen »Rückfall« disponiert.
Im folgenden sollen drei wesentliche Momente der antiautoritären Bewegung, die konstitutive Bedeutung für die Frauengruppen hatten, kurz dargestellt werden.

Neue Formen des Zusammenlebens

Die antiautoritäre Bewegung war keine genuin sozialistische Revolte. Die Jugendlichen kamen vorwiegend aus der privilegierten
Mittelschicht. Vom Zerfall der bürgerlichen Institutionen und der
Ideologie des Liberalismus waren sie direkt betroffen. Deshalb
richtete sich ihr Protest zunächst gegen eine »total verwaltete,
entpersönlichte Gesellschaft« und insbesondere gegen die ohnehin unterhöhlte bürgerliche Lebensform. Sie litten unter einem
von Leistungswettbewerb und Statuskonkurrenz bestimmten Dasein. Sie bestimmten es als unmenschlich, weil es die isolierten
Individuen in eine Konsumabhängigkeit zwingt, die die allgemeine Frustration nur noch vergrößert. Wer in diesen Teufels-
kreis eingespannt ist, unterstützt, ohne es zu wissen, die herrschende Willkür. Er ist der Koproduzent der Unterdrückung.
Daran ändert auch das übliche politische Engagement nichts. Die
traditionellen Linken und Liberalen haben sich bestenfalls auf
einen »Freizeitsozialismus« festgelegt, der ihre bürgerliche Existenz unberührt läßt. Diese Schizophrenie sollte aufgehoben werden. Die Parole lautete: wer Gesellschaft verändern will, muß
sich zugleich selbst verändern. Dafür erschien das Kommunemo-
dell ideal.
Die kollektiven Lebensformen wurden von den radikalen Jugendlichen beiderlei Geschlechts aus der unmittelbaren Erfahrung ihres Leidensdrucks entwickelt. Viele wurden mit Ich-
Schwäche, Arbeitsstörungen, irrationalen Ängsten, Schuldgefühlen, Identitätsproblemen und sexuellen Störungen allein nicht
mehr fertig und hielten diese Schwierigkeiten zugleich nicht
mehr für unabdingbar. Die Wohnkommunen entsprachen einem
existentiellen Bedürfnis der Jugendlichen nach Schutz vor einer
als feindlich empfundenen Außenwelt. Mit dem Rückhalt einer
neugewonnenen emotionalen Sicherheit wollten sie dann ihre
bürgerlichen Verhaltensweisen gründlich revolutionieren. Gleichzeitig wollten die Kommunarden den Kampf gegen die Quellen
ihrer Unterdrückung intensivieren. In den Freiräumen der Kommunen sollte der neue Mensch bzw. die Vorform einer angst-
freien Gesellschaft entstehen.
Dieser Anspruch sprengte die Grenzen der bisher vorherrschenden Oppositionsströmungen. Die »Bewegung« war mehr als
»nur« politisch, weil sie den kulturellen und moralischen Bereich mit einschloß. Hier fanden vor allem die Frauen ihren Ansatz zur Revolte.

Sowohl für die »Polit-Kommunen« als auch für die »Psycho-Kommunen« schien es nur Alles oder Nichts zu geben. Mit derselben Kompromißlosigkeit forderten sie unbedingte Offenheit untereinander. So installierten sie bald ein neues rigides Gruppen-Über-Ich. Die euphorischen Erwartungen eines lustvollen, befreiten Lebens hier und jetzt schlugen nicht selten in Terror um. Dennoch hat diese »radikale Minderheit« zum erstenmal die traditionellen Geschlechtsrollen, die Kleinfamilie und deren Erziehungsstil für das soziale Zeitgespräch problematisiert. Die Wirkungen sind heute noch nicht abzusehen. Die Versuche auch »unpolitischer« Leute, größere Wohnkollektive verschiedener Prägung zu realisieren, verdanken sich einem fortschreitenden qualitativen Wandel der Trieb- und Bedürfnisstruktur innerhalb der hochtechnisierten Konsumgesellschaften. Die bürgerliche Familienform hält nicht mehr das, was sie versprach – weder sexuell noch materiell.

Neue Aktionsformen

Wie die Beat- und Hippiekultur signalisierte auch die Neue Linke in ihrem Lebensstil einen Umbruch der ästhetischen Maßstäbe. Kleidung, Aussehen und Verhalten stellten eine einzige Herausforderung dar. Am beunruhigendsten war für viele Beobachter die provokative verspielte Angleichung der Geschlechter. In der totalen Ablehnung der Werte und Normen der Überflußgesellschaft entwickelten die oppositionellen Jugendlichen eine Kreativität, die in dieser Form doch nur auf jener gesellschaftlichen Entwicklungsstufe möglich war. Keine Arbeiterbewegung kannte bisher diesen Luxus des freiwilligen Verzichts.

Das dumpfe »falsche« Bewußtsein der entpolitisierten Bevölkerung sollte schockartig aufgebrochen werden. Die antiautoritären Aktivisten hatten erkannt, daß den verselbständigten Strukturen mit rationaler Aufklärung allein nicht mehr beizukommen war. »Massenhafte Lernprozesse« sollten durch Provokation initiiert werden. Dieser Einsicht entsprachen die neuen Demonstrationstechniken. Nichtsprachliche Mittel wie Gesten, Haare, Farben, Sex, Comics, Drogen, Pop-Musik, Tanz, visuelle Symbole in Verbindung mit politischen Parolen und ironischer Imitation routinierter Verhaltens- und Denkweisen fanden große öffentliche Beachtung. Wurfgeschosse und Waffen (Tomaten, Eier, Farbbeutel, Wasserpistolen, Bonbons, Blumen, Pudding) sollten die Beschossenen der Lächerlichkeit preisgeben.

Spontane Sit-ins, Lie-ins, Go-ins, Teach-ins, gewaltlose Besetzungen von Instituten, Straßendemonstrationen und andere lustbetonte Aktionen suggerierten die neue Dimension eines von tradierter Leistungsideologie freien Zusammenlebens. Schon brüchig geworden, konserviert diese die »Lebensform einer Ökonomie der Armut unter Bedingungen einer möglichen Ökonomie des Überflusses«[1]. Auf diesen offensichtlichen Anachronismus und

---

1 Jürgen Habermas: Protestbewegung und Hochschulreform, Frankfurt/Main 1969, S. 170.

den immer fragwürdiger erscheinenden Aufschub unmittelbarer Bedürfnisbefriedigung reagierten die jugendlichen Aktivisten aufsässig. Ihre »neuen Techniken der begrenzten Regelverletzung« nahmen nicht selten eine »ritualisierte Form der Erpressung« an[1]. Von ihnen machten vor allem die Feministinnen recht phantasiereich Gebrauch.

Neue Organisationsformen

Hinter dem an der neuen Unmittelbarkeit orientierten Aktionismus der Neuen Linken stand die Ahnung, daß die Erarbeitung einer allgemeinverbindlichen revolutionären Theorie und Strategie nicht mehr zu leisten war. Eine neue revolutionäre Theorie sollte sich nur noch in und durch praktische Erfahrung konstituieren lassen. − Mit der Einebnung der kapitalistischen Antagonismen und der Liquidierung der bürgerlichen Zirkulationssphäre zerreißt die rationale und überschaubare Vermittlung innerhalb der Arbeits-, Organisations- und Handlungsabläufe. Erfahrbare Phänomene erscheinen wieder unvermittelt. Statt der Stellung im Produktionsprozeß ist die Stellung im Konsumtionsprozeß heute die entscheidende Determinante des Individuums. Schließlich erfüllen mit der fortschreitenden automatisierten Arbeitsorganisation die überlieferten Begriffe und Kategorien nicht mehr ihre ursprüngliche Funktion. − Dieser qualitative Wandel teilte sich den Vorgehensweisen der Neuen Linken mit. Sie traute zunächst mehr der direkten Aktion als den tradierten Gesellschaftstheorien, zumal erst durch die Herausforderung der gesellschaftlichen Kontrollinstanzen deren latent autoritärer Charakter sinnlich erfahrbar wurde.

Die anfängliche Experimentierfreude der antiautoritären Bewegung, die spontane Selbstorganisation, war von dem Bewußtsein getragen, etwas Neues zu beginnen. Dies schloß nicht aus, daß man auf alte Modelle zurückgriff und diese als Idealtypen zur unmittelbaren Bedürfnisbefriedigung nutzbar machen wollte. Da sie mit neuen Elementen vermittelt wurden, entstand dennoch Neues.

Den hochspezialisierten, unpersönlichen Organisationsformen der spätkapitalistischen Systeme stellten die Antiautoritären die partizipatorische Demokratie (*participatory democracy*) entgegen; der hierarchischen Befehlsform die herrschaftsfreie Kommunikation. Beschlüsse der lockeren Gruppen waren nicht Ergebnis formaler Abstimmung, sondern stundenlanger, oft zermürbender Diskussion.

Das Bedürfnis nach revolutionärer Veränderung der Gesellschaft war in den bürokratisierten linken Parteien und Gewerkschaften vollends erstickt. Deshalb wollte die Neue Linke Zentralisierung

---

1 Die Linke antwortet Jürgen Habermas, Frankfurt/Main 1968, darin: Jürgen Habermas: Die Scheinrevolution und ihre Kinder, S. 7.

und Disziplin um jeden Preis verhindern. Ihre Gruppen sollten flexibel, offen, dezentralisiert und außerparlamentarisch sein. Unterschiedliche politische Ausrichtungen wurden toleriert. Auch »persönliche« Probleme sollten als allgemein bedeutsame erkannt und kollektiv behandelt werden. Sexuelle und ästhetische Bedürfnisse wurden berücksichtigt. Der primäre Anspruch war die Aufhebung des Widerspruchs von Theorie und Praxis.

Einerseits hat die Jugendprotestbewegung damit partiell die sich abzeichnende Umwandlung hierarchisch-bürokratischer (zentralisierter) Organisationsstrukturen zu funktional-dezentralisierten spontan nachvollzogen bzw. antizipiert. Autoritäre, vertikale Organisationsformen sind der bürgerlichen Industrialisierungsphase adäquat. Es zeigt sich, daß sie allmählich dysfunktional werden. Die Neue Linke projizierte nun andererseits auch diese anachronistischen Strukturen angstvoll in die kapitalistische Zukunft. Die Antiautoritären begriffen nicht, daß der Kapitalismus, den sie bekämpften, nicht mehr der war, den sie analysierten. Ihre antibürokratische Auffassung von flexibler, kooperativer Organisation befand sich durchaus auf gleicher Höhe und nicht nur im Gegensatz zur technologischen Entwicklung der spätkapitalistischen Länder. Als aber das Konzept der Gegeninstitutionen scheinbar gescheitert war, reagierte die Neue Linke konservativ. Sie sah nur noch die Alternative: Kapitalismus schlechthin (also Systemerhaltung) oder Sozialismus schlechthin (also Systemzerstörung). Diese Alternative ist sowohl inhaltlich als formal an die Basis der geschichtlich überholten bürgerlichen Industriegesellschaft gebunden. Resigniert konnte sich die Neue Linke die Realisierung neuer Lebensformen nur noch anhand verbrauchter Revolutionstheorien vorstellen. Diese Entwicklung blieb auch einem großen Teil der Frauenbewegung nicht erspart.

Was trieb die Jugendlichen zur Revolte?

In diesem Rahmen können nur einige der relevantesten Erklärungsversuche in Kurzform dargestellt werden. Sie sind zum besseren Verständnis der Analyse der neuen Frauenbewegung unerläßlich.

Veränderte Erziehungspraktiken

Die jugendlichen Aktivisten gehören »zur ersten Generation, die ökonomische Unsicherheit und relative Armut nicht mehr kennt«[1]. Sie ist, so beweisen einige sozialpsychologische Untersuchungen, »unter einer permissiveren Einstellung großgeworden als alle vorausgegangenen ... Generationen«[2]. Der klassische Erziehungs-

---

1 J. Habermas, Protestbewegung und Hochschulreform, a. a. O., S. 169.
2 A. a. O., S. 175.

stil des aufstiegsorientierten Mittelstandes, die *rigide, Triebauf-schub* fordernde »Einübung des Um-zu, d. h. der Notwendigkeit, jede Tätigkeit als funktional zu sehen«, hat nicht nur seine individuelle Plausibilität (auf Grund von Veränderungen in der objektiven Realität) zunehmend (verloren)«, sondern wird nachweisbar »immer weniger nachdrücklich eingeübt«[1]. Andererseits wird der *rigide Funktionalismus* von den Institutionen »in ihren strukturellen Anforderungen und in ihrer gesellschaftlichen Funktion aber unerbittlich wie eh und je« vorausgesetzt. Dies führt zu einem Konflikt, »der wesentliche Ursache der neuen studentischen Unruhen und Rebellionen sein dürfte, die sich aktuell an Ausläufern und Teilaspekten dieses Konfliktes entzünden«[2]. Demnach sind die direkten Aktionen der Antiautoritären zumeist als »Rebellion gegen den rigiden Funktionalismus als solchen«[3] zu verstehen.

Die erschwerte Identitätsfindung

Damit wird aber noch nicht verständlich, warum diese Jugendlichen in diesem Ausmaß gegen autoritäre Institutionen und Normen rebellierten. Warum fanden sie sich nicht einfach damit ab oder flippten aus wie die Hippies?
Der Grund liegt in der Erziehungsform selbst. »Das in der Motivbasis der Rebellierenden Entscheidende ist die spezifische Widersprüchlichkeit, deren Produkt sie sind. Einerseits nachgiebig, resigniert und schwankend in ihren Stimmungen und Anweisungen, tradieren die liberalen Eltern andererseits durchaus noch das Erziehungsideal des autonomen Ich und honorieren ein Verhalten, ›in dem sich ein Grundgefühl von Beständigkeit und Geschlossenheit widerspiegelt, verbunden mit dem gleichermaßen grundlegenden Gefühl von Einheitlichkeit und Zusammenhalt‹[4].« Solch zweideutige Erziehung, »die das autonome Selbst fordert und behindert«, erschwert bzw. verzögert die Identitätsfindung der Jugendlichen. Diese wird nachgeholt »durch ichstärkende Distanzierungen gegenüber den etablierten Mächten«. Die Bewältigung ihrer Schuldgefühle können die Antiautoritären nur leisten, »indem sie, um die Verschuldung als solche zu leugnen, alle schuldsprechenden verbietenden öffentlichen Organe angreifen«[5]. Die jugendlichen Aktivisten suchten ihr noch partiell bürgerliche Identität im Kampf gegen das Bürgertum. Sie legitimierten diesen Kampf dadurch, daß sie zumeist auf unmittelbar empörende Anlässe reagierten: Vietnam-Krieg, Ohnesorg-Erschie-

1 Lothar Hack, Zur neuen Faszination der Unmittelbarkeit, in: Probleme sozialistischer Politik, Frankfurt/Main, 1968, S. 58 f.
2 A. a. O., S. 60.
3 A. a. O., S. 65.
4 Frank Böckelmann, Thesen zum Selbstverständnis der antiautoritären Opposition, Stuttgart 1968, S. 14.
5 A. a. O.

ßung, Dutschke-Attentat usw. (Was nicht heißt, daß die dümmlich, brutal und unsicher reagierenden, verselbständigten Bürokratien neutrale Instanzen waren. Sie provozierten mit ihren anachronistischen panikartigen Reaktionsweisen das Revolutionsspiel, in das sich die Neue Linke allmählich hineinsteigerte.)

Der Systemwandel

Es wäre zu einfach, wollte man die Jugendrevolte als Generationskonflikt einstufen. Sie fiel mit grundlegenden gesellschaftlichen Veränderungen zusammen, die vieldeutige strukturelle Krisen produzierten. Die Jugendrevolte ist eines ihrer Symptome. Daß sie in dieser Form auftritt und vom System ausgehalten werden kann, deutet entweder auf die relative Harmlosigkeit der Revolte oder auf einen Wandel in der »Verarbeitung« von gesellschaftlichen Konflikten hin. Darauf möchte ich später noch eingehen.
Auf den gesellschaftlichen Entindividualisierungsprozeß — der gleichbedeutend ist mit dem Untergang der Lebens- und Organisationsformen der bürgerlichen Industriegesellschaft — reagierten gerade die Jugendlichen aus *den* Gruppen und Schichten am heftigsten, in denen die bürgerlich-liberalen Werte noch überwintern konnten. (Was sich auch darin zeigt, daß die geistes- und sozialwissenschaftlichen sowie die künstlerischen Fakultäten Zentren der Revolte waren.) Die zunehmende Technologisierung der Arbeitsorganisation (Automatisierung, Formalisierung der Wissenschaften) erzeugte bei diesen Jugendlichen eine folgenreiche Vorstellung von einem künftigen hirnlosen Roboterdasein. Dieser Eindruck wurde noch durch linke Kulturkritiker verstärkt, die den Übergang zu einer neuen Gesellschaftsform als Untergang beschworen. Indem sich die quasiphilosophische Problematik von Entäußerung (produktive Arbeit), Objektivierung, Selbstentfremdung und revolutionärer Reintegration auflöst, läßt sich soziale Wirklichkeit nicht mehr aus dem Aspekt des (bürgerlichen) Subjekts bestimmen. Dieser Orientierungsverlust löst Angst vor Austauschbarkeit, d. h. Ich-Auflösung aus. Der neue Drogenkult, die grelle Pop-Szene und die aufkommende Vorliebe für östliche Mystik haben sicherlich auch die Funktion, diese Angst zu betäuben bzw. den Zustand der Austauschbarkeit vorbeugend zu bewältigen.
Während die Älteren es lernten, mit dem Widerspruch zwischen »Prinzipien und allgemeinen Ansichten einerseits und den tatsächlichen Verhaltensweisen andererseits«[1] zu leben, hielten ihre Kinder diesen Widerspruch nicht mehr aus. — Erst die weitere Entwicklung der Jugendrevolte verrät, daß die Revolte u. a. auch von retrospektiven Sehnsüchten motiviert war. Beklemmungen angesichts einer ungesicherten Zukunft ließen viele nach einer heilen Welt suchen. Die Ambivalenz der neuen Möglichkeiten ertrugen sie nicht lange. Einfache, übersichtliche Verhältnisse, nach

---

1 Lothar Hack, a. a. O., S. 61.

dem Freund-Feind-Schema erfaßt, versprachen mehr Sicherheit. Mit virtuell utopischen Elementen einer zukünftigen automatisierten Konsumgesellschaft beschäftigten sich die wenigsten. Diese »Berührungsangst« steigerte sich bis zur Technophobie.

Die weibliche »Apo«

Leider gibt es keine geschlechtsspezifische Analyse der Auswirkungen der oben erwähnten widersprüchlichen Erziehung, der weiteren Ausbildung und des Systemwandels insgesamt auf Frauen innerhalb der Bewegung. Allerdings sind die Analysen der antiautoritären Bewegung im großen und ganzen auch für die weiblichen Aktivisten gültig. Das bedeutet, daß auch diese zumeist in Familien aufgewachsen sind, »in denen auf gleichberechtigte Stellung der Familienmitglieder geachtet wurde und ein hohes Maß an Freiheit herrschte«[1]. (Freilich ist anzunehmen, daß für Söhne und Töchter differenzielle Erziehungsnormen galten und noch gelten.) Die relativ privilegierten Töchter wurden unter diesen Bedingungen weit mehr zu politischem Interesse und zur Selbständigkeit motiviert als in genuin autoritären Familien. Die gesellschaftlichen Voraussetzungen für die Politisierung von Frauen waren zunächst dieselben wie die der Politisierung von Männern: zunehmende Dysfunktionalität autoritärer Strukturen.

Die Verlagerung von familiären Konflikten in die Gesellschaft war für die Frauen der Mittelschichten besonders bedeutsam. Sie wurde vor allem vom unaufhaltsamen Autoritätsverlust des Vaters bedingt. Die erfolgreiche Identifikation der Söhne mit dem tradierten männlichen Leitbild wurde nachhaltig gestört. Das schlug sich im männlichen Verhalten gegenüber den Frauen nieder. Sofern schließlich die determinierten Geschlechtsrollen ihre evidente Bedeutung verloren, wurde es immer schwieriger, das internalisierte Weiblichkeitsideal an die veränderte Wirklichkeit an-

---

1 Frederick Wyatt, Motive der Rebellion — Psychologische Anmerkungen zur Autoritätskrise bei Studenten, in: Psyche, August 1968, S. 527.

zupassen. Zum erstenmal bestand sowohl ein kollektives Bedürfnis, erlernte Haltungen aufzugeben, als auch die reale Chance einer Neubestimmung der Geschlechtsrollen.

Es ist kein Zufall, daß die neue Frauenbewegung mit und in der Neuen Linken entstand. Hier wurde die Frauenproblematik wenigstens zur Kenntnis genommen, wenn auch meist nur theoretisch. In der »totalen Verweigerung« des Etablierten waren sich beide Geschlechter einig. Aber der Versuch, Identität mit Hilfe militanter Aktionen zu stabilisieren, entsprach eher einer »männlichen« Verpflichtung, nämlich der aktiver Selbstbehauptung.

Die Kluft zwischen Anspruch und Verhalten der männlichen Aktivisten erschien den Frauen jedenfalls bald grotesk. Sie nahmen die Männer nicht mehr ernst. Deren noch latenter Anspruch auf Vorherrschaft provozierte die Frauen zur Revolte (wie schon zuvor die »Schwäche« der Eltern). »Die Männer haben ihr Pulver verschossen — wir nicht[1]!«

Mit den theoretischen und praktischen Mitteln der Neuen Linken spürten die Frauen zunächst die gruppendynamischen und dann die historischen Bedingungen ihrer Unterprivilegiertheit auf. Nun konnte es nicht mehr darum gehen, die Männer einfach zu bewundern und nachzuahmen, wie zu Zeiten der bürgerlichen und proletarischen Frauenbewegung.

Die feministische Phase in der BRD — Aktionen

Die Medien behandelten die ersten spektakulären Aktionen der Frauen innerhalb der antiautoritären Bewegung gewissermaßen wie einen Ehekrach. Nach der Tomatenaktion in Frankfurt legte dies ein Flugblatt des *Frankfurter Weiberrats* besonders nahe. In ihren schadenfrohen Berichten übersahen die Journalisten, daß mit diesem massiven Angriff auf die SDS-Prominenz der patriarchale Potenzwahn schlechthin gemeint war.

---

1 Semester-Spiegel, Studentenzeitschrift an der Universität Münster, Februar 1969, S. 14.

Jenes Flugblatt wurde vom Frankfurter Weiberrat auf dem SDS-Kongreß im November 1968 in Hannover verteilt. Die Zeichnung auf dem Flugblatt schürte bewußt Kastrationsängste. An einer Wand hingen — wie sonst nur Jagdtrophäen — die Geschlechtswerkzeuge einiger SDS-Autoritäten. Darunter ruhte böse grinsend eine spitzbusige »Emanze« mit Hackebeil. Auf einer Liste konnten die Genossen erfahren, wer als nächster drankommen sollte.
Weiterhin war zu lesen:

»wir machen das Maul nicht auf!
wenn wir es doch aufmachen, kommt nichts raus!
wenn wir es auflassen, wird es uns gestopft: mit kleinbürgerlichen schwänzen, sozialistischem bumszwang, sozialistischen kindern, liebe, sozialistischer geworfenheit, schwulst, sozialistischer potenter geilheit, sozialistischem intellektuellem pathos, sozialistischen lebenshilfen, revolutionärem gefummel, sexualrevolutionären argumenten, gesamtgesellschaftlichem orgasmus, sozialistischem emanzipationsgeseich — GELABER!
wenn's uns mal hochkommt, folgt: sozialistisches schulterklopfen, väterliche betulichkeit; dann werden wir ernst genommen, dann sind wir wundersam, erstaunlich, wir werden gelobt, dann dürfen wir an den stammtisch, dann sind wir identisch; dann tippen wir, verteilen flugblätter, malen wandzeitungen, lecken briefmarken: wir werden theoretisch angeturnt!
kotzen wir's aus: sind wir penisneidisch, frustriert, hysterisch, verklemmt, asexuell, lesbisch, frigid, zukurzgekommen, irrational, penisneidisch, lustfeindlich, hart, viril, spitzig, zickig, wir kompensieren, wir überkompensieren, sind penisneidisch, penisneidisch, penisneidisch, penisneidisch, penisneidisch.
frauen sind *anders!*
BEFREIT DIE SOZIALISTISCHEN EMINENZEN VON IHREN BÜRGERLICHEN SCHWÄNZEN!«[1]

Für viele Frauen, die heute in SPD, KPD, roten Zellen, in maoistischen, leninistischen und anarchistischen Fraktionen arbeiten, stellt dieses »Dokument« eine Art Jugendsünde dar. Es ist das provokativste feministische Flugblatt in der BRD und wurde damals von allen anwesenden SDS-Frauen-Gruppen unterstützt. Sie ließen keinen Zweifel daran, was sie quälte und wer ihr »Feind« war. Außerdem sollten den Genossen ihre

---

1 »Rechenschaftsbericht des Weiberrats der Gruppe Frankfurt«, November 1968, veröffentlicht in: Subkultur Berlin, Darmstadt 1969, S. 16 f.

Vorurteile gegenüber der »männermordenden Emanze«
vorgehalten werden.
In Hamburg entblößten SDS-Aktivistinnen vor Gericht
ihre Busen. Sie demonstrierten gegen die unpersönlichen Funktionsträger der lust- und sexualfeindlichen
Institution Justiz: die Richter. Um diese aus ihrer
»ständigen sexuellen Frustration« zu befreien, kündigten Münchner »Apo-Mädchen« schließlich einen Striptease im Gerichtssaal an. Auf dem Flugblatt stellten
sie die Frage:

»HAT FRAU RICHTER JEMALS EINEN ORGASMUS GEHABT?
1. Orgasmus macht frei
2. Nackte Frauen machen Richter frei
3. Freie Richter sprechen frei
4. Freispruch bedeutet freie Liebe
5. Freie Liebe macht Richter nackt
6. Nackte Richter schaffen Glück im Heim
7. Nackt im Heim zu viert
8. Nackte Richter machen Richterfrauen glücklich
9. Glückliche Justiz von freien Richtern
10. Freie Richter sprechen Striptease-Tänzerin frei«[1]

Der Striptease fand nicht statt. Aber Aktionen dieser
Art gab es mehrere. Dabei waren auch bunte alte
Kleider, schnoddrige Sprache, übertriebenes Make-up,
militante Stiefel, Blumen und betont antiautoritäre
Kinder Elemente der Provokation.
Es ist beinahe unmöglich, die Intentionen dieser Aktionen eindeutig zu bestimmen und voneinander abzugrenzen. Die Aktionen wurden von Frauengruppen inszeniert, deren Konstituierung so vieldeutig war wie
ihre Selbstdarstellung. In ihrer Grundtendenz war
diese feministisch. Angegriffen wurden die Männergesellschaft im allgemeinen und die Verhaltensweisen
der jeweiligen Männer im besonderen. Dabei spielten
averbale Symbole und Gesten und obszöne Sprache
eine entscheidende Rolle. Diese Mittel entsprachen
der frühen »spontaneistischen« Phase der Bewegung.
Aber die Frauen handelten zunächst nicht im Namen

---

1 Mädchen ziehen sich aus. Hält die Polizei Decken bereit? Flugblatt, München Februar 1969.

einer legitimierenden Emanzipationstheorie. Eine solche gab es nicht. Erst mittels der Erfahrungen in der Aktion sollte eine Theorie entwickelt werden.

Das proklamierte Aktionsziel war die Erotisierung aller Lebensbereiche, d. h. die Negation des männlichen Leistungsprinzips. Nach diesem Programm wurden verknöcherte Würdenträger mit bemühter Weiblichkeit und Lust konfrontiert. Muffiger Männerstolz sollte gewissermaßen unter der Gürtellinie verletzt und die Reaktion der gereizten Herren der Lächerlichkeit preisgegeben werden. Kam dann die doppelbödige moralische Einstellung zum Vorschein, mußten richterliche Gewalt und patriarchalisches Gehabe als Anmaßung erscheinen. Um dies ins Bewußtsein der Öffentlichkeit dringen zu lassen, waren die Auftritte der Frauen immer auch für die Medien gedacht. — Ein SDS-Mitglied wurde von Frauen ausgezogen, weil es in einer Versammlung mechanisch »vor sich hinmonologisiert« hatte. Dadurch »haben die Genossen plötzlich gemerkt, daß ihr Gerede Scheiße war«[1]. In diesen Provokationen äußerte sich das Unbehagen der Frauen gegenüber sinnentleerten maskulinen Strukturen, die jede Emotion und Spontaneität ersticken. Da die Männer, vor allem die linken, unter dieser Vereisung litten bzw. an ihrer Potenz zweifelten, waren sie so leicht zu verunsichern. Die weiblichen Aktivisten jagten ihnen bewußt Angst ein. Empfindlich getroffen, reagierten viele Männer oft zwangshaft mit ausweichenden oder aggressiven Rationalisierungen, wodurch die geforderten Lernprozesse behindert wurden.

Obwohl die antiautoritären Männer provokante Gesten selbst gern als erfolgversprechende Mittel gegen eingespielte Wohlanständigkeit und verhärtete Alltagsrituale einsetzten, waren sie konsterniert, als die Frauen dieselben Mittel an ihnen erprobten. — Obszöne, aggressive Worte und karikierter Striptease von privilegierten Töchtern schockierten nicht nur, sondern kündigten eine veränderte Einstellung der Frauen zur Sexualität an. Sowohl die »Genossen« als

---

1 Kampf gegen Unterdrückung und Monogamie, in: Twen, Heft 7/1969, S. 19.

auch die gesamte Bevölkerung wurden dadurch gezwungen, überfällige Vorurteile zu überprüfen.

Der lustvolle Akzent dieser Aktionen war nicht nur Mittel, sondern auch Sinn der Demonstration. Der Narzißmus, der sich dabei entfaltete, der Spaß, den man hatte, sollte die Agierenden schon während der Aktion belohnen. Das Publikum war immer schon mit eingeplant. Diese Haltung entsprach gewissen Trends »hedonistischer« Konsumgesellschaften. Der neue Narzißmus, Korrelat der schon oft analysierten entsublimierten Form der Sexualität, tendierte zum befreienden Ausagieren als Selbstzweck. Das Ausagieren erschien als eine neue Form von Infantilität, die auch der Jugendrevolte insgesamt nachgesagt wurde. Es entstand der Eindruck, daß sie gegen die sture Erwachsenenwelt eine Kinderwelt setzen wollte; daß die heutige Jugend, vor allem die männliche, die genitale Stufe nicht mehr erreichte. An die angeblich naturgegebene Infantilität der Frauen war man gewöhnt. Nun aber wurden diese aufsässig. — Eine Reihe von sozialpsychologischen Untersuchungen bestätigte den Wandel der Triebstruktur und den Verdacht, der gegen die rebellierende Jugend gehegt wurde. Daß diejenigen, die zum »Reifsein« geprügelt wurden, Angst vor einer »zweckfreien«, verspielten Lebensweise hatten, ist verständlich. Auch »Progressive« reagierten verstört auf den Exhibitionismus scheinbar »unpolitischer« Bedürfnisse. Dies und ein gewisser sexueller Reiz verhalfen den provokanten Aktionen der Apo-Frauen zu einer aufmerksamen Öffentlichkeit. Mit der gewohnten weiblichen Zurückhaltung war es vorbei.

Doch jener Narzißmus, der die Frauen zum lustbetonten politischen Protest ermunterte, war auch von Schuldgefühlen begleitet. Die verkündete Befreiung von Zwängen mußte legitimiert werden. Die nirgends überwundene Kluft zwischen politischem Anspruch und subjektiver Motivation sowie zwischen Selbstbild und zustandekommender Praxis unterhöhlte frühzeitig die Solidarität in den Frauengruppen.

Besonders aufschlußreich dafür waren die Haltung der *Münchner Frauenkommune* und die gereizten Reaktionen der anderen Emanzipationsgruppen. Im Herbst

1968 mit dem Anspruch gegründet, »die Gesellschaft an dem Punkt zu treffen, an dem sie am verwundbarsten ist, nämlich in der Aufhebung der Kleinfamilie«[1], beschäftigte sich die Frauenkommune weniger mit Theorie als mit Publicity. Bei der Propagierung ihrer Vorhaben wußten die Kommunardinnen, was Furore machte. Die Grenzen zwischen »nur« politischem Handeln und Befriedigung subjektiver Bedürfnisse waren hier besonders verschwommen. Im Gegensatz zu anderen Frauengruppen, die sich der Medienfeindlichkeit des SDS verpflichtet fühlten, ließ die Frauenkommune kaum eine Gelegenheit aus, mittels Interviews, Artikeln und schönen Bildern veröffentlicht zu werden. Die »freizügigen« Angriffe auf die Männer und ihre Gesellschaft erregten prickelndes Gruseln. Von solcher Mediengeilheit distanzierten sich die »politischeren« Frauen betroffen. Die Frauenkommune war diskreditiert. Sie radikalisierte eine Tendenz, die in der Bewegung immer schon angelegt war, von dieser aber meist verschämt unterschlagen wurde. Die anderen Frauengruppen scheuten daraufhin vor jeder Berührung mit den Massenmedien zurück und verschanzten sich hinter ihrer Aufrichtigkeit. Dieses zwiespältige *moralische* Verhältnis zur »Öffentlichkeit« provozierte in dieser deformierende Spekulationen über das neuartige freie Weib. Das schlug sich in unzähligen ironisierenden Artikeln, Filmen und Fernsehsendungen nieder. Daran sind die einzelnen Frauen nicht schuld. Nur weisen die verschiedenen Reaktionen — sowohl der Gruppen als auch der Medien — auf einen veränderten Krisenzusammenhang hin, der eine klare Abgrenzung von richtiger und falscher Strategie, nichtintegrativer und integrativer Praxis nicht mehr zuläßt.

Ganz nach dem Muster der neuen Protestbewegung mündete der euphorische Aufbruch zum befreiten Leben in verbissene Diskussionen über den richtigen Weg und die richtige Motivation im Kampf um die Befreiung der Frauen. Im Ringen um den einzig wahren

---

1 Modell einer matriarchalischen Gemeinschaft innerhalb der patriarchalischen Gesellschaft, Programm der Frauenkommune München, September 1968.

Ansatz verbarg sich auch das Bedürfnis, die ungeratenen Abweichler zu bestrafen. Hier war auch die antiautoritäre Frauenbewegung schon tendenziell autoritär. Das belegt ihre weitere Entwicklung.

Ansätze zu einer neuen Theorie und Praxis

Die Umsetzung ihrer neuen Erfahrungen in eine entrümpelte Sprache gelang den Emanzipationsgruppen nur partiell. Aus Angst, die Anerkennung der Genossen zu verspielen, unterbrachen sie ihre Angriffe auf diese und konzentrierten sich auf die gesellschaftlichen Bedingungen der miserablen zwischenmenschlichen Beziehungen. Mit seinem hohen theoretischen und praktischen Anspruch bildete der SDS den harten Kern der antiautoritären Bewegung in der BRD. Weil — im Gegensatz zur USA — außer ihm keine wichtige Gruppierung vorhanden war, konnten sich die Frauengruppen seinem Sog nicht entziehen. Sie identifizierten sich vorschnell mit seinem Sprachduktus und seinem Theorie- und Praxisverständnis.

Daß die Ansätze zu einer neuen Frauenbewegung in der BRD nicht recht zur Entwicklung kamen, ist sicher auch darauf zurückzuführen, daß diese Bewegung hinter der Studentenrevolte hinterherhinkte. (Das trifft auch auf die anderen europäischen Länder zu, in denen die Studentengruppen dominierten.) Als die antiautoritäre Bewegung um 1968 ihren Höhepunkt schon fast überschritten hatte, konstituierten sich die Frauengruppen. Ihre ersten Flugblätter und Aktionen hatten innerhalb der Linken nicht die gewünschte Wirkung. Zudem handelten sich die Frauen den Vorwurf ein, ihre Ansprüche seien marginal, kleinbürgerlich und unpolitisch. Die feministischen Auftritte paßten nicht ins Konzept einer Bewegung, die sich immer mehr auf ein angeblich proletarisches Erbe besann und zu diesem Zeitpunkt alle Anstrengungen unternahm, ihren enttäuschten Idealismus und ihre Hoffnungen auf Identität in die Geschichte der Klassenkämpfe hineinzuretten.

Belehrt und entmutigt zogen sich die Emanzipationsgruppen zurück. Fürderhin wollten sie Strategie und Praxis durch gründliche Aufarbeitung von Theorie absichern. Nach der Aktion gewann die Theorie Priorität. Vor allem wollte man das diffuse Selbstverständnis klären.

In Anlehnung an den »Lektüreplan« des Aktionsrats zur Befreiung der Frauen, der sich schon seit Anfang 1968 mit dem Problemkreis Ehe-Liebe-Familie beschäftigte, bemühten sich die Emanzipationsgruppen darum, die Ursachen der Inferiorität der Frauen zu erhellen. Sie organisierten sich in offenen Arbeitsgruppen. Dort wollten sie zu spezifischen Themen Bücher lesen, frei diskutieren, protokollieren und eigene Erlebnisberichte analysieren. Das Problembewußtsein, das sie sich dabei aneigneten, sollte in eine sinnvolle Praxis überführt werden. Die einflußreichsten Emanzipationsgruppen blieben der Aktionsrat zur Befreiung der Frauen und der Frankfurter Weiberrat. Die Mitglieder waren in allen Gruppen vorwiegend Studentinnen, Buchhändlerinnen, Kindergärtnerinnen, Angestellte, Freiberufliche und Hausfrauen, Angehörige der Mittelschicht, die dem SDS mehr oder weniger nahestanden.

Im Mittelpunkt stand die Frage nach dem Ursprung der Unterdrückung der Frauen, die anhand einiger weniger Theorien des Matriarchats, der Geschichte der Naturbeherrschung und der Entwicklung des Privateigentums geklärt werden sollte. Die Frauen stellten fest, daß sie dabei bezeichnenderweise auf einige wenige Schriften angewiesen waren, die zudem fast alle dem 19. Jahrhundert oder dem Anfang des 20. Jahrhunderts entstammten: auf Schriften von *Bachofen, Morgan, Marx, Engels, Bebel, Malinowski, Reich, Freud* und *Rühle.* Als relevante moderne Autoren wurden lediglich *Simone de Beauvoir* und *Margaret Mead* zu diesem Problem herangezogen. Die Beschäftigung mit dem Matriarchat frustrierte bald, weil man auf Spekulationen angewiesen blieb. Weitaus fruchtbarer war der Aspekt der Naturbeherrschung. Diese fand ihren sichtbaren Ausdruck in der patriarchalischen Gesellschaftsordnung, der Institution Familie und im Privateigentum. Da »die Familie sich für das Problem der Frauenemanzipation als archimedischer Punkt«[1] erwies, war sie lange Zeit das Hauptthema. Hieraus ergaben sich über das Zirkelwesen hinaus Ansätze zu einer neuen Sozialisationspraxis.

Anhand differenzierter sozialpsychologischer Untersuchungen der Geschichte, der Funktion, des Wandels und der Auflösung der bürgerlich-autoritären Familie *(Horkheimer, Adorno, Fromm, Reich)* und sozialistischer Standardwerke zur Frauenemanzipation von Engels und Bebel wurde den Frauen vollends klar, daß ihr »natürliches Wesen« ein historisches, gewordenes war. Ihr Anders-sein enthüllte sich als Ergebnis patriarchaler Erziehungspraktiken. Welche Auswirkungen diese spezifische Form der sexuellen Unterdrückung auf das Verhalten der Frauen zeitigte, analysierte Freud am eindringlichsten. Schließlich vermittelten Experimente antiautoritärer Erziehung eine Vorstellung von der Aufhebbarkeit des deformierten weiblichen Sozialcharakters.

Es lag nahe, daß die Frauenemanzipationsgruppen alle Hoffnungen auf eine veränderte Erziehungspraxis und neue Formen des Zusammenlebens setzten. Sie entwickelten ein antiautoritäres Erziehungskonzept, das die Aufhebung der tradierten Geschlechtsrollen als antizipierte Komponente des Sozialismus zum Ziel hatte.

Dieses Programm implizierte die Einsicht, daß in unserer Gesellschaft nicht nur die Frau, sondern auch der Mann sich emanzipieren müsse. Weil die Emanzipationsgruppen jede Form von »Herrschaft« verwarfen, erstrebten sie auch nie ernsthaft ein neues Matriarchat. Eine utopische Gesellschaft mußte prinzipiell auf völliger Gleichstellung beider Geschlechter basieren. Auch eine Aufwertung der Homosexualität — »ein bisexuelles Modell (wurde) hypothetisch als ›dritte Möglichkeit‹ ins Auge gefaßt«[2]. — Auf die Initiativen vor allem des Berliner Aktionsrates folgte so etwas wie eine antiautoritäre Kinder- und Schülerladenbewe-

---

1 Arbeitskreis: Theorie der Emanzipation, Aktionsrat zur Befreiung der Frauen, Protokolle, Berlin, Mai 1968.
2 A. a. O., Juni 1968.

gung. Außerdem versuchte man, Lehrer und Kindergärtnerinnen zu agitieren.

Die feministisch-aktionistischen Momente verloren sich in sozialistischer Programmatik. (Dabei bleiben gewisse Ungleichzeitigkeiten der Gruppenentwicklungen unberücksichtigt.) Immerhin bewahrte das Mißtrauen gegenüber patriarchalen Strukturen die Frauen einige Zeit davor, die Auffassungen der Theoretiker des traditionellen wissenschaftlichen Sozialismus von der Emanzipation der Frau vorbehaltlos zu verinnerlichen. Diese »kritisierten zwar die Institutionen Ehe und Familie, stellten sie aber nie ernsthaft in Frage«[1].

Die Forderung nach Verwirklichung ihres Anspruchs formulierten die Frauen des Berliner Aktionsrates zur Befreiung der Frauen Anfang Februar 1969 so: »Wir müssen an allen Fronten zugleich kämpfen. Dies ist jedoch nicht individuell, sondern einzig und allein kollektiv möglich.« Kurz darauf, Ende Februar, folgte die Besinnung auf den richtigen Standort. Wie verhält sich ein richtiger Sozialist »in der Anfangsphase des Kampfes«? Die Frauen des Aktionsrats stellten fest, daß sie die »Dialektik von Ziel und Weg vernachlässigt« hatten. »Wir müssen mit unserer Arbeit dort ansetzen, wo wir Voraussetzungen für eine massenhafte revolutionäre Bewegung schaffen können. Am aussichtsreichsten scheint uns dies auf dem Gebiet der Erziehung zu sein. Bisher unterprivilegierte Gruppen wie Kinder und Frauen müssen sich organisieren zu kollektiv Kämpfenden.« Und schließlich verkündet man die Generallinie: »Bis zur Erziehung der Kinder innerhalb der Institutionen zu Kämpfern ist es noch ein weiter Weg. Diese Erziehung wird den Kindern schon jetzt in den sozialistischen Kinderläden Westberlins gegeben. Von hier aus wird Selbstorganisation der Kinder zu einer Kinderbewegung ermöglicht, die sich mit Kinderkommunen eine eigene Form schaffen wird.« Zur Agitation der Frauen: »Wir dürfen nicht verschweigen, daß nur kollektive Arbeit, nur kollektive Organisationsformen wie Frauenkommunen den Frauen das Bewußtsein ihrer Unterdrückung geben, sie

---

1 A. a. O., Dezember 1968.

ihren erdrückenden Lebensverhältnissen entreißen können.« Für die Schulkinder: »Politische Erziehung bedeutet, in langwieriger Arbeit ermöglichen, daß die Kinder selbst ihre Klassenlage erkennen. Dann werden sie, kollektiv zu dieser Einsicht gelangt, fähig sein zum kollektiven Kampf. Sie werden sich nicht mehr im Elternhaus einzeln schlagen lassen, sondern in Schülerkommunen gemeinsam siegen lernen[1].«

Hier fällt einmal auf, daß die Sprache bereits verarmte und durch ständige Wiederholungen und markige Floskeln Stimmigkeit suggerieren sollte. Die Identifikation mit der klassenkämpferischen Pose theoretisch versierter Genossen war gelungen, die Gefahr einer Isolierung von der »Bewegung« gebannt. Indes ein feministisches Residuum war noch nicht ausgemerzt: die Frauenkommune. Ein solcher Kampfverband ließ den Mann als »Klassenfeind« noch ahnen. Dies wurde aber nicht mehr expliziert. (Die Erwartungen, die man an die Frauenkommune knüpfte, wurden in der BRD durch die auftretenden Schwierigkeiten enttäuscht.)

Zum anderen wird hier deutlich, daß diese Frauen die Lösung ihrer eigenen unbewältigten Probleme von den Kindern erwarteten. Das verriet Resignation. Die Kinder sollten den hohen Anspruch einlösen, vor dem man selbst nicht bestehen zu können fürchtete: tüchtige Kämpfer, die das Siegen schon in der Kindheit lernen. Unhistorisch in ihrem Denkansatz, ignorierten die Frauen den sozialen Wandel der projizierten den proletarisch maskierten bürgerlichen »Kampf ums Dasein« in die Zukunft der Kinder.

Das »Scheitern« der antiautoritären Bewegung

Was den Frauen, die an den Emanzipationsarbeitskreisen teilnahmen, Erleichterung verschaffte: die Erkenntnis, daß ihre Schwierigkeiten nicht individuell verschuldet, sondern gesellschaftlich bedingt waren, wurde zur Pflichtübung. Der subjektive Ansatz unterwarf sich der objektiv-notwendigen Gesetzmäßigkeit

---

1 A. a. O., Zitate aus den Februar-Protokollen, Februar 1969.

des Klassenkampfes. Die radikal Antiautoritären, die zuvor ein befreites Leben hier und jetzt angestrebt hatten, erklärten diese Bemühungen nun zur klein-bürgerlichen Fata-Morgana. Ihre Erfahrung habe ge-zeigt, hieß es nun, daß vor einer totalen Umwälzung der kapitalistischen Produktionsverhältnisse die Auf-hebung von Nebenwidersprüchen reformistisch sei. Diese Beteuerung war bereits eine Rationalisierung der eigenen *undurchschauten* Enttäuschung. Die anti-autoritären Hoffnungen, die sich relativ zu einem miß-verstandenen System-Begriff bestimmten, waren selbst mißverständlich — und nicht etwa »übertrieben«. »Mißerfolge« und »Scheitern« regten nun aber keine Korrektur des Mißverständnisses, d. h. des System-Begriffs an, sondern wurden wiederum auf die Ge-walt und die Raffinesse des »antagonistischen Sy-stems« zurückgeführt. Gemessen an den *antiquierten* Kriterien des »Integrativen« und »Nicht-Integrativen« waren die aktionistischen Erwartungen in der Tat zu hochgespannt; die dogmatische Interpretation ihrer Enttäuschungen führte zur Regression.

Der Rückgriff der Frauengruppen auf den Dogmatis-mus fiel zeitlich mit der Proklamation des »Scheiterns« der antiautoritären Bewegung zusammen (Sommer 1969). Ähnliches vollzog sich in all den Ländern, in denen eine neue Linke Furore gemacht hatte. Es er-folgte eine Ausdifferenzierung der wesentlichen, die Bewegung konstituierenden Motivationen und Erwar-tungen. Die Bewegung fiel auseinander in eine »un-politische« Subkultur, in »Anarchisten«-Gruppen und dogmatische Kader verschiedener Prägung. Der Rest »reprivatisierte« sich. Die Emanzipationsarbeitskreise, die in der feministischen Phase eine abstrakte Soli-darität verband, gingen entweder ein oder wurden von einigen Mitgliedern umorganisiert.

In der BRD gelang es den dogmatischen Gruppen gründlicher als anderswo, die Wahrheit zu pachten. Sie besaßen damit das Monopol für die richtige Inter-pretation von Funktion und Ziel der Bewegung. Die feministische Intention wurde in Westdeutschland von der dogmatischen Linken völlig aufgesogen. Sie hielt sich nur in den USA, temporär in den skandinavischen

Ländern und in Holland durch, da dort der Gesinnungsdruck der Klassenkampftradition nie derart die Bewegung vorbelastet hatte.

Die proletarische Wende der Frauenbewegung in der BRD

Im Dezember 1970 legte sich der Aktionsrat zur Befreiung der Frauen einen neuen Namen zu: »*Sozialistischer Frauenbund Westberlin*«. Der Frankfurter Weiberrat wurde, nachdem er sich im Sommer 1969 infolge unerträglicher Spannungen aufgelöst hatte, im Frühjahr 1970 unter demselben Namen, doch mit anderer Besetzung wieder ins Leben gerufen. Zur Beschränkung auf Politökonomie-Schulungen veranlaßten Berichte über erfolgreiche Schulungsgruppen in Berlin und ein Besuch bei den »Dollen Minnas«. Die Frankfurter Delegierten kehrten enttäuscht aus Holland zurück, da ihrer Ansicht nach die Minnas ein politisches Programm vermissen ließen, das die agitierten Frauen »aufzufangen« imstande gewesen wäre. Dieses schlechte Beispiel sollte den Weiberrat vor »unüberlegten« Aktionen warnen. Erst sollte zur Vorbereitung der Agitation ein Konzept erarbeitet werden.

Bei der Durchsetzung der »neuen« Linie bewährten sich die Berliner und Frankfurter Frauengruppen wieder als Avantgarde. Sie kanonisierten »das veränderte Bewußtsein und Selbstverständnis . . ., das aus der seit 1969 konsequent durchgeführten marxistischen Schulung resultiert«[1]. Ihre Äußerungen stehen hier als idealtypisches Beispiel für die Einstellung neuorthodoxer Frauen. Trotz vieler Differenzen zeigen sich bei allen in- und ausländischen Frauengruppen, die sich ausdrücklich für »sozialistisch« deklarieren, bestimmte Grundmuster der Realitätsverarbeitung und der Selbstdarstellung. In allen Ländern wurde bei den neuen Linken, die im Sturm und Drang der Großen Verweigerung ermüdet waren, das Bedürfnis übermächtig, sich an Grundwahrheiten zu orientieren.

---

1 Pelagea 2, Berliner Materialien zur Frauenemanzipation, 1971, S. 3.

»Das Übel an der Wurzel packen!« Die zum Marxismus-Leninismus konvertierten Frauen wollten sich vom »oberflächlichen Schein«, den der Kapitalismus produzierte, nicht mehr täuschen lassen. Die »Phase des antiautoritären Psychologismus« wurde für beendet erklärt. »Da wir erkannt haben, daß die Unterdrückung der Frau eine notwendige Folge des Privateigentums an den Produktionsmitteln ist, muß unser Kampf, soll er nicht bloß ein paar individuelle Verbesserungen für die ohnehin schon Privilegierten unter den Frauen bringen, sich gegen die kapitalistische Gesellschaftsordnung richten[1].« Die Feministinnen, so wurde festgestellt, erklärten das »Resultat schlicht zur Ursache«[2]. Obwohl die »Frau ihre Unterdrückung subjektiv (vom eigenen Mann) ausgehend«[3] erfährt, ist der Mann kein Angriffsziel mehr, sondern nur noch das System als solches.

Das »neue« Selbstverständnis des Sozialistischen Frauenbundes Westberlin rationalisierte sich über unüberprüfte Grundannahmen der klassischen proletarischen Emanzipationstheorie:

»Das Prinzip des Kapitalismus ist Mehrwertproduktion um den Preis der Unterdrückung und Ausbeutung der arbeitenden Klasse. Unter diesen Bedingungen kann es keine Gleichheit für alle Menschen geben, auch wenn sie gesetzlich fixiert ist. *Die Voraussetzung für das allmähliche Durchsetzen der Gleichheit aller Menschen in der klassenlosen Gesellschaft ist die Vergesellschaftung der Produktionsmittel.*

Die besondere Situation der Frau in der kapitalistischen Gesellschaft — wir meinen nicht Frauen der Kapitalistenklasse — ... ist gekennzeichnet durch *doppelte Unterdrückung:*

1. Die durch die Produktionsverhältnisse bedingte Unterdrückung der Frau am Arbeitsplatz, die der Mann auch erfährt.

2. Die Diskriminierung der Frau in allen gesellschaftlichen Bereichen, die rückwirkend die ökonomische Unterdrückung noch verschärft.

Diese doppelte Unterdrückung der Frau entstand mit der Entwicklung der kapitalistischen Produktionsweise. Die Frau als

1 Pelagea 1, Mai 1970, S. 3.
2 Frigga Haug, Die mißverstandene Emanzipation, in: Das Argument 67, Oktober 1971, S. 686.
3 Pelagea 1, ebda.

Hausfrau produziert weiterhin individuell, trotz industrieller Revolution findet keine Kooperation in der ihr von der Gesellschaft zugewiesenen Sphäre statt (das hieße: gemeinschaftliche Kindererziehung, Abschaffung der individuellen Hausarbeit etc.). Sie produziert also nicht gesellschaftlich, vom Standpunkt der kapitalistischen Warenproduktion.

Erst durch den Eintritt in den gesellschaftlich organisierten Produktionsprozeß wird sie aktiver Teil der Gesellschaft. Obwohl die Mechanisierung der Produktion ihre fehlende Muskelkraft ausgleicht und sie so in der Arbeit dem Manne gleichwertig ist, *wird ihre Arbeitskraft geringer bezahlt als die des Mannes,* denn:

1. Der Lohn des Mannes war ursprünglich darauf berechnet, den Unterhalt der gesamten Familie zu decken. Der Lohn der Frau stellte von Anfang an nur die Kosten für den Unterhalt einer Person dar.

2. Bedingt durch die Familiensituation fühlt sich die Frau nur als Mitverdienerin; ihre gesellschaftliche Tätigkeit im Produktionsprozeß dient nur dem zusätzlichen Geldverdienst. Ihre Hauptaufgabe sieht sie nur in ihrer Rolle als Hausfrau.

Die Tradition der jahrhundertelangen Unterdrückung, entsprechende Erziehung und Propaganda sind so tief in das Bewußtsein der Menschen eingedrungen, daß die Frauen selbst ihre Lage als naturbedingt und unveränderlich ansehen.

Auf diese Weise bietet die Frau dem Kapitalismus folgende hauptsächliche Vorteile:

a) Sie fungiert als Sicherheitsventil für die vom Mann erfahrene Unterdrückung am Arbeitsplatz, die in die Familie hineingetragen und nicht am Arbeitsplatz bekämpft wird. *Aufgrund ihrer Isolation und der daraus resultierenden Unsicherheit bremst sie dem mögliche Kampfbereitschaft des Mannes, weil sie über den unmittelbaren Horizont ihrer Familie nicht hinausblickt.*

b) Sie erfüllt nach ihrem Eintritt in den Produktionsprozeß *Lohndrückerfunktion* gegenüber dem Mann.

c) Frauen stellen für den Kapitalismus einen großen Teil der *Reservearmee,* die er je nach der Konjunkturlage entweder umwirbt oder in die Familie zurückweist.

Die Frau ist aufgrund ihrer Lage im Produktionsprozeß und ihrer zusätzlichen Tätigkeit im Haushalt doppelt belastet; daher ist es nicht verwunderlich, daß die Frau oft gern bereit ist, persönliche Entwicklung und gesellschaftliche Interessen aufzugeben, zugunsten eines Daseins als Mutter, Geliebte und Hausfrau.

Um ihre Situation verändern zu können, müssen die Frauen aus ihrer Isoliertheit heraus und aktiv am Produktionsprozeß teilnehmen.

Erst dadurch wird es möglich, daß sie ihre Lage begreifen und die Ursachen und Zusammenhänge erkennen können, die zu ihrer jetzigen Situation geführt haben. *In diesem Prozeß der Bewußtwerdung und Politisierung entwickelt sich die Solidarität der Frauen, die notwendig ist für den Kampf gegen Unterdrückung und Ausbeutung, der gemeinsam mit den Männern geführt werden muß.*

Wir organisieren uns zunächst separat als Frauen, um in theore-

tischer Arbeit die Ansatzpunkte zur spezifischen Frauenagitation herauszufinden.
Wir sehen dies als Voraussetzung, um unter der Führung der Kommunistischen Partei unsere Aufgaben im Klassenkampf zu übernehmen[1].«
Und der Weiberrat beschreibt seine Funktion so:
»Der Weiberrat soll die Funktion haben, die Frauen, die sich in ihm organisiert haben, in die Lage zu versetzen, sich möglichst repressionsfrei und solidarisch die Grundlagen marxistischer Theorie zu erarbeiten, die dazu beitragen soll, das Bewußtsein für die Differenz zu schärfen, die zwischen dem Interesse des Kapitals und einem sozialistischen Emanzipationsanspruch bestehen[2].«

Was treibt politisierte Frauen dazu, dieses Vermächtnis der Vergangenheit unter veränderten gesellschaftlichen Bedingungen aufzunehmen? Offensichtlich versuchen sie, die »Fehler« der antiautoritären Phase wiedergutzumachen bzw. mit Hilfe bestimmter Rituale ihre Wiederholung zu vermeiden. Sie bemühen sich, in die Gewänder der Clara Zetkin oder der Rosa Luxemburg zu schlüpfen und mit geborgter, starker Sprache die Rolle von Revolutionärinnen der Jahrhundertwende zu spielen. Sie installieren »Anfängerschulungen«, »Kapital«-Arbeitskreise und »Untersuchungsgruppen« für Fortgeschrittene. Gelesen werden die »Klassiker«. Mit Akribie bauen sich diese Frauen übersichtliche Organisationen auf, deren Struktur freilich der Phase der ursprünglichen Akkumulation entspricht. Die Organisationen werden nicht dem realen Krisenzusammenhang, sondern dieser wird jenen angepaßt. In den Papers tauchen eher Elendsbilder von Zille auf als solche einer organisierten Konsumgesellschaft. Die »sozialistischen« Frauen vergessen nie, darauf hinzuweisen, daß sich im Grunde nichts verändert habe. Der Kapitalismus sei nur raffinierter geworden.
Nach langer risikoreicher Suche nach einer neuen Identität bietet die feste Burg dialektisch-materialistischer Theorie endlich Sicherheit und Schutz. Es ist die letzte Theorie, welche die bürgerliche Gesellschaft als

---

1 Pelagea 2, a. a. O., S. 4 ff., Hervorhebungen von der Verfasserin.
2 Vorschläge zur Funktionsbestimmung und zur Organisation des Frankfurter Weiberrats, Februar 1971, S. 10.

Totalität und ihre bestimmte Negation umgreift. In sich geschlossen, alles aus einer Ursache erklärend, vermittelt der historische Materialismus eine beruhigende Rationalität. Das erklärt seine spezifische Faszination in überkomplexen, subjektive Erfahrung degradierenden Verhältnissen. Er schützt scheinbar vor allen möglichen Irritationen und legitimiert die regressive Entlastung vom Entscheidungszwang. Auf Minimalformeln reduziert, seiner praktischen Intention beraubt, dient er heute als Vehikel für einen Spätidealismus. Die Erfahrung richtet sich nach der Theorie — nach dem Motto: was nicht sein kann, das nicht sein darf. Diese späte Aufbereitung einer vormals überlegenen Theorie bietet sich paradoxerweise heute gerade deshalb an, weil mit dem substantiellen Antagonismus der bürgerlichen Gesellschaftsform auch die historische Substanz dieser Theorie verlorenging. So kann sie auch für seelische Reinigungen immer wieder fungibel gemacht werden, sobald Schuldgefühle es verlangen.

Die neue zentralisierte Organisationsform verspricht den Frauen Entlastung. Flexible, fluktuierende Gruppierungen erscheinen nunmehr als Bedrohung, da in ihnen wirksame Kontrollen fehlen. Trotz markiger Klassenkampfparolen und der ständigen Rede von der Proletarierin geht es weniger um deren Mobilisierung als um die Reduktion von unerträglich gewordenen Spannungen. Konkurrenzängste und Autoritätskonflikte, die die Gruppen belasten (auch Frauen mausern sich zu Autoritäten) werden neutralisiert, indem Informations- und Leistungsvorsprünge für »funktional«, d. h. sinnvoll erklärt und in Hierarchien legitimiert werden. Die Kompetenzen werden verteilt. Jede, welche die nötige Energie dafür aufbringt, kann bis zur Schulungsleiterin avancieren. Alle Anstrengungen, die unternommen wurden, Arbeitsteilung und Verdinglichung aufzuheben, enden in der Bekräftigung des Bekämpften. (Nicht zuletzt deswegen, weil diese antiautoritären Anstrengungen defensiv waren und, mit vorindustriellen, Rousseau'schen Vorstellungen behaftet, die allgemeine Entwicklung der entfalteten Konsumgesellschaften revidierten.) Diejenigen, die auszogen, gegen abstrakte Systeme zu kämpfen, unterwerfen sich freiwillig einer historisch veralteten und fetischisierten Organisationsform. Die antiautoritären Sünden sind gesühnt; die Ich-Schwäche ist vergessen.

Solchermaßen brav geworden, können die »linken« Frauen der Anerkennung auch strenger Genossen sicher sein. Ob sie sich als Ersatzproletariat fühlen oder künftig einer fiktiven proletarischen Partei dienen wollen — die neue Identität der Sozialistinnen weist auf ihre autoritäre Disposition hin. Sie identifizieren sich schlicht mit dem eben noch gehaßten Patriarchat. Indem sie Lösungsmuster industrieller Mangelgesellschaften mitschleifen, perpetuieren sie selbst wiederum die Unterdrückung der Frau. Für eine Neubestimmung der Geschlechtsrollen und den Abbau einer verselbständigten Leistungsideologie erweisen sich diese Frauengruppen als inkompetent.

Die Rehabilitierung des *rigiden Funktionalismus* mag für das psychische Gleichgewicht der Dogmatikerinnen wertvoll sein. Für ihr Bewußtsein und ihre Strategie wirkt dies sich jedoch fatal aus. Ausschließlich auf die Ökonomie bzw. den »Hauptwiderspruch« fixiert, erlauben sie sich keinen Seitenblick auf »Unwesentliches«. Das macht sie unbeweglich und starr, sowohl in ihrem Theorieverständnis als auch in der Praxis. Es fehlt ihnen an Phantasie und futurologischer (prospektiver) Vorstellungskraft. Alle für die Frau anstehenden Probleme werden allenfalls unter dem Aspekt ihrer Mobilisierbarkeit für den Klassenkampf berücksichtigt. Die Masse der Frauen betrachten die Dogmatikerinnen als Material, an das man sich taktisch geschickt heranpirschen muß. Das Thema Sexualität gilt gerade noch als »Aufhänger«. Man fürchtet jede Kampagne, die »nur reformistisch« ist, also an lautwerdenden, z. B. feministischen Interessen der Bevölkerung orientiert. Neue Bedürfnisse werden borniert ausgeklammert, sofern sie nicht als »Hebel« zu nutzen sind. So bewirkt das Ausblenden wichtiger Erfahrungen eine folgenreiche Unfähigkeit, an der Organisierung von Emanzipationsbestrebungen anderer Frauen — im Interesse dieser von vornherein nicht determinierten Bestrebungen selbst — teilzunehmen.

Irgendwann kommt die List der Bekehrer bestimmt zum Vorschein. Dann sind die Gebetsformeln an der Reihe.

Den Blick verengt zum Aufspüren klassisch proletarischer Situationen, begeben sich die »linken« Frauen jeder Möglichkeit, bewußt neue befreiende Tendenzen und Entwicklungen zu verfolgen und weiterzutreiben. Da der Feind überall lauert, ist jedes ungesicherte Einlassen auf Neues gefährlich. Abstrakte Beschwörungen, den Kampf gegen diese Gesellschaft aufzunehmen, bleiben den Situationen der angepeilten Zielgruppen und deren diffusen Zukunftserwartungen äußerlich. Zudem können die dogmatischen Gruppen die Konsequenzen ihrer Unternehmungen nicht abschätzen, da ihnen politisches Selbstverständnis, Praxis und gesellschaftliche Funktion vollends auseinanderfallen. So geben sie immerhin wichtige Formulierungshilfen und bewirken sie Denkanstöße — vor allem im ökonomischen Bereich —, die sie in ihrer Auswirkung bestimmt nicht intendiert haben. Ob sie es wollen oder nicht, auch die linken Frauen stabilisieren das »System«. (Bei Überprüfung des System-Begriffs besagt dies zwar nicht mehr allzuviel; aber *ihnen* besagt es alles.) Sie machen zwar keine Revolution, aber sie initiieren neue Problemlösungen, z. B. in Subsystemen, die aufgetretene Disparitäten nun effektiver auszubalancieren bzw. umzugruppieren in der Lage sind. Die Sozialistinnen könnten Veränderungen bewußt vorantreiben und kontrollieren, wenn sie wüßten, welche wechselnde Funktion sie haben. Dies würde aber Flexibilität in Denken und Handeln voraussetzen.

Das Women's Liberation Movement

Den größten Einfluß gewann die neue Frauenbewegung in den USA. Sie konstituierte sich dort früher als anderswo und erreichte eine weitaus größere Stärke als in den anderen hochtechnologisierten Ländern. Das *Women's Liberation Movement* setzt sich heute aus unzähligen Gruppen und Grüppchen zusammen, die fast alle das Entstehen interner Hierarchien zu verhindern trachten. Das WLM ist dezentralisiert. Bei bestimmten Aktionen oder Bundeskonferenzen arbeiten die autonomen Gruppen überregional zusammen. Eine verwirrende Vielzahl von theoretischen und praktischen Konzeptionen erschwert den Überblick. Die radikalsten, von den neuen Feministinnen entworfen und erprobt, übertreffen alle gegenwärtigen europäischen Strömungen an Konsequenz. Es ist möglich, daß der Einfluß der Amerikanerinnen in Europa jetzt erst in größerem Ausmaß zum Tragen kommt. Der fortschreitende Zerfall und Autoritätsverlust der neuen Linken könnte die politisierten Frauen zu neuen Experimenten ermuntern.

Zu einer Massenbasis hat es das WLM allerdings noch nicht gebracht. Es besteht fast ausschließlich aus Frauen der weißen Mittelschicht. Aber die Amerikanerinnen verstehen es, mit den verschiedenen Medien geschickt und wirkungsvoll umzugehen. Einmal organisieren sie loyale Mitarbeiterinnen, die in den Redaktionen der Massenmedien tätig sind. Sie besetzen Redaktionen und Rundfunksender. (Sie sind der Auffassung, daß das WLM nicht zuletzt von der »brutalen Normierung« der Idealfrau durch die Massenmedien provoziert wurde.) Zum anderen publiziert das WLM selbst mittlerweile schon über 150 Zeitschriften, abgesehen von unzähligen Papers und Manifesten. In Zusammenarbeit mit der Untergrundpresse haben die Feministinnen ein gut funktionierendes Informationsnetz zur Verfügung. Bewußt oder unbewußt steht bei der Auswahl von Anlässen, Methoden und Kolorit der Aktionen die Frage nach deren Medienadäquanz im Hintergrund. Feministinnen drehen Filme, schreiben Bücher, Gedichte und Bühnenstücke und haben eigene Theatergruppen. Sie komponieren Lieder und veranstalten Happenings. Schließlich schreckt fast keine Gruppe davor zurück, trotz unterschiedlicher politischer Ausrichtung und Organisationsform Aktionsgemeinschaften zu bilden. Bei aktuellen Konflikten und günstigen Gelegenheiten denken und handeln sie pragmatisch. »Wir werden nicht danach urteilen, was revolutionär oder was revisionistisch ist, sondern nur danach, was für die Frau gut ist[1].« Die Abtreibungskampagnen (die in New York bereits die Legalisierung der Abtreibung bis zu sechs Monaten durchsetzten) sind anschauliche Beispiele dafür. — Das Women's Liberation Movement organisiert Stadtteilarbeit, Aufklärung über Sexualität und Gesundheitsvorsorge, Wohnkommunen, Sammelküchen, Kindergärten, günstige kollektive Lebensmittelbeschaffung, Kleidertausch und Umweltschutz. Die Gruppen halten Seminare über feministische Soziologie und Psychologie ab und richten Institute zur Erforschung der Unterdrückung der Frauen ein. In Großstädten entstehen feministische Subkulturen, die auch den »Ausgeflippten« noch Solidarität und emotionale Sicherheit gewähren. All diese Faktoren tragen zum relativen Erfolg der amerikanischen Frauenbefreiungsbewegung bei.

Im Women's Movement können drei Hauptrichtungen unterschieden werden: die konservativen und liberalen Feministinnen, die radikalen Politicos und die radikalen Feministinnen. Die ersten beiden werden hier nur kurz vorgestellt. Auf Zwischenformen wie die unzähligen *Consciousness-raising*-Gruppen, die der High-School-Mädchen, der schwarzen Frauen und der *Wellfare*-Gruppen kann in diesem Rahmen nicht eingegangen werden. Die radikal-feministische Position wird detaillierter behandelt.

Die konservativen Feministinnen

Die prominenteste und erfolgreichste Vertreterin dieser Richtung ist *Betty Friedan*. Nach der Veröffentlichung ihres für die Anfänge der neuen Frauenbewegung wichtigen Buches »*Der Weiblichkeitswahn*« gründete sie 1965 die Frauenorganisation N. O. W. *(National Organisation of Women)*. N. O. W. fordert volle Gleichberechtigung der Frau: Beseitigung der Diskriminierung der Frau in der Gesetzgebung, der Ausbildung und am Arbeitsplatz; das Recht der Frau auf

---

1 Redstockings Manifest, Juli 1969, in: Notes from the Second Year, Women's Liberation, New York 1969.

Geburtenkontrolle, legale Abtreibung und kostenlose Kindertagesstätten usw. N. O. W. tritt für gleichberechtigte Teilnahme der Frauen an allen Regierungsgeschäften und für die Anrede »Frau« auch für Ledige ein. Durch Strafanzeigen, gezielte Einflußnahme auf politische Gremien und Parteien, Demonstrationen, Streiks und durch gemeinsame Aktionen mit den radikalen Frauen verleiht N. O. W. ihren Forderungen Nachdruck. Die zahlreichen Mitglieder werden bürokratisch betreut und kontrolliert.

N. O. W. und ähnliche, weniger bekannte Organisationen wünschen die Gleichstellung der Frau mit dem Mann innerhalb der bestehenden Eigentums- und Entscheidungsverhältnisse. Deshalb konzentrieren sie sich jeweils auf die Kritik bestimmter Ungerechtigkeiten. Darüber hinaus entwickeln sie keine revolutionären Theorien »utopischer« Gesellschaften. Als Nachhut der traditionellen Feministinnen beschränken sie sich auf die Einlösung der Versprechen des einstmals revolutionären Bürgertums auch für die Frau. Das verrät auch der häufige Gebrauch von Wendungen und Begriffen wie: »die volle Reife«, »individuelle Identität« und »Autonomie« der Frau in der »konkurrierenden Teilnahme an Arbeit und Beruf«, — dadurch »verwirklicht sie sich selbst«, gelangt »zum eigenen Ich« usw.[1]

N. O. W. ist bei radikalen Frauen nicht gerade beliebt. Sie gilt als Organisation älterer liberaler Karrierefrauen mit hierarchischen Strukturen und elitärem Anspruch. Aus Protest dagegen sind jüngere politisierte Frauen ausgetreten und haben neue radikal-demokratische Antiorganisationen gegründet. Die konservativen Feministinnen erfüllen jedoch eine wichtige Funktion. Die entschlossene Demonstration einer »Frauenmacht« sensibilisiert das Bewußtsein der weiblichen Bevölkerung und schärft den Blick für deren Benachteiligung in einem rückständigen System.

---

1 Betty Friedan, Der Weiblichkeitswahn, Reinbek bei Hamburg 1970.

»Politicos« sind diejenigen Frauen, die innerhalb der neuen Linken engagiert sind. Ihre Einstellung zur Emanzipation der Frau richtet sich jeweils nach der politischen Zielsetzung der einzelnen Splittergruppen, in denen sie arbeiten. Die Politicos fühlen sich grundsätzlich mehr der jeweiligen Gruppe bzw. dem *Movement* zugehörig als der Frauenbefreiungsbewegung. Diese halten sie für unpolitisch und reformistisch. Aber sie sind gebannt von dem revolutionären Potential, das sie repräsentiert. Es gibt Berichte, wonach Politicos die unzähligen lockeren Gruppierungen des WLM unterwandern, um sie zum »Hilfsdienst« für die neue Linke zu rekrutieren. Es existieren zwar zahlreiche Frauengruppen innerhalb der grundsätzlich von Männern majorisierten linken Organisationen. Aber diese Gruppen insistieren auf der Priorität der ökonomisch-politischen Umwälzung des kapitalistischen Systems. (Die *Weathermen* zum Beispiel — eine »anarchistische« Gruppe, die in den Untergrund gegangen ist — haben eine eigene militante Frauengruppe: die *Weatherwomen-Longhair-Army).* Diskussionen darüber, ob autonome Frauengruppen politisch zu rechtfertigen sind oder ob sie im *Movement* »aufgehen« sollten, haben bei den Politicos immer noch große Bedeutung.

Das Interesse an der »Frauenfrage« ist in der amerikanischen Linken allgemein gestiegen. Denn man befürchtet zu recht, die Frauen könnten sich ganz vom *Movement* entfernen. Die Streitfrage bleibt die Relevanz der sozialen Widersprüche. Die Politicos werfen den radikalen Feministinnen vor, sie würden einen »Nebenwiderspruch« zum »Hauptwiderspruch« hochstilisieren.

Für die radikalen Politicos trifft weitgehend die obige Analyse der neu-orthodoxen linken Frauengruppen in der BRD zu. Es erübrigt sich deshalb, die Einstellung der Politicos zur Frauenemanzipation zu explizieren.

Zahlreiche feministische Gruppen wurden von Politicos gegründet. Die neue Linke und das sich rasch ausbreitende WLM setzten sich lange Zeit heftig auseinander. Die rebellierenden Frauen verglichen ihre Autonomiebestrebungen hartnäckig mit denen der *Black-Power*-Bewegung. »Rassismus«, »Militarismus« und »Sexismus« wurden als Abkömmlinge des »weißen männlichen Chauvinismus« bestimmt. Angesichts des Vietnam-Krieges und der Revolte der Schwarzen hatten die Aktivistinnen in den USA »wirksamere« Waffen, auch die Männer im *Movement* moralisch unter Druck zu setzen. Anders als in Europa konnten die Amerikanerinnen frühzeitig zwischen verschiedenen oppositionellen Modellen wählen. Neue feministische Varianten konnten sich so in einer gewissen Distanz zur neuen Linken entfalten.

Die Grenzen zwischen Sozialismus und Feminismus waren und sind meist fließend. Man spricht deswegen von einem feministischen Sozialismus oder einem sozialistischen Feminismus. Die Grundsatzfrage: Was hat Priorität, das ökonomische Klassensystem oder das sexuelle? hat eine paralysierende Wirkung auf die Gruppen. Die Polarisierung innerhalb der diffusen, lose strukturierten Frauenbewegung ist unumgänglich gewesen. Zumindest in der Theoriebildung gibt es aber Anzeichen dafür, daß radikale Feministinnen Selbstbewußtsein und Flexibilität gewinnen.

Die radikalen Feministinnen

Den radikalen Feminismus begründeten von N. O. W. enttäuschte ehemalige Mitglieder, Politicos und Frauen, »die gerade auf diese Alternative gewartet hatten«. Es waren »Frauen, für die weder konservativer, bürokratischer Feminismus noch ausgeglichenes linkes Dogma besondere Anziehungskraft besaßen«[1]. Sie hatten es satt, »an den Revolutionen anderer teilzunehmen«[2]. Sie betrachteten sich als Begründerinnen einer autonomen Bewegung, die ihre eigene Sache in die Hand nahm.

---

1 Shulamith Firestone, The Dialectic of Sex, New York 1970, S. 37.
2 Ellen Willis, Women and the Left, Guardian, Februar 1969.

Zum radikalen Feminismus zählen heute alle Frauen und Gruppen, die mehr wollen als nur Gleichberechtigung mit dem Mann und soziale Revolution. Wenn sie von Revolution reden, meinen sie die »totale«. Die radikale feministische Position »weigert sich, die bestehende linke Analyse zu akzeptieren, nicht weil sie zu radikal, sondern *weil sie nicht radikal genug ist*»[1]. Die Vernichtung des kapitalistischen Systems kann demnach nur gelingen, wenn sie die Liquidierung der traditionellen Geschlechtsrollen zum Ziel hat.

Die Phasen der Entwicklung von einem gemäßigten zu einem radikalen Feminismus — lesbische Konzeptionen mit eingeschlossen — durchdringen sich und sind nur schwer voneinander abzuheben. Auf der Suche nach einer neuen Identität erweisen sich die Feministinnen als äußerst experimentierfreudig — mit bestimmten Einschränkungen (s. u.). Davon zeugen selbst die Gruppennamen: W. I. T. C. H. *(Women's International Terrorist Conspiracy from Hell)*, S. C. U. M. *(Society for Cutting Up Men,* gegründet von V. Solanas), *The Lilith's, Redstockings, Bread and Roses,* O. W. L. *(Older Women's Liberation,* owl = Eule), *Radical Lesbians, Radical Feminists, New York Feminists,* etc. (Neueren Berichten zufolge existieren einige dieser Gruppen nicht mehr.) — Wenn der latent vorhandene Männerhaß offen und uneingeschränkt dominiert, führen die Zielvorstellungen zuweilen ins Phantastische: zur Vernichtung bzw. Kastration aller Männer oder zur Errichtung eines Frauenstaates. Einige Gruppen kompensieren ihren Haß durch verbale Radikalität oder Elitebewußtsein. Solche Gruppen verstehen sich zumeist als Vorhut einer feministischen Revolution. Auch bei den radikalen Feministinnen zeichnen sich bereits dogmatisch-sektiererische Züge ab — und damit die Gefahren der Isolation. — Die meisten organisieren praktische Lebenshilfen aller Art für ihre *sisters.* Feministinnen machen keinen wertenden Unterschied zwischen Nur-Hausfrauen und Berufstätigen — ein chronischer Fehler der Linken. *Sisterhood* ist für sie kein leerer Begriff. Er verpflichtet.

---

1 Shulamith Firestone, ebda.

Im folgenden werden einige Prämissen des radikalen amerikanischen Feminismus skizziert. (Es ist hier nicht möglich, alle Varianten zu behandeln.)

Theorien des radikalen Feminismus

Die Europäer rümpfen gewöhnlich die Nase über das »eklektizistische, oberflächliche« Theorieverständnis der neuen Feministinnen. Diese vermengen tatsächlich Theoreme und Parolen sehr unterschiedlicher Traditionen. Es ist für einen Außenstehenden schwierig, die verwendeten Begriffe »richtig« zu verstehen, weil sie aus dem jeweiligen historischen Kontext gerissen sind. Die Theorien des radikalen Feminismus sind zunächst »unvollständig« und in mancher Hinsicht »irrational«: Die »Sprachlosigkeit« (die Unfähigkeit, sich in gebräuchlichen Sprechweisen mitzuteilen) und die Verwendung von Analogien aus Mangel an »Identität« lassen sich teilweise durch das tiefsitzende Mißtrauen gegenüber allen fertigen theoretischen Konstrukten einer patriarchalen Kultur erklären. Diese Skepsis schlägt mitunter in Theoriefeindlichkeit um: »Wir betrachten unsere Gefühle als unsere wichtigste Quelle für politisches Verständnis[1].« Viele trauen nur noch ihren Erfahrungen. »Wir können uns nicht auf schon existierende Ideologien berufen, da sie alle Ausdruck des männlichen Überlegenheitswahns sind. Wir stellen jede Verallgemeinerung in Frage und akzeptieren keine, die nicht erfahrungsmäßig durch uns überprüft worden ist[2].« Jedoch wenn diese Frauen dann Erfahrungen in Sprache umsetzen, erweist sich diese nichtsdestoweniger als Konglomerat historischer »männlicher« Denkfiguren, die — sofern sie von außenstehenden Analytikern an den einschlägigen theoretischen Systemen gemessen werden — nur Verwirrung stiften. Die Indifferenz von Begriffen und artikulierten Bedürfnissen ist weniger entlarvend als viel-

1 Redstockings Manifest 1968, in: Notes from the First Year, New York Juni 1968.
2 Redstockings Manifest, Juli 1969, in: Notes from the Second Year, a. a. O.

mehr metaphorisch. Die »Unschärfe« muß mitgelesen werden. Man geht an der Sache vorbei, wenn man die Manifeste und Aufsätze nach »logischen« Fehlern wie nach Indizienbeweisen durchsucht. Die »Widersprüche« treten so offen zutage, daß in ihnen nicht der Sinn liegen kann. Fruchtbarer ist es zu fragen, was die radikalen Feministinnen wollen. Welche neuartigen Strukturen und Intentionen kommen in ihrer Revolte zum Ausdruck? Für was stehen die Metaphern und welche Funktion haben sie?

Theoretische Grundannahmen

»Eine antikapitalistische, antiimperialistische Analyse ist für unsere Bedürfnisse unzureichend. Die Unterdrückung der Frau ist mehr als 2000 Jahre älter als der Kapitalismus und hat auch in den sozialistischen Gesellschaften überlebt.« — »Wir stellen die Hälfte der Menschheit dar. Unsere Unterdrückung durchzieht alle Begrenzungen von Klassenstufen und Berufsgruppierungen. Frau-sein wie Schwarz-sein ist ein biologisches Faktum, ein fundamentaler Zustand. Wie der Rassismus durchdringt auch die Überlegenheit des Mannes über die Frau alle Bereiche dieser Gesellschaft, und diese Tatsache ist sogar noch tiefer verwurzelt als der Rassismus[1].« — »Alle Machthierarchien in der Geschichte waren von Männern geschaffen und beherrscht[2].« Die Ursache ist im »sexuellen Klassensystem, dem Vorbild für alle anderen ausbeutenden Systeme«[3] zu finden. *Shulamith Firestone* spricht sogar von einem »biologischen Dualismus«: »Männer und Frauen wurden unterschiedlich geschaffen und nicht gleichermaßen privilegiert. Die biologische Familie ist in sich eine ungleiche Machtverteilung[4].« Die Fähigkeit der Frau, menschliches Leben zu reproduzieren, und das Machtbedürfnis des Mannes wurden ihr zum Verhängnis. *Ti-Grace-Atkinson* bestimmt den Mann so: »Ich glaube, daß das tiefsitzende Bedürfnis des Mannes nach der ›Beherrscherrolle‹ ganz allgemein der Grund für die Unterdrückung des Menschen durch den Menschen ist: Er leidet an einem psychischen Syndrom, das ich ›metaphysischen Kannibalismus‹ nennen möchte[5].« (Eine Heilung stellt Ti-Grace-Atkinson allerdings nur unter Mithilfe des Mannes in Aussicht.)
»*Alle* Männer sind durch die Auswirkungen dieser Herrschaft begünstigt: ökonomisch, sexuell und psychisch. *Alle* sind daher

1 Ellen Willis, Women and the Left, ebda.
2 Redstockings Manifest, 1969, ebda.
3 Shulamith Firestone, Dialectic of Sex, a. a. O., S. 37.
4 A. a. O., S. 8.
5 Ti-Grace-Atkinson, Radikaler Feminismus, Notes from the Second Year, a. a. O.

als unsere Unterdrücker anzusehen[1].« **Deshalb sind alle Frauen** im »soziologischen«, »biologischen« und »politischen« Sinne eine Klasse von Unterdrückten[2]. *Roxane Dunbar* findet den Ausdruck »Klasse« noch zu vage. Sie stellt eine Theorie der Frauen als »Kaste« auf: Da »das Kastensystem ... in allen seinen Varianten auf identifizierbaren physischen Merkmalen — Geschlecht, Hautfarbe, Rasse, Alter« basiert —, gehören die Frauen von Geburt an zu einer untergeordneten Kaste, »aus der man nicht aus eigener Initiative entfliehen kann«[3].

Die Lage wäre hoffnungslos, wenn es nicht doch noch das weibliche »An-sich« gäbe. Obwohl die Rollen- und Arbeitsteilung des Patriarchats die »Frau« über Jahrtausende konstituiert hat, soll es noch eine genuin weibliche Kultur geben:

»Es gibt eine weibliche Kultur. Es ist dies eine Kultur, die der männlichen Kolonialkultur und der weltweiten imperialistischen Herrschaft unterworfen ist. Unterhalb der Oberfläche jeder nationalen, ethischen oder rassischen Kultur befindet sich ein Bruch zwischen den zwei Primär-Kulturen der Welt — weiblicher und männlicher Kultur[4].« Dementsprechend versteigen sich die *Redstockings* zu folgender Feststellung: »Es kommt also nicht darauf an, uns selbst zu ändern, sondern den Mann[5].« Noch aufschlußreicher ist das folgende ambivalente Verdikt: »Die Frauen brauchen ihre ›Männlichkeit‹ nicht unter Beweis zu stellen, da sie nie männlich oder ein Teil der herrschenden männlichen Weltkultur sein können. Daher sind die Frauen gezwungen — durch die schiere Tatsache ihrer Weiblichkeit —, das *Banner* des weiblichen Prinzips zu verteidigen und *hochzuhalten*[6].« Gemahnt diese Metapher nicht an die gute alte Phallozentrik?

Was für die orthodoxen Linken der Hauptwiderspruch zwischen Lohnarbeit und Kapital, ist für die radikalen Feministinnen der alles umgreifende zwischen Mann und Frau. Auch sie versuchen die derzeitigen Mißstände aus einer Ursache zu erklären. Wie die orthodoxen Linken ein verschüttetes Klassenbewußtsein, so vermuten die Feministinnen das Weibliche an sich unter dem Müll der Geschichte — die »natürliche« Kraft, die die pervertierte Gesellschaft retten soll. Wie

1 Redstockings Manifest, ebda.
2 Ti-Grace-Atkinson, ebda.
3 Roxane Dunbar: Frauenemanzipation als Basis sozialer Revolution, in: Notes from the Second Year, a. a. O.
4 Fourth World Manifesto, New Haven Januar 1971.
5 Redstockings Manifest, 1969, ebda.
6 Fourth World Manifesto, ebda. Hervorhebungen von der Verfasserin.

die marxistischen Archäologen werden auch die Frauen damit kein Glück haben. Die Identität, die sie dort finden mögen, wäre immer schon eine patriarchale. Beide, orthodoxe Linke und Feministinnen, projizieren historisch gebundene Konflikte sowohl in die Vergangenheit als auch in die Zukunft. Diese werden dem geschichtlichen Wandel enthoben und zu universalen erklärt. Allerdings sind die Konflikte, die aus dem fortschreitenden Funktionsverlust der alternativen Geschlechtsrollen resultieren, historisch beispiellos. Insofern sind die Äußerungen der Feministinnen bedeutsamer als das autistische Geleier vom proletarischen Klassenkampf. Als eine privilegierte »radikale Minderheit«, nicht frei von Schuldgefühlen, versuchen die radikalen Feministinnen ihr Unbehagen und ihre noch unbestimmten Intentionen mit renommierten Theoremen abzusichern. Obwohl sie genau wissen, daß gerade biologische »Erkenntnisse« über das »Wesen« Frau ihre Unterdrückung legitimierten, borgen sie sich naiv Stolz und Macht bei einer geschichtlich unberührten weiblichen Kultur. Wo sollte diese ihre Wurzeln haben, wenn nicht in biologischen Determinanten? Dieser »feministische Nationalismus« kann höchstens die Funktion haben, die Frauen vorübergehend von ihrem Inferioritätssyndrom zu befreien.

Strategien und Ziele der radikalen Feministinnen

Ob die Frau nun heute vorwiegend patriarchales Erziehungsergebnis ist oder biologisch definiert werden muß, darüber sind sich die Feministinnen ohnehin nicht ganz einig. Jedoch herrscht Einigkeit darüber, daß die traditionellen Geschlechtsrollen und alle Institutionen, die sie stützen und reproduzieren, beseitigt werden müssen. Damit die Frauen den Kampf um ihre Befreiung aufnehmen können, müssen sie sich erst von der Fremdbestimmung lösen: »Auf dem Wege der Überwindung dieser fremdbestimmten Definition muß die Frau zunächst gewissermaßen Selbstmord begehen, um ein freies, d. h. nicht an eine Definitionsrolle ge-

bundenes Glied der Gesellschaft werden zu können[1].«
»Solange Heirat und ›Mutter-Werden‹ als Bestimmung und Erfüllung der Frau gelten«, ist sie dazu verdammt, »diese vom Mann auferlegte Funktion zu akzeptieren«[2]. Ehe und Liebe sind deshalb die gefährlichsten Fallen. »Für die Frau ist die Ehe das Gleiche wie für den Schwarzen die Sklaverei[3].« Die meisten radikalen Feministinnen gehen davon aus, daß in *dieser* Gesellschaft befriedigende heterosexuelle Beziehungen nicht realisierbar sind. Wenn die Frau einen Mann liebt, wird sie unfrei. Weil sie sich auch nach menschlicher Wärme und Geborgenheit sehnt, unterwirft sie sich ihm aus Furcht vor seiner essentiellen Aggressivität. So kann sie ihre Individualität nicht entfalten. Sie wird nicht nur zum psychisch, sondern auch zum physisch wehrlosen Opfer erzogen. Daß der Mann daran Gefallen findet, beweisen u. a. die zahlreichen Vergewaltigungen. — Deshalb haben Diskussionen über lesbische Liebe, Frauenkommunen, Karatekurse und Forderungen nach extra-uteriner Zeugung der Embryos für die radikalen Feministinnen eine hervorragende Bedeutung. Viele setzen entsprechende Projekte in die Tat um und wünschen sich eine feministische Gegengesellschaft ohne Schuldgefühle und Angst. Darin erschöpfen sich häufig mittelfristige Zielvorstellungen. Es ist nicht schwer, hierbei resignative und sexualfeindliche Züge zu entdecken.

Trotz der Divergenz von Zielen und Strategien ähneln sich die Konturen, die die verschiedenen Gruppen von der zukünftigen Gesellschaft zeichnen. Es muß eine von *jeder* Herrschaftsform freie Gesellschaft sein. *Alle,* Kinder, Frauen und Männer, müssen uneingeschränkt über sich bestimmen können. Das heißt, die Gesellschaft ist erst dann frei von jeder Unterdrückung, wenn die Frauen weder aus ökonomischen oder politischen noch sexuellen Gründen gezwungen werden, eine bestimmte Rolle zu übernehmen.

---

1 Ti-Grace-Atkinson, Radikaler Feminismus, a. a. O.
2 Bonnie Kraps, Eine neue Analyse der Frau, Notes from the Second Year, New York 1970.
3 Radikale Feministinnen, Flugblatt, New York 1970.

Bis es soweit ist, muß jedoch kollektiv gekämpft werden. *Ti-Grace-Atkinson* formuliert dies am radikalsten:

»Die Redewendung vom Kampf der Geschlechter ist bekannt. Die Formulierung ist aber irreführend, da ein ›Kampf‹ ein Minimum an Waffengleichheit voraussetzt. Wo die Verluste ausschließlich auf einer Seite auftreten, spricht man besser von einem Massaker. Frauen sind und werden bis heute — und das hängt direkt mit der vom Mann ihnen zugedachten Definition zusammen — geistig ›massakriert‹. Um im Bild zu bleiben: Emanzipation von der männlichen Definition der Frau bedeutet den ersten Schritt vom Massaker zum Kampf-Widerstand.
Für den Angegriffenen in jedem Kampf gelten folgende Überlegungen:
1. Der Angegriffene untersucht die ihm zugefügten Schäden und womit sie ihm zugefügt wurden.
2. Von wem geht der Angriff aus und worauf zielt er?
3. Warum erfolgt der Angriff?
4. Welche Sofort-Defensivmaßnahmen sind zu ergreifen?
5. Welche Maßnahmen sind zu ergreifen, um den Kampf zu gewinnen[1]?«

Ti-Grace-Atkinson wirft der Frauenbewegung vor, daß sie diese Fragen nie befriedigend beantwortet hätte. Das Vorgehen der Bewegung sei deshalb defensiv und unpolitisch.

Man muß befürchten, daß hier die Identifikation mit dem Angreifer propagiert wird und daß die verhaßten Geschlechtsrollen in einem solchen Kampf bestimmt nicht zur Aufhebung kommen. Mit der neu-orthodoxen Linken haben die radikalen Feministinnen auch das Freund-Feind-Schema gemein. Man wird in ihren Schriften keinen direkten Hinweis darauf finden, daß das totale Patriarchat heute erschüttert ist; daß unzählige neue »Sanftmänner« mit der Beherrscherrolle nicht mehr zurechtkommen und wie die rebellierenden Frauen Identitätsschwierigkeiten haben. Nirgends wird ausgeführt, daß die neue Frauenbewegung *Resultat* des Autoritäts*schwundes* der Patriarchen bzw. neuer Verfahrensweisen und Kontrollmechanismen in der organisierten Kapitalgesellschaft ist. Auf die technologische und biologische Revolution wird dankbar verwiesen, aber die Männer sollen dieselben Barbaren geblieben sein. Auch hier fällt auf, daß Selbstverständ-

---

1 Ti-Grace-Atkinson, Radikaler Feminismus, a. a. O.

nis, Praxis und gesellschaftliche Funktion der Gruppen unzusammenhängend sind.

Zum erstenmal begreifen Frauen ihre Unterdrückung als universale. Sie gehen ihr bis in die feinsten Verästelungen nach. Sie mißtrauen allen Weltbildern integrer Männlichkeit einschließlich linken Projekten. Sie lasten die katastrophale globale Lage — verseuchte Umwelt, Wohnungs-, Erziehungs- und Verkehrsmisere, Armut, Kriege und Rassismus — den lebensgefährlichen Verhaltensweisen der männlichen Männer und der diesen hörigen Frauen an.

Auch in den Theorien der neuen Feministinnen schlägt sich der tiefgreifende Funktionsverlust der alternativen Geschlechtsrollen nieder. Muskelkraft und weibliche Fruchtbarkeit erwiesen sich solange als Grundlage der spezifischen Identität der Geschlechter, als sie gesellschaftlich *funktional*, d. h. für den Kampf ums Überleben notwendige Potentiale waren. Auf diese Potentiale bezog sich die traditionelle Arbeitsteilung zwischen den Geschlechtern. Ihre Institutionalisierung ermöglichte fortschreitende Naturbeherrschung. Die technologische und biologische Revolution relativierte die Bedeutung jener Geschlechtsdeterminanten. Nun begreifen die Frauen ihre traditionellen Funktionen als Fluch. Der Mann als Demiurg und Naturbeherrscher, die Frau als liebende Gebärerin haben ausgedient. Mit den Grundfesten der Geschlechtsrollenteilung stürzt das ganze auf ihnen errichtete Gefüge der Arbeitsteilung innerhalb der Familie, der Erziehungsbereiche und der Berufssphäre in sich zusammen. Es ist endgültig seiner naturwüchsigen Legitimation enthoben. Wenn auch das Patriarchat noch als solches posiert; es ist nicht mehr das alte. Es gelingt dem Mann nicht mehr, der Frau ihre Identität zuzuweisen. Deshalb erfährt sie erstmals in vollem Ausmaße ihre Unfreiheit. Daß die Feministinnen in *dieser* Weise revoltieren, ist nur möglich, weil patriarchale Maximen fortschreitend unverbindlich werden.

Auch diese Revolte bestätigt, was sie stürzt, und stürzt, was sie bestätigt. Fixiert an abgelehnte Denk- und Verhaltensweisen, können die meisten Feministinnen sich als Ideal doch nur individuelle Autonomie vorstellen: die Frau als mündiges Individuum, das sich selbst beherrscht und sich frei verwirklicht. Das sind Bestimmungen und Eigenschaften des bürgerlichen autonomen Subjekts. Es ist eine Definition, die sich der bürgerliche Mann primär selbst zugedacht hat — nicht der Frau. Die rebellierenden Frauen hinken in dieser Hinsicht dem gesellschaftlichen Wandel hinterher. Sie wünschen sich Selbstverwirklichung in einer Zeit, in welcher die Vergesellschaftung der Erziehung und der *persönlichen* Produktivkräfte die substantielle Basis einer auf sich selbst gründenden Individuierung absorbiert hat. Während die Männer sich auf eine hoch-komplexe Welt der Automation und Kybernetik einzu-richten beginnen, frustrieren sich die Feministinnen auf der Suche nach einem starken Ich. Hindernisse und Irritationen lasten sie den Männern an. — Die starre Wunschvorstellung eines starken Ich fördert gerade verhaßte bürgerliche Verhaltensweisen. Sie setzt kon-kurrierende Abgrenzung vom anderen voraus. Freilich mag auch solche Konkurrenz während einer Über-gangsphase zur Überwindung habitueller Hemmungen unersetzlich sein. Zudem dominiert dieses Bedürfnis, das in allen Schriften der radikalen Feministinnen un-mittelbar oder metaphorisch seinen Ausdruck findet, nicht ausschließlich. Ihm widerspricht *und* entspricht die feministische Sehnsucht nach einer angst- und ag-gressionsfreien, von Schuldgefühlen und Leistungs-druck erlösten automatisierten Gesellschaft.

Eine feministische Science Fiction

Wenn man ausformulierte soziale Utopien in den femi-nistischen Schriften sucht, wird man im allgemeinen enttäuscht. Dieser Mangel an Kreativität ist ein Erbe der traditionellen Erziehung zur passiven Weiblichkeit. Eine interessante Ausnahme ist ein Buch von *Shulamith Firestone: »Dialectic of Sex«*. Die Autorin hat futuro-logische Phantasie. Mit allen Charakteristika der radi-kalen Feministinnen behaftet, entwirft sie ein »Revo-lutions«- und Gesellschaftsmodell, das in seiner Zwie-spältigkeit recht aufschlußreich ist. Faszinierend ist vor allem, wie hier alte utopische Vorstellungen der Versöhnung mit Natur und Elementen eines »kybernetischen Sozialismus« vermengt werden.

Die Ausgangsposition ist bekannt: die »ungleiche Machtverteilung« in der biologischen Familieneinheit selbst. Alle bestehende Unterdrückung basiert auf diesem »biologischen Dualismus«. Das Ziel für die feministische Revolution muß nach Shulamith Firestone demnach sein: nicht die »Beseitigung männlicher Privilegien, sondern des Geschlechtsunterschiedes selbst«. »Sonst wird der Bandwurm der Unterdrückung niemals beseitigt werden«. »Wir werden also eine sexuelle Revolution brauchen, größer als und einschließlich einer sozialistischen Revolution[1].« Für die Konstituierung einer neuen materialistischen Theorie beansprucht Firestone, »das Beste von Engels und Marx ... mit dem Besten von Freud zu verbinden, um eine Lösung zu erreichen«[2].

»Zur Zeit haben wir die letzten Stufen des Patriarchats, des Kapitalismus (korporativen Kapitalismus) und der beiden Kulturen zugleich erreicht[3].« Der Fortschritt der Technologie hat die »natürliche« Ordnung zerstört. Das große Interesse für die traditionelle Ökologie kommt zu spät. Die Wiederherstellung der »natürlichen« Balance, wie sie die Konservativen insgeheim wünschen, ist ein hoffnungsloses Unterfangen. Auch die Hippies und andere Subkulturen tragen mit ihrer Regression auf einen Rousseau'schen Lebensstil kaum zur notwendigen gesellschaftlichen Veränderung bei. »Unser gegenwärtiges Problem ist: animalisches Leben *(animal-live)* in der Technologie.« »Die Menschheit kann es sich nicht länger leisten«, in diesem »Übergangsstadium zu verbleiben«. Unglücklicherweise ignorieren selbst die Linken die drohende Bevölkerungsexplosion und die barbarische Umweltvergiftung. Wenn wir uns nicht ausrotten wollen, müssen wir eine neue »künstliche« Balance anstreben. Dieses Ziel hat die feministische Bewegung mit der neuen revolutionären ökologischen Bewegung sozialer Planung gemein. Beide sind sowohl Resultat bestehender Widersprüche und Probleme als auch Antwort auf diese. »Bezogen auf den Feminismus ist das Problem ein moralisches: die biologische Familieneinheit hat immer Frauen und Kinder unterdrückt, aber jetzt zum erstenmal in der Geschichte hat die Technologie reale Vorbedingungen für die Abschaffung dieser unterdrückenden ›natürlichen‹ Bedingungen geschaffen. Im Falle der neuen Ökologie finden wir, daß *unabhängig von einem moralischen Standpunkt* allein aus pragmatischen Überlebensgründen es notwendig geworden ist, die Menschheit von der Tyrannei der Biologie zu befreien[4].« Auch die Linken identifizieren die derzeitige Gefährdung des Lebens durch die technologischen Wissenschaften mit dieser selbst. Sie projizieren die derzeitige Organisation des Systems, eine von

1 Shulamith Firestone, Dialectic of Sex, New York 1970, S. 11 f.
2 A. a. O., S. 13.
3 A. a. O., S. 189.
4 A. a. O., S. 192 f.

Männern beherrschte, mit allen ihren Ungerechtigkeiten und ihrer Technologie in die Zukunft. Aus diesem Aspekt sind künstliche Reproduktion und voll »genützte« Kybernetik tatsächlich ein Alptraum wie »1984«. Dabei stellen sie sich in der »Schönen Neuen Welt« die Frauen wie die Männer von heute vor. Aber die Technologie ist ambivalent. Wir müssen ihre positiven Möglichkeiten für unsere Zwecke und unsere Zielvorstellungen nützen. Im Falle der Frauen: Schwangerschaft und Geburt sind barbarisch und peinigend. Wir müssen uns endlich von der Vorstellung befreien, daß diese Vorgänge »natürlich« und deshalb gut und notwendig seien. Es ist an der Zeit, positive feministische Alternativen zu »1984« zu entwerfen.

Die »Reproduktion der Menschheit durch *ein* Geschlecht zum Wohle beider würde ersetzt werden, zumindest durch die Wahl der Möglichkeiten künstlicher Reproduktion:
Kinder würden für beide Geschlechter gleich geboren werden oder unabhängig von beiden«[1]. Niemand hat Besitzrecht auf die Kinder. Sie sind endlich frei und um ihrer selbst willen da. Das neurotisierende Mutter-Kind-Verhältnis wäre aufgehoben. — Die »Übernahme zunehmend komplexer Funktionen durch Maschinen« würde »das jahrtausendalte Verhältnis des Mannes zur Arbeit und zum Lohn« verändern. Dies sind Grundbedingungen der Emanzipation der Geschlechter von Restbeständen tierhafter Existenz. In der »Kontrolle der Technologie für menschliche Zwecke, der Errichtung eines fruchtbaren ›menschlichen‹ Gleichgewichts zwischen dem Menschen und der neuen künstlichen Umgebung« verwirklichte sich vollständige Naturbeherrschung[2]. »Durch die Transformation der Aktivität von Arbeit in Spiel (Aktivität um ihrer selbst willen) würde die Kybernetik eine völlig neue Bestimmung der Wirtschaft erlauben, einschließlich der ökonomischen Bedeutung der Familie. Der doppelte Fluch, daß der Mann den Boden mit dem Schweiß seines Angesichts tränken und die Frau mit Schmerzen und Arbeit gebären soll, wäre durch die Technologie aufgehoben — so daß zum erstenmal menschliches Leben möglich wäre. Die feministische Bewegung hat vor allem die Aufgabe, das neue ökologische Gleichgewicht, das für das Überleben der menschlichen Rasse im 20. Jahrhundert notwendig ist, kulturell annehmbar zu machen[3].« Und so ist der »revolutionäre Feminismus ... das einzige radikale Programm, das unmittelbar zu den emotionalen Schichten vorstößt, die der ›seriösen‹ Politik zugrundeliegen, und so das Persönliche mit dem Öffentlichen wiederverbindet, das Subjektive mit dem Objektiven, das Emotionale mit dem Rationalen, das weibliche Prinzip mit dem Männlichen«[4].
Der »kybernetische Sozialismus« ist eine »androgyne Gesellschaft«. »Geschlechtliche Unterschiede zwischen menschlichen Wesen würden keine Rolle mehr spielen«. Sexualität in einer sol-

---

1 A. a. O., S. 11.
2 A. a. O., S. 193 f.
3 A. a. O., S. 205.
4 A. a. O., S. 210.

chen Gesellschaft ist »polymorph-pervers«. »Alle Formen der Sexualität würden erlaubt und genossen werden können«, weil sexuelle Tabus, wie auch das des Inzests, verschwinden würden. Insbesondere Kinder würden sich in heute unvorstellbarer Weise entfalten können. »Die Konzentration auf genitale Sexualität und Orgasmuslust würde der totalen physisch-emotionalen Beziehung weichen, die dieses alles miteinschlösse[1] ...«
Durch Reintegration typisch einseitiger männlicher und weiblicher Erscheinungsformen und Kulturströmungen, wie z. B. der Technologie und Ästhetik, auf einer höheren Stufe wird Kultur im traditionellen Sinne überflüssig. »Mit der vollen Übereinstimmung von Möglichem und Tatsächlichem wird Kultur als Surrogat nicht mehr nötig sein. Der Sublimierungsprozeß, ein Umweg zur Wunscherfüllung, wird der direkten Befriedigung in der Erfahrung, wie sie jetzt nur von Kindern oder Erwachsenen unter Drogeneinfluß empfunden wird, weichen.« — »Freude wird direkt dem Sein und Handeln entspringen, eher durch Erfahrung als durch die Qualität von Leistung[2].«
»Das wesentliche Charakteristikum, das in jeder Revolution berücksichtigt werden muß, ist *Flexibilität*«. Für die Übergangsperiode zum kybernetischen Sozialismus schlägt Firestone ein »Programm multipler Wahlmöglichkeiten (vor), die gleichzeitig existieren müssen, einander durchwebend, einige vorübergehend, andere in der entfernten Zukunft. Ein Individuum mag für eine bestimmte Dekade einen ›Lebensstil‹ wählen und zu einer anderen Zeit einen anderen vorziehen«[3]. Dementsprechend sollen die Alternativen zum Bestehenden nicht als Diktate verstanden werden, sondern neue Ideen stimulieren. Schließlich sollen sie zu praktischen Experimenten in bezug auf flexible Berufsrollen, Formen kollektiven Zusammenlebens, Kindererziehung, Organisation der Haushalte, Rechtswesen, Stadtplanung, Wirtschaft und »Aktivitäten um ihrer selbst willen« anregen. Entscheidend ist, daß die Frauen die Chance haben, ihre Bedürfnisse besser zu befriedigen. Sie sind immer noch an die Institutionen Ehe und Kleinfamilie gefesselt, da sie keine Alternativen haben bzw. kennen.

Dieses Buch ist ein gutes Beispiel für radikal-feministische Begriffsverwirrung. Einerseits fordert Shulamith Firestone emphatisch, man müsse sich von der Zurück-zur-Natur-Sehnsucht lösen. Andererseits schlägt sie eben diese Rückkehr vor: »In unserer Gesellschaft (der utopischen R. M.) könnte die Menschheit endlich wieder *zurückkehren* zu ihrer *natürlichen* ›polymorph-perversen‹ Sexualität[4].« Dann wäre freilich ihr kyber-

1 A. a. O., S. 209 f.
2 A. a. O., S. 190 f.
3 A. a. O., S. 227 f.
4 A. a. O., S. 209.

netischer Sozialismus ein modernisierter Traum vom natürlichen Paradies, wie ihn *Marcuse* träumt. Von solch verfänglichen, historisch unhaltbaren Begriffen und Urteilen wimmelt das Buch. Zwei Momente aber sind für die Initiierung struktureller Veränderungen in hochkomplexen Sozialsystemen durch die Frauenbewegung bedeutsam.

Shulamith Firestone leidet nicht an Technophobie bzw. Berührungsangst vor der neuen Technologie. Während in den Theorien und Manifesten der neuen Frauenbewegung ein (berechtigtes) Nachholbedürfnis deutlich zum Ausdruck kommt, geht dieses Buch weiter. Während fortschreitende Automatisierung für die meisten oppositionellen Gruppen die Assoziation gleichgeschalteter Massen aus der Retorte auslöst, beruft sich Firestone auf die revolutionierenden Potentiale der technologischen Wissenschaften.

Firestone ist den Wiedererweckern einer weiblichen Natur und den Vorkämpferinnen einer natürlichen Gleichberechtigung überlegen. Es ist absurd, ein hochkomplexes System verändern zu wollen und gleichzeitig vor der relativen Eigengesetzlichkeit technologischer Medien den Kopf in den Sand zu stecken. Um Technologie zum Wohl der Menschheit unter Kontrolle zu bringen, muß man ihre Möglichkeiten kennen und antizipieren. Das gilt insbesondere für die feminine Befreiungsbewegung. Es geht nicht darum, naive Fortschrittsgläubigkeit zu predigen. Aber es ist unter den gegebenen Bedingungen durchaus denkbar, daß viele radikale Feministinnen aufgrund ihrer Ablehnung »männlicher« Wissenschaften endgültig in fruchtlose Isolation geraten. Dieselbe Ignoranz legen »linke« Frauen gegenüber den »bürgerlichen« Wissenschaften an den Tag. Dadurch droht die Gefahr, daß entscheidende gesellschaftliche Veränderungen wieder ohne die Frauen stattfinden. Vielleicht werden sie dann künftig in wichtigen Bereichen verantwortungsbewußt ihren »Mann« stehen — während viele Männer sich kreativ und spielerisch mit den Möglichkeiten z. B. der Kybernetik auseinandersetzen.

Die Alternativen, die Shulamith Firestone für die »Übergangsphase« vorschlägt, entsprechen der Vielfalt bekannter und zur Verfügung stehender Varianten des Erlebens und Handelns in unserem Sozialsystem. Firestone betont die Bedeutung der Flexibilität gegenüber dem Angebot von Berufsrollen, Lebensstilen und Umwelten. Sie stimmt nicht in das puristische Kampfgeschrei vieler radikaler Feministinnen ein. — Gewünschte Veränderungen finden nur dann in größerem Umfang Gehör und Verfechter, wenn befriedigendere »Ersatz«-Möglichkeiten nicht nur vorgeschlagen, sondern auch gelebt werden können. Dazu sind Experimente jeder Art unabdingbar. Man kann nicht gegen die Institution Ehe zu Felde ziehen, wenn man als Alternative vorwiegend feministische und rote »Klöster« anzubieten hat.

Revolution

Von Revolution sprechen alle neuen radikalen Gruppen. Der Begriff steht jeweils in einem anderen theoretischen Kontext. Schon der Pluralismus der gegenwärtig propagierten Revolution weist sie gegenüber dem früheren Gehalt des Begriffs als relativ harmlos aus. Wie beliebig heute Revolution interpretiert werden kann (übrigens auch Emanzipation), zeigt die häufige Verwendung dieses Begriffs in der Industrie und der kommerziellen Werbung. Selbst restaurative Regierungen schämen sich nicht, ihre fragwürdigen Unternehmungen heute revolutionär zu nennen. Weil naturwüchsige Interessen dem gesellschaftlichen Formalisierungsprozeß zum Opfer fielen (d. h. die proletarische Revolution nicht stattfand), kann der Begriff beliebig operationalisiert werden. Obwohl aber die revoltierenden Frauen keine mißachteten *naturwüchsigen* Interessen und Bedürfnisse in einem allgemeinverbindlichen revolutionären Kontext durchzusetzen haben, verstehen sie ihr Aufbegehren in diesem emphatischen Sinne.

Die prinzipielle Austauschbarkeit aller Einrichtungen in der Wegwerf-Gesellschaft provoziert Bedürfnisse nach Wandel und Neuartigkeit. Es hat den Anschein, daß »Revolution« heute für Wandel an sich steht. Außerdem ist es ein Reizwort, das auch Aufmerksamkeit für die Propagierung neuer Bedürfnisse erzwingt: »Die totalste Revolution, die es je gab.« — »Was wir wollen, ist Veränderung[1].« *Change* heißt auch Tausch. In der Mehrdeutigkeit des Wortes ist auch die Forderung nach gerechten Tauschverhältnissen aller Art involviert.

Andererseits überdauern eine Unmenge anachronistischer Reglements, die von vielen einfach nicht mehr ertragen werden. Frauen sind von historischen Ungleichzeitigkeiten immer noch doppelt betroffen, d. h. auch noch von der zusehends in die Defensive gedrängten Diskriminierung weiblicher Arbeitskraft (bürgerlich) und der Diskriminierung der Frau schlechthin (feudal). Diese anachronistischen Vorstellungen binden die Frauen noch an Normen und Institutionen, die in ihrer »Autonomie« jeder rationalen Einsicht entzogen sind. Dadurch entstehen Disparitäten gesellschaftlicher Entwicklungen, die klassisch weibliche Funktionen unterhöhlen. Dieser Zustand kann Revolten provozieren. Die sozialen Subsysteme sind darauf eingestellt, extreme Disparitäten auszubalancieren, etwa durch Aufhebung jener Diskriminierungen. Durch diese Aufhebung *kann* sich das Sozialsystem legitimieren — es *muß* aber nicht. (Ein anschauliches Beispiel sind die unterschiedlichen Reaktionsweisen verschiedener Regierungen auf die Abtreibungskampagnen.) Systembedingte Disparitäten, die sich bis zu massiven strukturellen Krisen ausweiten können, sind aber keine »unversöhnlichen« Widersprüche im traditionellen Sinne. Daran hätte sich eine Neubestimmung gesellschaftsverändernder Praxis zu orientieren.

Die Einsicht, daß die kapitalistische Gesellschaft sich qualitativ verändert hat, schlich sich sogar in ein Paper des neoorthodoxen Frankfurter Weiberrats ein: »In der gegenwärtigen kapitalistischen Gesellschaft zeigen ... sich Tendenzen, die es denkbar erscheinen lassen, daß die Unterdrückung, die nur die Frau betrifft, innerhalb der kapitalistischen Gesellschaft aufgehoben werden kann und sogar vom Kapitalismus selbst voran-

---

1 Fourth World Manifesto, New Haven, Januar 1971.

getrieben wird[1].« Aber gerade diese Tatsache gemahnt »linke« Frauen zur Vorsicht, weil hier eben keine »systemsprengenden« Widersprüche ihr weiteres Vorgehen legitimieren. Daß es für die Unterdrückung der Frau *keine rationale* Begründung mehr gibt, teilt sich den Vorgehensweisen der Feministinnen mit. Sie denken gar nicht daran, die Lösung ihrer Probleme einer sich als Inkarnation objektiver Vernünftigkeit gebärdenden »linken« Partei oder Bewegung anzuvertrauen. Sie bestehen auf ihrer spezifischen erlebten Benachteiligung und auf der sofortigen Durchsetzung ihrer Forderungen. Da sie sich keiner Dialektik von Reform und Revolution verpflichtet fühlen, kämpfen sie ohne panische Furcht, integriert zu werden, auf verschiedenen Ebenen. Dabei verfallen sie allerdings der Illusion, es genüge, wenn solidarische Frauen massenhaft Schlüsselpositionen übernähmen — dann würde alles anders. Einmal vertrauen sie dabei vergeblich auf die andersartigen Qualitäten des Weiblichen an sich. Zum anderen verkennen sie die Bedeutung von Personalpolitik in einem hochkomplexen System. Es ändert sich kaum etwas, wenn nur Personen ausgewechselt werden. Politische und ökonomische Entscheidungsfunktionen lassen sich nicht beliebig, geschweige denn durch »Individuen« umfunktionieren. Die »Revolution« der Feministinnen hat schon jetzt Aussicht auf Erfolg, wenn es ihnen gelingt, möglichst viele ihrer Projekte in Handlungsmodelle umzusetzen. Erst wenn bestimmte Beispiele lustvollemanzipierter Lebensformen oder die Wirksamkeit einer Kampagne *funktional* verifiziert sind, regen sie zur Nachahmung an. Dann können sie bewußt strukturelle Veränderungen initiieren. In diesem Sinne sind internationaler Vergleich und internationale Kooperation sehr hilfreich.

Auch solche umstrukturierende Praxis kann freilich keine Renaissance einer totalen Umwälzung — als Revolution im traditionellen Sinne — herbeiführen.

An solcher Fehleinschätzung scheitern die meisten

---

1 Vorschläge zur Funktionsbestimmung und zur Organisation des Frankfurter Weiberrats, 1971.

radikalen Gruppen. Weil sie nicht in der Lage sind, die systembedingten Wirkungsweisen ihrer revolutionären Unternehmungen einzuschätzen, und im Namen ihrer reinen und totalen Revolution handeln, sind sie zumeist empört über die Flexibilität und Integrationsfähigkeit des bekämpften Systems. So geraten auch die radikalen Frauen, sowohl die »linken« als auch die extremen Feministinnen in eine fatale Situation: *Sie bewirken entscheidende strukturelle Veränderungen, an denen sie sich in der Folge resigniert nicht mehr beteiligen.* Das bedeutet, daß sie in der Praxis je schon weiter waren als in der Theorie. Sie isolieren sich in ihren Gruppen, die ihnen die ersehnte Identifikationsbasis bieten. Da die Erfahrung der Diffusität, der Ambivalenz und der Vielzahl von Interpretations-, Entscheidungs- und Handlungsmöglichkeiten für sie unerträglich ist, reduzieren sie die Gesellschaft mittels Freund-Feind-Schema auf ein übersichtliches Konzept. Ihre »Revolution« ritualisierend, bevorzugen sie den »geraden Weg«. Aufgrund neuer Erfahrungen die »Religion« zu wechseln oder andere Aktivitäten zu organisieren, wird meistens noch als Verrat geahndet. Der gefürchtete schockartige Identitätsverlust, der mit solcher Fahnenflucht verbunden ist, hindert viele Radikale, sich noch einmal nach außen zu öffnen. Ihr Handlungsspielraum ist damit so extrem eingeschränkt, daß sie vollends den Kontakt zu den Bedürfnissen der »Massen« verlieren. Die gegenwärtige Wirkungslosigkeit der sektiererischen neuen Linken in fast allen Ländern zeugt davon. Gewiß aber befreit Dogmatisierung zunächst von der Last einer Neubestimmung gesellschaftsverändernder Praxis.

Wahrscheinlich sind Schuldgefühle, die diese Verhaltensformen bedingen, Indizien einer Übergangsphase. Sie sind Konsequenzen der oben beschriebenen doppeldeutigen Erziehungspraktiken der liberalen Mittelschicht, in der ein »standhafter Charakter« und Prinzipientreue noch immer als Ideale gelten.

Sowohl sozialistische als auch feministische Frauengruppen haben erreicht, daß die Forderungen der Frauenbewegung nicht mehr zu überhören sind. Dazu haben einflußreiche Sympathisanten, internationale Kontakte, Demonstrationen, die gegenwärtigen Abtreibungskampagnen, Bücher von der und über die Frauenbewegung und zahlreiche Berichte in den Medien entscheidend beigetragen. Die rebellierenden Frauen erwirkten zusammen mit der Jugendprotestbewegung soziale und kognitive Veränderungen, deren Ausmaß sie nicht unterschätzen sollten. Dieser Prozeß setzt sich auf verschiedenen Ebenen fort. Daran sind die Initiatoren jedoch meistens nicht mehr beteiligt. Was in Bewegung geriet, ist schließlich vor dem Hintergrund der zunehmenden Einbeziehung der Frauen in den Produktions- und Dienstleistungsbereich zu verstehen. Die westlichen Industrienationen sehen dabei sicher die Chance, die anstehende Automatisierung zu verschleppen. (Diese Automatisierung würde subventionierte Industriezweige, mittelständische Unternehmen — die heiligen Kühe der Parteien —, kurzfristiges Profitdenken und vertikale Befehlsstrukturen überhaupt in Frage stellen.) Zugleich können sie aber nicht umhin, durch Förderung von Kindertagesstätten, sozialem Wohnungsbau und Modernisierung der Hauswirtschaft und durch ökonomische Aufwertung von Teilzeitarbeit den Frauen die Doppelbelastung partiell abzunehmen — zumal der Bankrott der Kleinfamilie wohl nicht mehr zu beheben ist. In den skandinavischen Ländern werden in dieser Hinsicht bereits beispielhafte Versuche unternommen. Diese Tendenzen, die *auch* Humanisierung der Arbeitswelt implizieren können, sollten Frauen bewußt ausnützen und in ihrem Sinne weitertreiben. — Die Lage der Frauenbewegung differiert in den verschiedenen westeuropäischen und nordamerikanischen Ländern: Sie ist durch die jeweilige Nutzung des eigenen Wirkungspotentials und, im Zusammenhang damit, durch die jeweilige Reaktion der Legislative bestimmt. Eine entschlossene und *vorurteilsfreie* internationale Zusammenarbeit der an

Frauenfragen interessierten Gruppen und der Frauenbewegung würde diese Differenzen abbauen und die Einflußsphären vergrößern.

Innerhalb der internationalen Frauenbewegung hat sich eine bestimmte Dynamik entwickelt: Die radikalen Gruppen geben bedeutende Denk- und Praxisanstöße, die von den »Gemäßigteren« (dem größeren Teil) in von der Bevölkerung nachvollziehbare Handlungsmodelle übersetzt werden. Leider geschieht dies aber meist nicht bewußt und gezielt. Das beweisen die Fraktionskämpfe und inquisitorischen »Beichtstunden«, die die Bewegung paralysieren. Zum Beispiel werden ausgerechnet die »Dollen Minnas« und die dänischen »Rotstrümpfe«, die sehr geschickt auf die Bedürfnisse der Bevölkerung eingehen, häufig deswegen verachtet. Die vielbeschworene Solidarität findet sich überwiegend nur auf dem Papier. Im Hinblick auf die künftig zu erwartenden gesellschaftlichen Strukturkrisen handelt es sich hier um absurde Schattenkämpfe. Die Streitpunkte und die Kriterien, die angewandt werden, sind veraltet. Wenn es dem »harten Kern« der Frauenbewegung nicht gelingt, vom bornierten Legitimationsdruck, der auf andere ausgeübt wird, und von der bequemen Schwarz-Weiß-Malerei zu lassen, bleibt die Effizienz der Bewegung begrenzt. Diese bleibt dann eine auf sich selbst konzentrierte Subkultur.

Zweifelsohne ist eine *dezentralisierte, kooperierende* Frauenbewegung für eine bestimmte Übergangsphase vonnöten. Sie dient sowohl den einzelnen Frauen als auch der Durchsetzung längst thematisierter Forderungen. Auf lange Sicht sabotiert jedoch die Insistenz auf einer *autonomen* Frauenbewegung die fällige Neubestimmung gesellschaftsverändernder Praxis wie auch der Geschlechtsrollen. Will man relevante Gruppen und Einzelpersonen, die an gesellschaftlichen Veränderungen arbeiten, zwingen, in ihren Entwürfen endlich die neuen Bedürfnisse der Frauen einzuplanen, muß man mit ihnen kooperieren. Darauf sollten politisierte Frauen hinarbeiten. »Revolutionen« finden nicht mehr auf der Straße statt. Sie werden dort auch nicht mehr entschieden.

Die Vorstellungen aller Fraktionen der Frauenbewegung von der Auflösung der Geschlechtsrollen überschreiten nicht die Grenzen der alternativen Sexualität. Zwar wird traditionelle *Rollen*teilung grundsätzlich in Frage gestellt, doch wird darunter oder dahinter nach biologischen Determinanten gesucht. Die Frage, was von »Natur« aus männlich oder weiblich und was Produkt der Erziehung ist, beschäftigt die meisten Frauengruppen. Sie übersehen, daß sich heute »Mann« und »Frau« bereits über bestimmte *Funktionen und Situationen konstituieren*. Dabei haben die Genitalien und ihre biologischen Funktionen nur insofern Priorität, als man sich allgemein daran gewöhnt hat. Ehe, Kleinfamilie und Schule tun das ihrige dazu. — Indem die Feministinnen an den *biologischen* Geschlechtsunterschied fixiert sind und ihn zum Ursprung der bestehenden Misere erklären, beschränkt sich ihre Phantasie notwendig auf drei mögliche Lösungen: entweder die Kastration der Männer oder die Flucht in eine feministische Subkultur oder die Beseitigung des biologischen Geschlechtsunterschiedes mittels Technologie. Daß sie untereinander bisweilen auch die Rollen von »Männern« spielen, fällt ihnen zumeist nicht auf. In der Haltung totaler Ablehnung bestätigen sie ihre Fixierung an die beiden Alternativen. Sie wählen eine der beiden. Die sozialistischen Frauen können sich ohnehin nur gleichberechtigte Männer und Frauen vorstellen, die in einer befreiten Gesellschaft ihr spezifisches Selbst verwirklichen. Auch die zahlreichen Anstrengungen, Bisexualität zu *re*konstruieren, orientieren sich noch an »natürlichen« Eigenschaften. Die androgyne Konzeption will nur die beiden Geschlechter zu einem vereinigen.

Biologische Determinanten werden erst dann wieder als *Möglichkeiten* verfügbar, wenn die Fixierung auf die *naturwüchsige* Alternative männlich/weiblich abgelöst wird durch *multiple situationsbedingte* Formen der Sexualität. Die zwanghaften Versuche herauszufinden, wo Mann anfängt und Frau aufhört, sind allerdings selbst schon Ausdruck der fortschreitenden

Funktionalisierbarkeit des *Geschlechtsunterschiedes*. — Wie unbefriedigend die beiden Alternativen sind, zeigen auch die zahlreichen Jugendsubkulturen mit ihrer experimentellen Suche nach neuen Gruppenidentitäten und Lebensstilen. Damit sind in den Konsumgesellschaften Voraussetzungen gegeben, die als Vielfalt neuer Erlebnismöglichkeiten noch kaum *bewußt* wahrgenommen und erprobt werden.

Daß auch die radikalen Frauen weitgehend an Konzeptionen alternativer Sexualität festhalten, zeugt von Angst. Da sie ihre Ausgangsposition nicht überdenken, entwerfen sie kaum Handlungsmodelle, die für die »Masse« nachvollziehbar und *entlastend* sind. Sie kommen über abstrakte Appelle nicht hinaus. Die übrige Bevölkerung ihrerseits versucht längst auf verschiedene Weise die zunehmende Orientierungslosigkeit und Verunsicherung rituell zu bewältigen. Massensport, Kampfspiele, Autos und Flugzeuge als Potenzprothesen, Großwildjagden in den ehemaligen Kolonien, Westernseligkeit in Reservaten, harte Trainingsprogramme für verweichlichte Männer, Tiefseetauchen und Bergsteigen kompensieren den männlichen Statusverlust und kanalisieren blinden Betätigungsdrang. Ritualisierte Naturbeherrschung, als solche vielfach durchschaut, nimmt zahlreiche Spielformen an. Auch militante Frauen ritualisieren über Revolutionsspiele ihre Auseinandersetzung mit einer heroischen Männerwelt, d. h. sie identifizieren sich mit dieser. Der »Weiblichkeitswahn« ist gleichfalls ein Versuch, sich noch einmal an die traditionellen biologischen und sozialen Aufgaben der Frau zu klammern. Das gelingt aber nur insoweit, als ein umfangreiches Warenangebot die jeweiligen »Identitäten« leiht. Mutter borgt sich ihr strahlendes Lächeln von Pril oder Dor, Vater seine Männerfreiheit von Marlborough oder After-Shave-Lotions. Schließlich verkauft eine an Bedeutung gewinnende Freizeit- und Erlebnisindustrie multifunktionale Sex-Illusionen. Es ist naiv zu glauben, bei der kommerziellen Werbung handle es sich einzig um raffinierte, von Drahtziehern ausgeheckte Verführung.

In einer Konsumgesellschaft, in der Wunschqualität und Wirklichkeit schon fast nahtlos ineinander übergehen, hat es keinen Sinn mehr, den »Massen« mit aufklärerischer und noch dazu puristischer Pose auf die Finger zu klopfen. Die »Massen« sind wie die Dogmatiker oder die heroischen »Anarchisten« gezwungen, in Subkulturen ihre psychischen Disparitäten mit Hilfe von Ritualen auf ein Minimum zu reduzieren.

Das rituelle Vergewissern bestimmter Fixpunkte beschwört die ersehnte Sicherheit. Die suchtartige Flucht in bekannte Handlungsschemata zeugt von Unfähigkeit, Alternativen zu erfinden. Das Bedürfnis nach Sicherheit und Schutz ist freilich weder konterrevolutionär noch revolutionär. — Um diesen erlebnisarmen Kreislauf zu unterbrechen, müssen »Surrogate« gefunden werden, die *emotionale Straffreiheit* gewährleisten. In dieser Hinsicht sind Lebenshilfen *politisch.* An nichtsanktionierten, unterdrückten bzw. neuen Bedürfnissen orientierte Lebenshilfen sollten bewußt organisiert werden. (Sie sind weder »moralisch« noch »altruistisch«.)

Kategorien wie »echtes« und »falsches« Bedürfnis, »richtiges« und »falsches« Bewußtsein haben ihre gesellschaftliche Legitimationsbasis verloren. Sie hindern uns daran, die Ambivalenz unserer Entscheidungen und Erfahrungen zu erkennen. »Befreien«[1] kann man sich nur vor dem Hintergrund relativer emotionaler Sicherheit — ohne die Androhung von Liebesverlust, Verachtung und Strafe und ohne Einordnung in Kompetenz-Hierarchien. Zu phantasieren, zu spielen, zu

---

1 Der antiautoritäre Aufruf, sich total zu befreien, war immer schon von jakobinischer Unduldsamkeit begleitet. Wie es um die propagierte Spontaneität bestellt war, demonstrierte der Konsum von Drogen, psychodelischer Musik und zahlreichen anderen multimedialen Hilfsmitteln. Die Antiautoritären wollten zwar Verhaltensweisen bürgerlicher Doppelmoral ans Licht zerren, begannen aber, sich ihrerseits »aufrichtig« zu entlarven, als sie merkten, daß sie selbst noch von den veralteten Vorstellungs- und Verhaltensweisen geplagt wurden. Statt diese anzuerkennen und durch sie hindurchzugehen, wurden sie strikt verfolgt und später verleugnet. Das haftet verschiedenen Fraktionen der Frauenbewegung noch heute an. Das Bedürfnis auch politisierter Frauen, Abweichler und »Weibchen« mit Verachtung zu strafen, verrät unbewältigte Vergangenheit. Nicht zuletzt läßt die Angst davor, »unemanzipierte« Beziehungen einzugehen, die propagier-

spinnen, zu tun, was einem gerade einfällt, darf nicht versagt werden, auch wenn es von vorgestern oder übermorgen ist. So können konkrete Utopien entstehen.

Vorstellbar ist, daß sich Gruppen von Männern und/oder Frauen, die vor ähnlichen Konflikten und Situationen stehen, für kürzere oder längere Zeit zusammentun. Sie repräsentieren bestimmte Lebensstadien, die sich überschneiden bzw. ergänzen. Nur wenn der jeweilige Problemhorizont des einzelnen (Berufsperspektive, Scheidung, Wechsel der Bezugsgruppe, verleugnete Wünsche usw.) berücksichtigt wird, ist das Experimentieren mit Lebensformen befriedigend und verbindlich. Dabei entfesselt die Kombination verschiedener Altersstufen die restriktiven Generationsrollen.

Solche Gruppierungen bedienen sich ohne revolutionsstrategische Vorurteile aller Mittel, die Entlastung von Zwängen und Ängsten versprechen. Im Interesse einer Neubestimmung der Sexualrollen werden die traditionellen mittels Übertreibung durchgespielt und variiert. Nichtsanktionierte »repressive« Phantasien und Bedürfnisse, die ohne tabuierende Auflagen ausgemalt und ausgelebt werden, verlieren ihre Faszinationskraft. Sie vermengen sich mit neuen Bedürfnissen und sind nicht mehr die alten. Sie verlieren ihren zwanghaften Charakter und werden für neue Geschlechtsverhältnisse verfügbar. Durch ähnliche Veranstaltungen kann die feminine Rebellion den Geschlechtsrollen der Bevölkerung ihre Selbstverständlichkeit nehmen.

---

te Aufrichtigkeit im Zwielicht erscheinen. Ein Rückfall in »Weibchenverhalten« würde den Emanzipationsanspruch unglaubwürdig machen. Wenn Emanzipierte versuchen, sich zu »renaturalisieren«, sehen sie meistens aus wie tüchtige graue Mäuse. Grau sind denn auch ihre Vorschläge, mit denen sie »arme« junge Angestellte und Arbeiterinnen zu politisieren trachten. Diese verweigern sich, weil sie die Lustfeindlichkeit ahnen. Sie gehen lieber mit ihrem Freund ins Bett — oder sie gehen tanzen, inserieren und fahren in den Urlaub, um einen zu suchen. — Wenn die politisierten Frauen nicht in der Lage sind, mitgeschleifte (narzißtische, sado-masochistische, männliche Rollen idealisierende) Sehnsüchte einzugestehen, müssen sie andere insgeheim verachten, die diese scheinbar noch befriedigen.

VERSTEHST?

Nachwort zur zweiten Auflage

>»Weil (der befremdende Gedanke, daß
alles wiederkehrt) an die Stelle der un-
endlichen Einheit die unendliche Vielfalt
setzt, an die Stelle der linear verlaufen-
den Zeit, der Zeit des Heils und des Fortschritts die Zeit des gekrümmten Raums,
ein Fluch, der sich in Freude verkehrt;
weil er die Identität des Seins und die
Einmaligkeit des Hic et nunc aufhebt,
damit die des Ego, damit die der Seele,
damit die des Einen Gottes. Und vielleicht noch mehr: weil uns dieser Gedanke mit Entschiedenheit in einem Universum installiert, in dem das Bild nicht
mehr zweitrangig gegenüber dem Modell
ist, in dem der Trug Wahrheit für sich
beansprucht, in dem es schließlich kein
Original mehr gibt, sondern nur noch ein
ewiges Glitzern, wo im Aufblitzen von
Spiegelung und Widerspiegelung das Fehlen eines Ursprungs belanglos wird.«[1]*

Maurice Blanchot

1

Wer in der aufgeklärten bürgerlichen Gesellschaft sexuelle Konventionen mißachtete und sich dabei auf die
(Trieb-)Natur berief, brach keineswegs mit der herrschenden Vernünftigkeit, sondern machte eine überge-
ordnete Zweckmäßigkeit geltend und konfrontierte die
Gesellschaft mit ihren eigenen Rechtsgrundsätzen. Wer
heute dem allesverschlingenden Wachstumsprinzip die
Ausgewogenheit der Natur entgegenhält, neigt zum
Archaischen, feiert die Pracht des Schlichten. Er möchte
aus dem Bannkreis der weltumgreifenden Vernunft, die
längst als zerstörerisch und willkürlich verschrien ist,
ausbrechen: zu einer tieferen Realität, die jenseits der
Geschichte rationalistischer Verirrungen wartet und
eine fraglose Sittlichkeit einbeschließt. Doch diese Be-
rufung auf Natur gibt eben das Rätsel auf, für dessen
Lösung sie sich hält. Der mütterliche Grund und Boden,
auf den man sich, überdrüssig technologischer Hybris,
überdrüssig der modernen »Kaputtheit«, einfach zu-

---

1 Maurice Blanchot, Das Gelächter der Götter, in: Marginalien
zu Pierre Klossowski, »Gesetze der Gastfreundschaft«, Reinbek
1966, S. 59 f.

rückfallen lassen will, ist ein Kunstprodukt später Sehnsüchte. Die neuzeitliche Völkerkunde und Archäologie liefert die »Beweise«, daß es irgendwo (irgendwann) ganz anders ist (war) und folglich auch bei uns wieder ganz anders werden kann, und doch ist sie selbst eine dieser (besitzergreifenden) Sehnsüchte. Weil man die Sehnsucht nach innen und ihr Ziel nach außen projiziert (auf eine Substanz), mißachtet man die Vermitteltheit dessen, was als ewige Chance beschworen wird, und leugnet die Verwandtschaft zwischen der Zwangsveranstaltung und der frühen Schlichtheit. Bei der Suche nach dem natürlichen Sex steht der Selbstbetrug Pate. Alle Elemente des Natürlichen erweisen sich bei näherem Hinsehen als derart komplex, ambivalent, riskant und bodenlos, daß der Verdacht genährt wird, die Propagierung der *Rückkehr* verdanke sich einer rigorosen Ausklammerung des Bedeutungsgehalts zeitgenössischer sexueller Bedürftigkeit.

Die Binsenweisheit (das, was wir immer schon gewußt, immer schon geahnt haben) ist die Komplicin der Substanzenmetaphysik. Haben wir es nicht schon immer geahnt, daß wir zu *unnatürlich* leben und daß sich das rächen wird? Die Konsequenz ist klar: Vorwärts zum Urzustand, vorwärts-zurück zur Homo- und Bisexualität (oder wollt ihr weiter verdrängen, was doch in jedem *angelegt* ist?), vorwärts-zurück zu Yang und Yin, vorwärts-zurück zum Gleichmaß der Perioden des Bluts, des Wachsens und Sterbens oder aber vorwärts-zurück zur Heterosexualität des Überlebenskampfes, vorwärts-zurück zur ehrlichen Hackordnung — denn schon ein Blick auf die Enten und Paviane zeigt uns . . . Versteht sich.

Und nun verstehe, wer mag, daß in den Aufsätzen dieses Bandes die tradierten Muster des Männlichen und Weiblichen in Frage gestellt werden (als Fragen erkannt werden), ohne daß eine Naturbasis als richtendes Vergleichsmaß (als Antwort) herbeizitiert wird. In der rituellen öffentlichen Diskussion, zu der die Gegner übereingekommen sind, werden die einem gewissen Wandel unterworfenen Strukturen des Geschlechts — die Signale der Anziehung und Abstoßung, die Symbole des Phallischen, weibliche »Passivität« und Koketterie, der Aufstand gegen die Rollenzuweisung usw. — zu einer überwältigenden Plausibilität verdammt und auf die Logik der Diskriminierung und der egozentrischen Begierde sowie der Auflehnung gegen die Diskriminierung reduziert. Es ist daher, vor aller Parteinahme, eine verwirrende Zumutung, daß diese plausible Logik nun als Verweisungszusammenhang von Oberflächenphänomenen bestimmt wird, deren sozialer und psychischer Sinn der Diskussion nach wie vor *verborgen* ist. Was geschieht, wenn einer den anderen zum »Objekt« macht, und was geschieht, wenn jemand sich weigert, »Objekt« zu sein? Dies sind noch immer die Fragen einer Geheimwissenschaft.

Das Verborgene aber wird in MASKULIN-FEMININ nicht als zugrundeliegende Wesensgesetzmäßigkeit geoffenbart. Denn die sozialpsychologische und psychoanalytische Reflexion ist nicht einfach *unterwegs* zum unbegriffenen Sinn, sondern steht zugleich selbst in seinem Bann: Sie stellt ihn immer wieder her, strukturiert die (bislang alternative) Geschlechtlichkeit. Sie erweist sich als Exekutive dessen, was sie rekonstruiert. Die strenge, radikale und schwierige Deutung aber objektiviert darüber hinaus auch die gesellschaftlichen Zwänge, denen sie selbst unterliegt — Zwänge, die sich nicht mehr als Dialektik von persönlicher Über- und Unterordnung, als Herrschaft von Menschen über Menschen dingfest machen lassen. Das heißt, diese Deutung analysiert die männlichen und weiblichen Verhaltensweisen, indem sie deren Syndrom als *nicht-beliebige* kulturelle Setzung präsentiert und an dieser Setzung selbst beteiligt ist. Das Verborgene ist der Prozeß, in dem die Deutungen leugnen, ein Teil des Problems zu sein, und das Unbewußte zum Konglomerat amorpher Wesenheiten erklärt wird. »Natur« ist eine der beliebtesten Inszenierungen in diesem Prozeß. Und sie hat erst dann eine Chance, wenn man sie als ihren Gegensatz erkennt.

Fast alle Rezensenten und Teilnehmer an Diskussionen über MASKULIN-FEMININ haben sofort verstanden, daß es diese Aufsätze über die Auflösung der Geschlechtsordnung mit dem rechten Verständnis zu verstehen gilt. Dabei spielte es keine Rolle, ob es sich um zustimmende oder ablehnende Stellungnahmen handelte. Im allgemeinen wurde bedauert, daß es die Autoren den Lesern überaus schwer machten, sie in eines der großen Lager der Sexualdebatte einzuordnen. Im besonderen wurden des öfteren folgende Einwände bzw. Ermahnungen vorgebracht:

— Die männlichen Autoren versprächen sich von einer Zurückweisung typischer Rollen- und Reifeanforderungen (Stichwort: »endlose Pubertät«) offenbar einen emanzipatorischen Gewinn. Dieser Gewinn werde aber von einer geglückten Einbringung (Aufhebung) der Partialtriebe (bzw. der *wahren Bedürfnisse*) in die genitale Organisation allemal besser gesichert.

— Die Quintessenz der Unzufriedenheit mit den Geschlechtsrollen sei die Konkurrenz zwischen Mann und Frau sowie die Konkurrenz (Rivalität) zwischen den Männern und zwischen den Frauen; dies verweise die Problematik auf eine Analyse des historischen Stands der Klassenkämpfe zurück. Um diese Analyse aber drückten sich die Autoren herum.

— Wenn man die Kleinfamilie abschaffe, verschwinde der Ödipuskomplex noch lange nicht.

— Das Ausmaß an Individualisierung, das nötig sei, damit einer der sechs Aufsätze geschrieben werden könne, widerlege das Gerede vom Ende des Individuums.

— Unter der Emanzipation der Frau stellten sich die männlichen Mitarbeiter die Übernahme der den Männern zugesprochenen Funktionen durch die Frauen vor; Ziel der Emanzipation dürfe aber nicht *weniger* Frau, sondern müsse *mehr* Frau sein.

— Ihre gegenwärtige Rollen-Krise könne die Frau nur durch Rückbesinnung auf die Potenzen der eigentlichen Weiblichkeit bewältigen.

— Wenn sich die Geschlechter nicht mehr polarisieren ließen, käme es zu einer Nivellierung, Entleerung und Funktionalisierung der Sexualität; die Lust werde dann gewissermaßen kastriert.

— In den Aufsätzen würden keine Vorschläge gemacht; man beantworte nicht die Frage, wie es denn nun weitergehen solle.

Voraussetzung, Hintergrund und Inhalt von MASKU-LIN-FEMININ ist die unwiderrufliche Aushöhlung der traditionellen Polarisierungen, Maßstäbe und Denkmuster: die Aufsplitterung einer geschlossenen Welt. Ungeachtet dessen wurden von den Kommentatoren ebendiese Denkmuster einfach wieder hervorgezaubert. In der Gefahr wird das Gefährdete alarmiert. Die Unterscheidungen, die in den Beiträgen zwischen verschiedenen Argumentationsebenen getroffen werden, wurden ignoriert, und fast nirgendwo kam es zu einer Auseinandersetzung mit den wesentlichen Prämissen und Gedankengängen:

daß nicht die Vervollkommnung patriarchaler Repression, sondern der Zerfall des patriarchalen Universums der Möglichkeitsgrund, der Stimulus und der Rahmen der zunehmenden Status-Unsicherheit der Frauen und ihres erwachenden Problembewußtseins ist; daß die Rückbesinnung auf *das* Weibliche (eine primäre Positivität) an eine nur allzu bürgerlich-patriarchalische Ideologie von Natur und Weib, Mensch und Selbstverwirklichung anknüpft; daß das Männliche und das Weibliche Differenzierungen *einer einheitlichen* historischen Entwicklung sind; daß folglich *das* Weibliche unabhängig von expansiv-naturbeherrschender, »phallischer« Strukturierung nicht zu denken ist; daß die Sprache und die Erkenntnisse der Psychoanalyse selbst Komponenten dieser Strukturierung sind; daß Plädoyers für ein »humaneres Zusammenleben der Geschlechter« oder für Homosexualität und Bisexualität auch noch einmal die Ontologie der Geschlechtsorgane bestätigen (die Plädoyers für Heterosexualität natürlich sowieso, verstehst?): Wenn sich Weiblichkeit und Männlichkeit dekonturieren, ist diese Ontologie nicht mehr hilfreich.

Der unverdrossene, vertraute Kommentar zu unserem Buch basiert also nicht einmal auf einem Mißverständnis. Es handelt sich um ein vorurteilsvolles Ignorieren, um die ritualisierte Abwehr von Überlegungen, die dem Entweder/Oder der öffentlichen Verarbeitung weniger Tribut als üblich zollen.

2

Die gängige Kritik der spätpatriarchalischen Verhältnisse kommt mit der landläufigen Verteidigung in einem
Grundmuster des Ignorierens überein. Auch die diver-
gierenden Pauschaleinwände gegen MASKULIN-FEMI-
nin finden in diesem rigiden Vorverständnis ihren gemeinsamen Nenner. Es ist dies die Überzeugung, daß
das Weibliche und das Männliche in der variantenrei-
chen Reproduktion gewisser Wesensqualitäten vorfind-
bar seien und diese Qualitäten *ursprünglich* festgelegt
seien. Für den Ursprung des entfremdet-expansiven
Mannestums und des sorgenden, bewahrenden Weib-
tums schickt es sich, daß er in sich selbst ruhe. Ob wir
uns ihm nähern oder ihn verfehlen, ob wir über ihn
sprechen oder über ihn schweigen — er bleibt davon
unangefochten. Die Archetypen, in denen der Ur-sprung
fußfaßt, sind vor- und übergeschichtlich; seine Substantialität wird von Sprache nicht tangiert.
Zur Ursprungsidee gehört die Vorstellung einer von Anfang bis Ende vorgezeichneten — biologischen oder sozialen bzw. psychischen — Reifungslaufbahn. Beides —
der Kanon einer sinngebenden Phasenfolge und die
Wesensschau — bedingen einander, so daß das eine das
andere ersetzen kann. Konzipiert man aber einen ge-
setzmäßigen Stufenbau der individuellen Geschichte,
dann ist stets ein im Anfang antizipiertes Ziel mitge-
setzt. Das *unerschütterliche Ego* ist der Preis der Mühe,
wenn die Lebensabschnitte in der richtigen Reihenfolge
und termingerecht absolviert werden. Dabei wird die im
sprachlos-jenseitigen Schicksal gründende Zentrierung
auf das Ego auch phylogenetisch interpretiert: So läßt
sich die Geschichte der letzten paar tausend Jahre als
konsequente Herausentwicklung des im patriarchalen
Prinzip Angelegten nachzeichnen.
Der Gedanke des sinnhaften Keims und der prädesti-
nierten Evolution in geschichteten Phasen bestimmt
zwangsläufig das Wesen menschlicher (weiblicher,
männlicher) Sexualität und sexueller Emanzipation:
diese ordnen sich der *Selbst-Verwirklichung* des frühen
Sinns unter. Den Horizont des substantiellen Prozesses
sieht man also in der sexuellen Stabilisierung des indi-

viduellen Subjekts bzw. der matriarchalen oder phallischen Potentiale. Psychische Signifikanten gliedern sich zu einer Kette von *Zielursachen;* Kastrationsdrohung und Ödipuskrise erscheinen als Zäsuren und Treibsätze, die zur rechten Zeit der zielgerichteten Entwicklung dienen. In solchen ursprünglich sinnerfüllten Abläufen hat jeweils das Erste und Frühe eine höhere Wertigkeit und Prägnanz als das Spätere, so daß es möglich erscheint, alles, was sich im Lauf der Zeit heraus- und umbildet, auf das Primäre zurückzuführen *und zugleich* alle Störungen und »Verfälschungen« in der Abwicklung der eingeborenen Genese durch Konfrontierung mit der »eigentlichen« Triebausrichtung zu kritisieren und durch Wiederauflebenlassen des Frühen, Prägenden zu therapieren. Dieses selbstverständliche, kaum jemals in Zweifel gezogene Deutungsmodell gehorcht der Logik von Ursache und Wirkung bzw. der Rationalität von Mittel und Zweck. So recht dazu angetan, unerbittlich alles von vornherein zu verstehen, da es sich selbst nicht versteht, forciert das Grundmuster des Ignorierens durch seine erfolgreiche Anwendung die Verdunkelung des femininen und maskulinen Begehrens.

3

Vor diesem Hintergrund ist der Vorwurf mangelnder Verständlichkeit, der MASKULIN-FEMININ von allen Seiten entgegenscholl, besonders aufschlußreich. Wer die Sprache eines komplexen Themas nicht für eine bequeme Lektüre vorkaut, hat einen »narzißtischen Ansatz« — »ablesbar an einer Sprache, die allenfalls zur Demonstration des eigenen theoretischen Niveaus, nicht aber zur Vermittlung taugt«[1]. Allein die Promptheit und der anklagende Tonfall, mit denen ein größeres Maß an Eindeutigkeit und Streufähigkeit angemahnt wurde, lassen einen Automatismus von zentraler Bedeutung vermuten.

1 Gisela Brackert im *Deutschen Allgemeinen Sonntagsblatt* vom 28. 1. 73

Der Verständlichkeits-Imperativ bezieht sich stets auf die Annahme, den Autoren ginge es doch wohl darum, aufklärerisch tätig zu sein (Emanzipation, weil's vernünftig ist), d. h. *Wirkungen* zu erzielen. Und je mehr Leser die Texte »richtig« inhalieren, desto größer sei die Wirkung, meint man. Abgesehen davon, daß solch naive Erwartung illusorisch ist, verkennt man dabei, daß die Spekulation auf Beeinflussung sich nicht mit einem Diskurs verträgt, dessen Bedingung und Gegenstand das Durchschauen des Prinzips naturbeherrschender Selbstbehauptung ist. Zu erklären, daß das selbstherrliche Subjekt eine Fiktion ist, und dann die Leser als Objekte anzupeilen, in die man von beliebigen Positionen aus hineinlangen kann — das wäre ganz schön stumpfsinnig. Im übrigen sind das Zustandekommen und die Aufnahme dieses Buches weit mehr Funktionen der Leser (der gesellschaftlichen Begünstigung eines bestimmten Erkenntnisinteresses) als die Funktionen der Selbsterregung und Eitelkeit von Wort-»Urhebern«.

Der Leser-Rezensent, der im Brustton des common sense Evidenz, Klarheit, Bündigkeit, Eingängigkeit und »Objektivität« verlangt, ruft dem Autor zu: »Überzeugen Sie mich von Ihrer Entschlossenheit, mich zu überzeugen! Machen Sie mir verständlich, daß ich Sie verstehe!« Er fordert kategorisch, daß die Regeln eingehalten werden, Regeln, die festlegen, daß gewisse Gedankengänge begreiflich und andere unbegreiflich sind. Doch der Vorwurf mangelnder Eindeutigkeit verschweigt, daß die Leser hinter der Deckung normativer Denkmuster (das transzendente Ursprüngliche, die richtige und die falsche Entwicklung) das Buch bereits gelesen haben, bevor sie es zur Hand nehmen. Er verschweigt das übermächtige Vorverständnis der Lektüre, gegen welches das im Text Eingeschriebene nicht ankommt.

Die Anwälte des plebiszitären Gebots sind nicht unfähig zu verstehen. Sie sind unfähig, *nicht zu verstehen*. Nicht mehr zu verstehen, das herrschende Verständnis zu quittieren, sich einzugestehen, daß nichts verstanden worden ist — dies wäre die Bedingung dafür, den Text besser zu verstehen als der Autor mit seinen Absichten (und das ist die Forderung, die an jede Lektüre zu stellen ist). Die kopfschüttelnden Rezipienten bringen nicht etwa zu wenig mit (wissenschaftliche Kenntnisse); sie bringen *zuviel* mit und sind aus guten Gründen nicht imstande, sich auch nur teilweise davon zu trennen. Sie sind darauf eingeschworen, allein das als Verstehen zu akzeptieren, was sie *bewußt, sofort* und *restlos* verstehen. Der »Ungebildete«, den manche Fremdworte befremden und der sich seines Nichtverstehens bewußt ist, erfaßt mehr als der kenntnisreiche Prüfer, der sich an den fremden Blöcken nicht abarbeiten kann, weil er sie als sperrig und ärgerlich klassifiziert hat.

Unseren Aufsätzen ist vorzuwerfen, daß sie noch zu sehr mit dem eingerasteten (Un-)Verständnis kokettieren. Auch unsere »Identität« sieht sich von dem, was wir darstellen, gefährdet; auch wir fürchten uns davor, bestimmte Einverständnisse, wie sie etwa in sozialistischen bzw. feministischen Gruppen erzielt worden sind, aufzukündigen. Daher unsere Scheu, auf dem Weg des Nicht-mehr-Verstehens weiterzugehen.

Von der Ausrichtung des blinden Vorverständnisses zeugt auch die Grundeinstellung der professionellen und der stellvertretenden Standpunkt-Rezension: Das rezensierende Individuum, der *Subjekt-Name* des Kritikers, sieht sich unter dem Zwang des Öffentlichen dazu gedrängt, dem Buch Paroli zu bieten und über es sein Urteil zu sprechen (anstatt z. B. mit Gedanken des Buches an etwas zu arbeiten — nachdem bereits die Entscheidung gefallen ist, sich gerade mit diesem Buch zu befassen, was ja das Wichtigste an der Rezension ist). Die Rezension wird zu einem Akt der Selbstbehauptung gegenüber dem Buch; und zwangsläufig wird nun auch die Publikation auf einen solchen Akt reduziert. Die publizierten Gedanken werden kausal mit den schreibenden Individuen identifiziert, mit diesen Individuen erklärt. Wenn die Gedanken vom Verfasser (der subjektiven Ursache) gezeugt werden, dann dienen sie im wesentlichen dazu, daß dieser sich in Szene setzen kann. Die Rezension als Lektüre-Ersatz entscheidet nun darüber, ob der Anspruch des Schreibenden, sich in Szene zu setzen, gerechtfertigt ist. Und wenn Männer über die Männlichkeit schreiben, ist dies Grund genug für den Verdacht, daß sie sich angesichts der Gefahr, das Frauenproblem könne im Zuge der Emanzipationsdebatte zu ansehnlich werden, darum bemühen, dem Männerproblem wieder die Spitzenstellung zu verschaffen.

In der »Fernseh-Schlacht des Jahres« droschen *Alice Schwarzer* und *Esther Vilar* ohne Erbarmen aufeinander ein. Doch trotz konträrer Standpunkte, die sich um keinen Deut einander annähern ließen, zappelten beide im selben Netz des Plausiblen. Beide erfüllen getreulich alle Bedingungen optimaler Vermittelbarkeit. Esther Vilar verkündet, daß die Frauen letzten Endes doch die Schlaueren seien, da sie die Männer unterdrückten und ausbeuteten, indem sie ihnen das Gefühl gäben, die Stärkeren zu sein. Sogar noch darin, daß die Frauen meist lieber dumm blieben, zeige sich ihre Cleverness. In der Welt der Esther Vilar wird heute eine aktuelle Runde des äonenalten Geschlechterkampfes ausgetragen. *Worin* aber suchen sich die fremden Wesenheiten zu übervorteilen? Nicht etwa in einem Wettlauf der Befriedigung je eigentümlicher Bedürfnisansprüche, sondern im Mehrverdienen, Wenigerarbeiten und Längerleben — also nach den Kriterien einer *gemeinsamen* und überdies höchst abstrakten Skala. Inwiefern geht es dabei überhaupt ums Geschlecht?

Für Alice Schwarzer wiederum ist die patriarchale Weltherrschaft an keiner Front ernsthaft erschüttert. Da die Lebensprinzipien des Männlichen und Weiblichen sauber gegeneinander abgegrenzt und in ihren historischen Realisationen eindeutig klassifizierbar sind, kann nur *ein* Prinzip jeweils herrschen, und zwar total. Gleichwohl ist das Unterdrückte (das feminine Prinzip) als solches in seinem Fortbestand, seiner Fortgeltung und seiner Reinheit nicht gefährdet (was kümmert's das Sein, wenn Seiendes gegen es frevelt?); es kann lediglich mißachtet und niedergehalten werden. Die seit Jahrtausenden ausgebeutete und verwertete Weiblichkeit bleibt wunderbarerweise sie selbst. Das *Klassenverhältnis* zwischen Männlichem und Weiblichem reicht an seine substantielle Basis, die Urverschiedenheit, nicht

heran. Seltsamerweise (verständlicherweise) aber suchen beide Pole ihre Erfüllung in den gleichen, sattsam
bekannten Formen von »Eigenständigkeit« und Ver-
fügungsgewalt über das eigene Selbst. Um das Maß der
losgelassenen Verständlichkeit vollzumachen, wird den
Männern, die ja per definitionem Unterdrücker sind,
vorgeworfen, daß sie nicht einsichtig seien. (Man stelle
sich vor, Marx hätte es den Kapitalisten übelgenommen,
daß sie sich nicht expropriieren ließen . . .)
Beide Kontrahentinnen versuchen, die Unterdrückung
einer Substanz durch die andere mittels empirischer Be-
lege (statistischen Materials) endgültig dem Verständnis
anheimzugeben. Zahlenproportionen (Arbeitszeiten,
Einkommen, Lebenserwartungen) werden unmittelbar
sinnfällig: *Da* ist die Unterdrückung! Zudem inkorporieren sich die Substanzen in den Geschlechtsorganen
— das Männliche sind die Männer, das Weibliche sind
die Frauen. Wie aber *beweist* geringerer Verdienst oder
geringere Lebenserwartung die Unterdrückung eines
Sexualwesens durch das andere?
Die dominante Struktur des Verständlichen zeigt sich
in der wechselseitigen Durchdringung von Anthropologie und Behaviorismus. Der Imperativ der Eindeutigkeit verlangt beim Geschlechtsrollenthema die Verteidigung der tieferen Bedeutung alternativer sexueller
Merkmalsbestände. Das Meta-Klischee der öffentlichen
Auseinandersetzung über dieses Thema ist das Motiv
des Geschlechterkampfes. Alle Reflexionen über Sexualität und alle einschlägigen Organisationsansätze werden als Fortführung dieses Kampfes vorgestellt. Wenn
Frauen sich zusammentun, dann wollen sie die Männer
beherrschen, und die Feststellung, dieses Motiv sei ein
Deutungs-Automatismus, kann wiederum als Verteidigung männlicher Vorherrschaft gegen weibliche Ansprüche verstanden werden. Und so weiter.
Die Forderung nach reibungsloser Verbreitbarkeit und
die selbsterhaltende Rezeption haben ihr Urteil über
das Verbreitete immer schon gefällt. Sie propagieren die
historische Ratifizierung der ursprünglichen männlichen
Ego-Seele und des ursprünglichen weiblichen Seelen-
Egos.

4   Der Urwurm

Das Ursprungsdenken erliegt, da es auf ein als substantiell gedachtes Subjekt zentriert ist, allen Täuschungen, die dieser grundsätzlichen Verkennung eignen. Solches Denken täuscht sich zu allererst über die Unmöglichkeit hinweg, aus der Geschichte herauszutreten, das heißt aus dem, was Geschichte erst ermöglicht: der Sprache. Denn sofern wir sprechen, begegnen wir stets schon Interpretation, ist Sprache immer schon da. Ursprung — vorgeschichtlich und außersprachlich — ist also notwendig ein Mythos, den die Ursprüngler auf ontogenetischer wie auf phylogenetischer Ebene ansiedeln. Ontogenetisch wird Geschichte allenthalben als einstmals reine Präsenz gedeutet, die in ihrer Authentizität wieder belebt werden soll. In einfacher Entsprechung zur Universalgeschichte wird Individualgeschichte auf die reinen Fakten (Lorenzer: »Originalvorfall«), auf die konkreten Bezüge reduziert, deren unwandelbare Bedeutungen im Subjekt verschüttet liegen sollen. Ihre konstante Wahrheit zu bergen, hat eine Psychoanalyse sich zur Aufgabe gemacht, die von der Leugnung jener Erkenntnis ausgeht, die die Radikalität der Freudschen Theorie ausmacht: daß das Ich nicht Herr im eigenen Hause ist. Auf phylogenetischer Ebene versucht man, mit dem Mythos vom kulturstiftenden Vatermord etwas in den Griff zu bekommen, was sich seinem Wesen nach dem Begriff entzieht; auch dies ein Versuch, der Sprache zuvorzukommen, gewissermaßen die mythische Verbrämung einer *Abwesenheit,* naive Illustration des »Entzugscharakters« der Sprache. Denn »das Symbol stellt sich zunächst als Mord der Sache dar . . .«[1]
Nun ist aber das Subjekt selbst das »Urverdrängte«; Bedeutung ist nur möglich, weil der Ort des Subjektes leer ist. »Die Wirkung der Sprache ist die ins Subjekt eingebrachte Ursache. Aufgrund dieser Wirkung ist es nicht Ursache seiner selbst; in ihm nagt vielmehr der Wurm einer Ursache, der es spaltet. Denn die Ursache des Subjekts ist der Signifikant, dessen es bedarf, damit überhaupt ein Subjekt im Realen Existenz gewinnt.

---

1 J. Lacan, Schriften, Olten 1973, S. 166

Doch dieses Subjekt ist gerade ein solches, das mittels eines Signifikanten repräsentiert wird, und dieser vermöchte nichts zu repräsentieren, es sei denn für und in bezug auf einen anderen Signifikanten . . .«[1]
Der leere Ort des Subjekts ist der Raum der Differenz zwischen den Signifikanten, die Struktur der Sprache ist metonymal, *verschiebend*. Die geschichtlichen Ereignisse, die ihre Bedeutung angeblich *selbst* erschaffen (als substantielle Zeit-Räume und Raum-Zeiten), haben nur insofern stattgefunden, als sie im unabgeschlossenen Kommunikationsprozeß immer wieder verschoben werden. »Im Anfang war das Wort« bedeutet, daß im Anfang *Aufschub* war. »Den Aufschub als ursprünglich zu bezeichnen, heißt zugleich den Mythos eines präsenten Ursprungs auszustreichen. Deshalb muß ›ursprünglich‹ als *ausgestrichen* verstanden werden, widrigenfalls leitete man den Aufschub aus einem vollen Ursprung ab. Die Ursprungslosigkeit ist es, die ursprünglich ist.«[2]
Daß die eigentliche Verdrängung ein Nachdrängen ist, hat Freud in der Geschichte vom Wolfsmann eindrücklich dargestellt. Erst der Nachtrag konstituiert die vergangene Präsenz[3], Bedeutung ist nur als nachträgliche. Geschichtlichkeit als innere Kommunikation eines Geschehens findet ohne und gegen das Wissen des Subjektes statt, Vergangenheit nur insofern, als sie in der Gegenwart Geschichte wird — zum Wort kommt (was mit Bewußtwerden nur gleichsetzen kann, wer Sprache reduziert auf ein Instrument der Ratio). Indem bedeutete Präsenz immer nachträglich konstituiert wird, kann

---

1 J. Lacan, Ecrits, Paris 1966, S. 835
2 J. Derrida, Die Schrift und die Differenz, Frankfurt 1972, S. 312
3 Derrida reflektiert in seiner Untersuchung: »Freud und der Schauplatz der Schrift« die Freudschen Überlegungen über den psychischen Apparat, angefangen vom »Entwurf einer Psychologie« bis zur »Notiz über den Wunderblock«. In diesem Zusammenhang erörtert Derrida das Problem des Aufschubs und der Präsenz: ». . . es gibt nicht *zunächst* präsentes Leben, das sich *anschließend* zu schützen, zu verzögern und im Aufschub vorzubehalten begänne. Der Aufschub bildet das Wesen des Lebens. Vielmehr: da der Aufschub kein Wesen ist, weil er nichts ist, *ist* er *nicht* das Leben. . . . Das Leben muß als Spur gedacht werden, ehe man das Sein als Präsenz bestimmt.« (J. Derrida, »Die Schrift und die Differenz, a. a. O., S. 311)

Derrida vom »nirgendwo präsenten Text« sprechen, der »*immer schon* Umschrift ist«. Hier wird auch verständlich, was es heißt, wenn Lacan sagt: ». . . die Wiederkehr des Verdrängten kommt aus der Zukunft.«[1]
Nicht minder als die Liebe zum Faktischen, als die präverbalen Modelle, die onto- und phylogenetischen Mythen kennzeichnet den Ursprüngler ein Denken in Kausalitäten; sie sind, wie auch ein schematischer Entwicklungsbegriff, die notwendigen Implikate seines zentralen Verkennens. Der *fromme* Traum vom heilen *Reich* der Genitalität west noch immer fort, ist Gipfel des Glücks, den zu erklimmen uns eine Ich-Psychologie aufgegeben hat. Auf dem Wege dorthin (immer geradeaus) liegen die Kausalitäten zur Deutung bereit. Als Ursache eines Problems, als Causa schlechthin, gilt die Frustration (ein Wort, das man bei Freud vergeblich sucht), meist infolge mangelnder Zuwendung der Mutter, der realen, versteht sich. Das Resultat: Regression und Ichschwäche. Das Rezept solcher auf den Hund[2] gekommenen Psychoanalyse: Wo Es war, soll Ich werden (ein Satz Freuds, der auch noch anders gelesen werden kann, als es die herrschende Geläufigkeit will), ein Ich von fragloser Identität, dessen Stärke sich an der Fähigkeit, Frustration zu ertragen, messen läßt.
Die Rettung durch Wiederbesinnung auf das Primäre als eine Substanz, auf die ursprünglichen Potentiale, ist die Illusion nicht nur einer bestimmten Psychoanalyse und ihrer Verfechter, sondern auch ihrer Gegner, zum Beispiel der Feministinnen. Die Illusion garantiert im übrigen, daß die durchaus bestehende differentielle Problematik des Weiblichen weiterhin im Verborgenen bleibt.

5

Wenden wir uns der Bewegung zu, in der sich die Frauen schließlich auf sich selbst besinnen. Wie ent-

---

1 J. Lacan, Le Seminaire I, S. 181, Paris 1975
2 Jener Hund, der, wie Lacan es ausdrückt, von nun an nicht mehr sein eigenes Ausgekotztes, sondern das des Analytikers frißt. (J. Lacan, Schriften, S. 154)

hüllt sich ihnen eine Weiblichkeit, die in das System der Unmäßigkeit und des Raubbaus nicht integriert ist, sondern sich anschickt, es aufzusprengen und den Fluch der Selbstzerstörung von der Gesellschaft zu nehmen? Während die neoorthodoxen linken Frauengruppen weiterhin auf die Kulturrevolutionen nach der großen Umwälzung der Produktionsverhältnisse vertrösten müssen, findet die sich kontinuierlich ausbreitende feministische Bewegung in der *Ökologiekrise* den aktuellen materiellen Angelpunkt, an dem sie sich orientieren kann, um ein alternatives Lebens- und Denkprinzip als Überlebenschance zu rationalisieren. Die Umweltzerstörung, Konsequenz ökonomischen Wachstums um seiner selbst willen, läßt die absolute Grenze der Naturbeherrschung sichtbar werden und überführt die zentralistischen, abstraktifizierenden, dualistisch-aufspaltenden Ideologien des Patriarchats ihrer Lebensfeindlichkeit. Retten kann nur etwas, das mitten unter uns ist und zugleich gänzlich anders und völlig unkompromittiert ist. Auf der Tagesordnung steht das alte idealistisch-materialistische Programm der Versöhnung mit der Natur — als sei inzwischen mit diesem Programm und dem Naturbegriff nichts geschehen. Offenbar hat sich die Natur aus der Geschichte der neuzeitlichen Zivilisation herausgehalten; klammheimlich ist sie beiseitegetreten, um ihre Unschuld zu bewahren. Natur pflegt, schützt, läßt wachsen und verblühen, kreist in sich und bringt alles ins rechte Lot, und wenn sie das Schwächere knickt, dann holt sie es nur heim — aber das Böse, der Krieg, der Terror der in sich gegründeten Vernunft, die alles erfassende Organisation der gesellschaftlichen Arbeit (das, was die Natur sich selbst antut), ist das keine Natur? Mutter Natur erfreut sich allgemeiner Verehrung, denn sie ist lieb; Vater Natur bleibt das schwarze Schaf der Naturfamilie. Diese wurde seit jeher von der Fortschritts-Gesellschaft konserviert und hinausgezaubert, auf daß das Geheimnis dieser Gesellschaft gewahrt bleibe. Naturverfallenheit als ihr innerstes Prinzip. »Leben« ist auch und gerade das, was mit sich selbst im Widerspruch steht.

Die weltweite ökologische Bewegung ist ein Produkt

des strukturverändernden Krisenmanagements dieser Gesellschaft; die Reproduktionskosten des zu verwertenden Werts schließen tendenziell die gesamte Umwelt ein und werden über staatliche Maßnahmen und über Bürgerinitiativen sozialisiert. Sie ist auch mehr als blosses Krisenmanagement, aber sie läßt sich von keinem gesellschaftlichen Lager pachten. Alle ihre Argumente wurden bereits von *Bloch, Horkheimer/Adorno und Marcuse* antizipiert und in einen größeren Zusammenhang gestellt. Der Feminismus setzt sich nun an die Spitze dieser Bewegung und generalisiert ihre Kategorien zu Kennmarken des Weiblichen und des Anti-Weiblichen. Er ruft zum Boykott der Konsumkultur auf und begrüßt die Hinwendung zum einfachen Landleben. Er empfiehlt »Permanenz« des Lebensstils, körperliche Arbeit für alle, planvolle, umsichtige Produktion von Gebrauchswerten, Dezentralisierung, biologisch-dynamischen Anbau, also »pfleglichen Umgang mit der ›Mutter Natur‹«, die Nutzung der Erfahrung von »Naturvölkern« und anderen (östlichen) Kulturen, die Aneignung vorbürgerlichen Wissens und eine vorurteilsfreie Beschäftigung mit Naturheilkunde und religiösen Bewußtseins- und Lebensformen.[1]

Das Auffinden und die Glorifizierung der eigentlichen Weiblichkeit gelingt in undurchschauten Akten der Herauslösung, Fetischisierung und Ontologisierung. Bestimmte Merkmale und Verhaltensweisen werden inmitten ihrer komplexen kulturellen Zusammenhänge isoliert und unvermittelt geschichtsphilosophisch gedeutet und gewertet. Das Hegen, Pflegen, Nähren, Hüten (beneidenswert, wem das glatt und ohne Grausen vor der mißbrauchten, verbrauchten Sprache über die Lippen geht) wird manipuliert, als berge es seinen Sinn in sich selbst und sei historisch desinfiziert, unbeteiligt an den Prozessen der Auslaugung materieller Ressourcen. Es ist das Gute. Was, wofür und mit welchem Hintersinn

---

1 Gabriele Kuby, Ende der patriarchalen Herrschaft, in: Frauenoffensive, Journal Nr. 2, April 1975

auch immer gehegt, gepflegt, genährt und gehütet worden ist — dem Reinen bleibt alles rein.

> »Ich bin das alte Ei mal Ei
> Ich bin das alte Ein
> Das Ende muß der Anfang sein
> Drum ist es einerlei«[1]

Verdinglicht wird, was der Verdinglichung widerstehen und sie aufheben soll: die physischen Eigenschaften, die Vorgänge im Körper, das Vermögen und der Prozeß der Schwangerschaft und des Gebärens, das Unbehagen vor dem abstrakten Denken und eine bestimmte Emotionalität. »Wir liefern den emotionalen Zustrom, der den Männern aus sich selbst nicht mehr zukommt, und machen uns mitschuldig an den verheerenden Folgen der patriarchalen Herrschaft. Aber es ist ein entscheidender Unterschied, ob man dieses System aufrecht erhält als Unterdrücker oder als Unterdrückter.«[2] Affektive Kommunikationsnetze werden instrumental verstanden; das Gefühl ist (substantiell) gut, nur der Gebrauch ist schlecht. Entscheidend ist, daß die Frontlinie nicht verwischt wird: hie der Herrscher, da die Beherrschte. So wird die Versicherung, jede Person sei doppelgeschlechtlich veranlagt und Weiblichkeit lasse sich nicht auf Geschlechtsmerkmale reduzieren, immer wieder zugunsten eines kaschierten Biologismus revidiert. (Dieser wird auch von der Etablierung feministischer Gegenkulturen und der räumlichen Absonderung von den Männern bekräftigt: Gewissermaßen gibt man die femininen Potentiale der Nicht-Frauen preis.) Solche Verklärung isolierter Merkmale muß durch die Bürgschaft eines Absoluten, eines außergesellschaftlichen, außergeschichtlichen, außersprachlichen Topos gerechtfertigt werden. Dieses Absolute indes wird durch die willkürliche Durchtrennung tausendfältiger Vermittlungen selbst erst erschlichen.

In feministischen Grundsatzerklärungen und Erfahrungsberichten, die sich auf die sexuelle Praxis beziehen, bleiben Begierde und Lust der Männer in einem

---

1 Walter J. Moeschlin, Zerberal, in: Akzente, Heft 3/1960, S. 270
2 Gabriele Kuby, a. a. O., S. 7

tieferen Sinn *abwesend.* Sie werden ignoriert, jedenfalls tabuiert. Die panikartigen Züge dieses Ignorierens gemahnen an die in der Kleinfamilie gehegten Sexualängste, die dann fast stets nachträglich auf die durch die Sozialisation vorstrukturierten Erlebnisse zurückgeführt werden. Zugleich verbietet es die feministische Moral, einen wesentlichen Teil der sexuellen Phantasien und Erfahrungen zu akzeptieren, aufzuarbeiten und zu artikulieren. Die Stätten des Beischlafs erscheinen nur noch als Tatorte der *Männer.* So wird Vergewaltigung zum Inbegriff männlicher Sexualität, und die Theorie des Sexismus erlaubt eine voranalytische, normative Trennung von bloßen Opfern und bloßen Tätern.

Der ambivalente, trügerische Tatbestand der »Passivität« bzw. der »Hingabe« wird von den Feministinnen heftiger diskriminiert, als es in einer Initiative und Leistung verherrlichenden Gesellschaft jemals geschehen ist. Weibliche Homosexualität und Selbstbefriedigung (der Orgasmus) werden daraufhin untersucht, ob sie der Autonomie und dem Selbst-Bewußtsein der Frauen förderlich sind. Lust wird als Ego-Funktion prämiert. Bei der Selbstbefriedigung mißgönnt man sich die Phantasien, sofern diese als »erlernt« gelten. Denn »sie werden gespeist aus pornographischen Darstellungen in Filmen, Zeitschriften, Büchern und aus eigenen zwiespältigen Erfahrungen. Wir kommen also nicht zu einer selbständig definierten Sexualität, sondern reproduzieren herkömmliche. Wir finden uns nicht, sondern wir entfernen uns von uns selbst. Bei der mechanischen, auf Orgasmus ausgerichteten Selbstbefriedigung bin ich einen Augenblick lang außer mir. Ich möchte aber mit mir sein in der lustvollen Erfahrung meiner Körperlichkeit.«[1]

So verwundert es auch nicht, daß die feministische Natur-Metapher signifikante Züge des ausgleichenden, Es und Über-Ich ausbalancierenden Ich-Prinzips nachgestaltet. »Natürliche Ganzheit und Geschlossenheit«, kurz: »Identität« eignet dem weiblichen Urwesen, das

---

1 Aus: Onanie-Erfahrungsberichte — Selbstbefriedigung oder Ersatzbefriedigung? In: Frauenzeitung, Nr. 5/1975

als Inkorporation und Platzhalter der Natur rekonstruiert wird, während die patriarchale Psyche durch
»die Spaltung des Bewußtseins vom Unbewußten« gekennzeichnet ist. Das hohe Lied der Ganzheitlichkeit,
wie es schon die deutsche Lebensphilosophie und ihre
irrationalistischen Nachfahren anstimmten (als Ergänzung des durchrationalisierten Daseinsbetriebs), und
die naturtümelnde, das Arsenal abgehalfterter Mythen
plündernde Sprache zeugen davon, daß der Ausbruch
zum Ursprung der beste Weg ist, um auf der Stelle zu
treten. In der gestutzten Naturutopie der siebziger Jahre
hat sich der Grundton gemütlicher lebensreformlerischer
Gediegenheit eingestimmt. Diese bleibt übrig, wenn die
Verleugnung zum Prinzip erhoben wird.

Anita Albus
Frank Böckelmann
Rita Mühlbauer

Im selben Verlag sind erschienen:

Jules Michelet · *Die Hexe*
Mit Beiträgen von Roland Barthes und Georges Bataille.
Die Hexe macht aus ihrem Verfasser einen von denen, die am menschlichsten vom *Bösen* gesprochen haben. (Georges Bataille)

Lenk/Kaever · *Leben und Wirken des Peter Kürten, genannt der Vampir von Düsseldorf.*
Kürten hat die Rolle der »geträumten Person«, des Verbrechers und schließlich des Mörders, perfekt gespielt, sie aber zugleich auch durchbrochen. Er, der nur schweigend hatte handeln können — und die anderen verstanden seine stumme Sprache und spielten mit — beginnt plötzlich aus freiem Entschluß zu reden.
(Lenk/Kaever)

Serge Livrozet · *Über die Berechtigung, in fremde Taschen zu greifen.*
Reflexionen eines ehemaligen Diebs.
Einleitung Michel Foucault.
Ich kann es ja sagen, ich habe dem Diebstahl zu verdanken, daß ich weiß, was es damit auf sich hat, wenn man Millionär ist.
(Serge Livrozet)

Georges Bataille · *Die Aufhebung der Ökonomie*
Der Begriff der Verausgabung. Der verfemte Teil. Kommunismus und Stalinismus. Mit einer Studie von Gerd Bergfleth.
Bataille hat die »Grenzen des Wachstums« als erster erkannt, und er zeigt Wege auf, die aus dem Verhängnis der Wachstumsideologie herausführen. Es handelt sich für Bataille nicht darum, die Produktion abstrakt zu verurteilen, sondern um die konkrete Frage, *wozu sie eigentlich da ist.*

Antonin Artaud · *Die Tarahumaras. Revolutionäre Botschaften.*
Artauds Name wird sich mit denen Hölderlins, Nietzsches und van Goghs vereinen. Er wird die Erinnerung an einen Menschen hinterlassen, den ein inneres Feuer verbrannte, der ein Zeichen setzen wollte mit seinen Leiden. (Georges Bataille)

Antonin Artaud · Heliogabal oder Der Anarchist auf dem Thron.

Ich habe das »Leben Heliogabals« geschrieben unter anderem, um denen, die es lesen werden zu helfen, die Geschichte ein wenig zu verlernen, aber nichtsdestoweniger den Faden zu finden.

Villiers de l'Isle-Adam · Die Eva der Zukunft

Villiers de l'Isle-Adam versteht es meisterhaft, auf der fein abgestimmten Klaviatur des naturwissenschaftlich Erklärbaren, Bekannten und des schauerlich Geheimnisvollen und Übernatürlichen zu spielen.

Alfred Jarry · Messalina

Von der Interpretation einer antiken und historisch nachprüfbaren Erzählung geht Jarry zu einer Vorausdarstellung der Zukunft über.

Simone Weil · Unterdrückung und Freiheit. Politische Schriften.

Man muß das Geld in Verruf bringen. Es wäre nützlich, daß diejenigen, die höchstes Ansehen oder sogar Macht besitzen, gering entlohnt werden. Die menschlichen Beziehungen müssen der Kategorie nicht meßbarer Dinge zugeordnet werden. Öffentlich soll anerkannt sein, daß ein Bergmann, ein Drucker, ein Minister einander gleich sind.   (Simone Weil)

Louis Aragon · Pariser Landleben

Aragons unvergleichliches Frühwerk bietet als einziges Buch eine surrealistische Stadtbeschreibung.

Paul Nizan · Die Verschwörung

Die Motive Haß und Verrat in ihren jeweiligen Doppelbedeutungen bestimmen den deutlich autobiographisch getönten, 1938 erstmals erschienenen Romans »Die Verschwörung«, der für uns heute, angesichts der zumeist bürgerlichen, ja großbürgerlichen Herkunft unserer Anarchisten, zweifelsohne das aktuellste Buch Nizans ist.   (Süddeutsche Zeitung)